www.tredition.de

AF203356

Roman Nies

Die Vollendung der Menschwerdung

Der Epheserbrief

© 2018 Roman Nies

Verlag und Druck: tredition GmbH, Hamburg

ISBN
Paperback: 978-3-7469-5110-2
Hardcover: 978-3-7469-5111-9
e-Book: 978-3-7469-5112-6

Von der Vollendung

der

Menschwerdung

–

Der Epheserbrief

Eine heilsgeschichtliche Auslegung

von Roman Nies

Vorbemerkungen

Mit dem Epheserbrief hat man ein gewaltiges Schriftwerk von unerhörter geistlicher Tiefe. Es ist daher nicht verwunderlich, dass sich viele Schriftausleger versucht haben, zu erfassen, was da Paulus für befremdliche Lehren entfaltet. Viele sind dabei gescheitert oder haben nur eine Teilerfassung vorgenommen. Tatsächlich scheint der Epheserbrief auch unerschöpflich, wenn man damit beginnt, sich in ihn zu vertiefen. Aber auch hier gilt, man kann den Epheserbrief in seinen wesentlichen Aussagen nicht verstehen, wenn man die Heilsgeschichte Gottes nicht verstanden hat. Und man kann die Heilsgeschichte Gottes nicht ganz verstehen, wenn man den Epheserbrief nicht verstanden hat. Der Epheserbrief offenbart wesentliche Wahrheiten und Wirklichkeiten über Gott. Es ist der Gott der Bibel. Zu sagen, es ist der Gott der Christen, würde voraussetzen, dass alle Christen diesen Gott kennen. Da die verschiedenen Kirchen unterschiedliche Gottesbilder zeichnen, kann das nicht sein. Nach neutestamentlichem Verständnis hat der Geist Gottes diese Urkunde versiegelt, da Paulus zwar der Verfasser des Epheserbriefes ist, aber von Gott zu seinen Worten inspiriert wurde. Das Versiegeln ist das eine Außerweltliche, das Öffnen der Siegel ist ein anderes, was aber ebenfalls der Geist Gottes besorgen muss, wenn er in die rechte Erkenntnis leiten will. Wo er nicht beteiligt ist, bleibt es bei der menschlichen Dicht- und Findungskunst. Sie kann sich noch so mühen, die Geheimnisse, von denen Paulus redet, bleiben verschlossen, denn nur der Geist selbst vermag die geistlichen Tiefen des Briefes zu ergründen.

Der Epheserbrief ist ein menschliches Werk insofern, als sich der Geist Gottes des Menschen Paulus bedient hat, um Dinge über Gott zu offenbaren, die sonst verborgen bleiben mussten. Wer schon hieran zweifelt, versteht die Offenbarungsprinzipien Gottes nicht. Wer etwas von Gott wissen will, ist darauf angewiesen, dass sich Gott ihm offenbart. Wo das nicht der Fall ist, wird der Text nach einer beliebigen Semantik ausgelegt, er bleibt dabei aber auf einer Ebene des gewöhnlich Weltlichen. Einsichten in die Ebenen des Göttlichen müssen verborgen bleiben. Wer an die geistliche Lebendigkeit der Worte Gottes glaubt, wird sich daher nicht an die Lesart atheistischer Theologen wenden, wenn er etwas Wahres wissen will.

Die Gemeinde in Ephesus lag Paulus besonders am Herzen. Er war mehrere Jahre dort. Den Brief schrieb er vermutlich aus der römischen Gefangenschaft. Dennoch ist der Brief von der Art wie man es von einem Rundbrief erwartet. Er geht alle etwas an.

Den Ephesern schreibt Paulus Altbekanntes wie zur Erinnerung und Ermutigung. Für andere ist das Lehrhafte nicht weniger erhellend. Herausragend ist die Verwendung der Begrifflichkeit des „In-Christus-Seins". „en ho" – in dem Christus. Das ist die höchste Existenzform, die ein Mensch haben kann, in Christus zu sein, zugehörig zum Christusleib, ein Glied am Leibe Christi sei, vertraut, ganz nahe, wesensgleich, eins geworden oder eins werdend, denn das In-Christus-Sein ist ein Werdeprozess, bevor es den endgültigen vollkommenen Status anzeigt. Was das bedeutet, darüber breitet sich Paulus in diesem Brief aus.

Der Mensch fängt als gefallene Kreatur an. Doch dann wird er mit seiner Hinwendung zu Gott ein Diensthabender, der die Werke Gottes tut. Nicht weil er muss, sondern weil er darf, was er sich von nun an wünscht. Er wünscht sich Gott zu dienen und mit Ihm ein enges Vertrauensverhältnis einzugehen. Aus dem toten sündigen Wesen ersteht das Lebendigsein in Christus. Die Gnade Gottes hat es eingerichtet.

Die Gnade Gottes ist aber nicht einzuschränken. Und daher ist das Heil auch für Nichtjuden zugänglich. Christus ist das Haupt der Gemeinde, die in Christus lebendig gemachten Vertrauten sind die Glieder Christi. Sie stehen also in einem noch engeren Verhältnis als Braut und Bräutigam, die das Ideal des Einsseins anstreben können, aber nie dauerhaft erreichen. Daher mahnt Paulus auch, dass es gilt, die Einheit der Gemeinde zu bewahren. Es ist aber eine Einheit im Glauben und in der Erkenntnis Christi. Wenn da schon Uneinigkeit herrscht, kann es auch keine Einheit geben.

Das Gegenstück zur Einheit mit der Rechtgläubigkeit ist die gewollte Uneinigkeit mit anderen Christussen, insbesondere mit dem Anti-Christen. Die Umkehr und Hinwendung zu Gott geschieht in Christus. Dieser Werdeprozess wird gefährdet und beeinträchtigt durch anti-christliche Strömungen. Auch hier muss man beachten, dass Paulus wusste, dass sein Brief an die Epheser von vielen gelesen und gehört wurde. Und wie andere Gemeinden so waren auch die Epheser eine Gemeinde, bei denen es unterschiedliche Stufen des Verständnisses und des Glaubens gab. Was für die einen notwendige Mahnungen waren, musste für andere eine wichtige Bestätigung sein, dass sie recht lebten, dass sie „in" Christus lebten. Durch die Erneuerung des inwendigen Menschen zum Christusmenschen hin, gab es aber für jeden die gleiche Ausrichtung und Zielrichtung. Geist und Sinn waren im Wachstum begriffen, damit der neue Mensch in Christus Gestalt gewinnen konnte.

Wer zum Christus dazugehört, hat eine Erwählung vor dem Anbeginn der Welt. Der Mensch ist nicht das zufällige Produkt bei der Verschmelzung zweier Genträger. Er ist von Gott gewollt und beabsichtigt. Er ist das Ergebnis Seines Ratschlusses, um einst mit Gott vereint zu werden. Die Zerschlagung der von Gott gestifteten Familienbildung durch den Atheismus unserer Tage im 21. Jahrhundert, in einer immer mehr Gott den Rücken zudrehenden Gesellschaft, ist eine logische Folge der Aberkennung des Bemühens Gotte, dass Er sein Erlösungsziel mit den Menschen und damit Seine eigene Verherrlichung erreicht. Der

Mensch vermag aber niemals die Pläne Gottes zu durchkreuzen, gleich welcher finsterer Mächte er sich dabei bedient oder welcher er Diener wird.

Der Mensch ist vorbestimmt zur Sohnschaft in Christus und damit zum Vertrautwerden und Kennenlernen des Göttlichen. Das geht so weit, dass dadurch eine Verherrlichung Gottes verwirklicht wird. Gott vollzieht Seinen Willen durch die Gemeinschaft der Treuenden. Bei Gott geschieht die Verherrlichung durch die Verherrlichung derer, die Ihn verherrlichen. Er lässt also an Herrlichkeit teilhaben. Die Verherrlichung wird verwirklicht, auch wenn ihr vieles vorausgeht, was nicht herrlich ist. Gott teilt die Herrlichkeit Gottes nicht, sondern vermehrt sie durch die, die er teilhaben lässt. Der Weg dahin geht durch die heillose Welt mit ihren widergöttlichen Mächten und Kräften, denen zwar der Mensch ausgesetzt ist, die er aber in Christus überwindet. So entsteht ein neuer geistlicher Tempel, der den steinernen in Jerusalem übersteht, weil er für die Ewigkeit gebaut ist und die Trennung zwischen Bundesvolk und Nichtjuden aufhebt. Das genauere Wort anstelle von „Ewigkeit" lautet „Gottesnähe". Bei Gott gibt es keine Zeitumstände, sondern nur Lebensumstände.

Paulus beruft sich aus gutem Grund nicht auf Jes 42,6 und 49,6. *„Es ist zu wenig, dass du mein Knecht bist, um die Stämme Jakobs aufzurichten und die Bewahrten Israels zurückzubringen. So mache ich dich auch zum Licht der Nationen, dass mein Heil reiche bis an die Enden der Erde."* Paulus hätte nicht von „Geheimnis" reden müssen, als er die Gemeinde Christi als neues Heilsorgan vorstellte, wenn er gedacht hätte, dass schon Jesaja das angekündigt hatte. Die Juden wussten, was Jesaja gemeint hatte. Die Nationen würden über Israel das Heil erfahren. Aber niemals außerhalb von den Bündnissen, die Gott mit Israel geschlossen hatten. Das „Heil" hat hier noch weltliche, menschliche Dimensionen. Frieden, Wohlstand, Gesundheit, familiäres Glück. Und sogar der Neue Bund, den die zwölf Jünger verkündeten, passte vollkommen in die Verheißung der Propheten, da auch er nur für die Juden und für Israel geschlossen war (Jer 31,31). Die Nationen konnten sich dem unter Israels Führung annähern, wenn Israel einen Platz an der Sonne hatte, dann war das Beste, was einer Nation geschehen konnte, nicht zu sehr im Schatten zu stehen.

Was Paulus insbesondere im Epheserbrief kund tut, ist etwas anderes. Nicht ein Bund besteht zwischen Christus und den Christusgliedern, sondern ein organisches Einssein, wenn es nicht ein Einswerden ist, denn dem Sein geht das Werden voran.

Freilich hat sich das Einswerden und Einssein auch in den Werken kundzutun, denn der Christus handelt in Demut, Geduld und Liebe. Indem man sich den Werken Christi hingibt, wächst man weiter auf Ihn zu und wird wesenseins mit Ihm. Deshalb ist es auch die Aufgabe der Gemeinde, solche Werke des Wachstums zu vollbringen. Der Gemeinde geht es nicht darum, die Welt zu verbessern, sondern in ihrem Wachstum vollendet zu werden.

Die vom menschlichen Denken geleiteten Kirchen mögen ihre Version einer missionarischen Botschaft über die Welt ausbreiten, die Aufgabe der Gemeinde von Christus her ist, zu Christus hin zu finden. Wenn sie sich vom Geist leiten lässt, geschieht das auch. Andere Geister führen von Christus weg. Auch darauf zielt die Warnung von Paulus ab. Weniger ist die Verführung zur Sünde zu befürchten, weil man die Gebote Gottes außer Acht lässt als das sich Hinziehenlassen zu einem anderen Herrn, wo man die guten Werke für einen unwürdigen Herrn tut, Werke, die Gott nicht haben kann. Ein Problem, das schon Israel hatte. Es war aber ein Verständnisproblem vielleicht noch mehr als ein Problem der sündhaften Fleischlichkeit oder Gefallenheit der menschlichen Natur. Wenn die Kirchenchristen dennoch bereits ein Problem mit den Geboten Gottes und der alten christlichen Moral haben, zeigen sie nur, dass sie nicht der Gemeinde Christi angehören, an die Paulus gedacht hat, sie müssen, bildlich gesprochen, noch einmal zurück zum Berge Sinai und sich in den Anfängen des Glaubens unterrichten lassen. Sie finden dort ein Volk Israel vor, das auf sie wartet und mit dem Unterricht beginnen wird.

Wer ist dann der andere Herr, vor dem Paulus warnt? Jede Schein-Herr-lichkeit, zu der sich ein Mensch hinziehen lässt, jeder anti-christliche Geist, so sehr er sich auch mit Christlichem tarnt und schmückt. Bereits zur Zeit von Paulus waren starke antichristliche Bewegungen zu Gange. Der anti-christliche Geist war schnell in alle Gemeinden eingedrungen und Paulus musste es so vorkommen, als kämpfe er einen aussichtslosen Kampf. Der Widersacher schläft nicht, er versuchte auch Jesus, kaum dass er geboren war, physisch zu vernichten, so wie er schon immer danach trachtete Israel, das Volk Gottes, physisch zu vernichten. Und auch die Gemeinde Christi hat eine irdische Physis, die über das Irdische angreifbar ist. Wenn es dem Widerwirker gelingen sollte, die in den Ortsgemeinden sich um den Hirten Christus versammelnden zu einem anderen Christus-Hirten hinzuwenden, um mit ihnen eine gefälschte Gemeinde heranzubilden, könnte er doch nicht verhindern, dass Gott seine von Ihm geheiligten Glieder schützt. Er könnte seine eigene Kirche mit Macht und Größe und Pracht und Einfluss ausstatten wie er wollte, er würde doch nur diejenigen damit beeindrucken und einfangen können, die Gott nicht dafür bestimmt hat, in diesem Äon den rechten Weg mit Christus zu gehen.

Und tatsächlich war die „Gemeinde Christi", die sich aus Mitgliedern von einem knappen Dutzend Gemeinden in Kleinasien, Griechenland und der Levante zusammensetzte, im zweiten Jahrhundert bereits stark verändert. Die Hellenisierung hatte sie stark in Mitleidenschaft gezogen, ohne dass es jemand bemerkt hätte, der es nötig gefunden hätte, dem nachhaltig Einhalt zu gebieten. Schnell ging es darum, dass sich die ach so liebenden Brüder gegenseitig verdammten und ächteten. Wenn das bereits Paulus machte, dann hatte er dazu die göttliche Vollmacht. Schon Paulus hatte nur wenige verlässliche Mitarbeiter, kaum war er einmal für längere Zeit weg, übernahm ein anderer Geist die Dominanz in der

Ortsgemeinde. Johannes, der alle anderen Apostel lange überlebte, war nicht in der Lage, die Entwicklung aufzuhalten. *1

Was Paulus klar macht, ist, was für eine Vorausaufgabe die Gemeinde Christi hat. Sie muss zugerüstet werden, damit sie in künftigen Äonen das Heil der Schöpfung näherbringen vermag. Das Heil in Christus gilt allen Menschen und aller Kreatur. Davon ist aber die Schöpfung noch weit weg, weil noch nicht einmal die Gemeinde des Christus offenbar geworden ist. Offenbar wird sie erst, wenn Christus zurückkommmt.

Paulus ist der Apostel der universalen Gesamtschau. Er blickt weit über die unmittelbare Umgebung der kleinen Ortsgemeinden mit ihrer begrenzten Reichweite hinaus. Der Plan Gottes sah bereits vor Grundlegung der Welt die Vervollkommnung der Schöpfung zur Verherrlichung Gottes vor. Israel soll die Leuchte der Nationen sein, aber die Gemeinde Christi gehört zu Christus, dem Haupt, der der Anfänger und Vollender des göttlichen Erlösungs- und Verherrlichungsvorhabens ist. Die Christusgemeinde Gottes ist eben gerade nicht weltweit, denn die Welt ist ihr zu eng. Sie ist universal in dem Sinne, dass sie an erster Stelle steht und bis zur letzten Stelle alles in ihrem Blick hat. Sie behält die universale Übersicht. Sie ist der Anfang der Verherrlichungsverwirklichung, die Gott durch Jesus Christus begonnen hat. Sie ist die erste Ordnung der Eingliederung in die Krone Gottes, das ist seine Schöpfung, obwohl sie eng verbunden mit dem Erstgezeugten Jesus ist. Im Anfang war der Sohn Gottes in Bezug auf die Schöpfung. Aber Seine Christusglieder waren schon auserwählt, damit ihre Existenz in der Gemeinde Seines Leibes vollzogen werde. Die Gemeinde ist der Wirkungsraum Gottes und Seiner Gnadenentfaltung. Die Weltgeschichte ist nur die Zeit der Nationen, wo sie sich mit ihren Projekten austoben, um doch am Ende machtlos und gedemütigt durch ihre eigene Schuld und ihr eigenes Versagen dazustehen. Das schließt das anti-christliche, Gott widerstrebende Kirchenchristentum mit ein. Der Mensch kann eine Kirche mache, aber Gott macht die Gemeinde Christi. Für kritische Bobachter der Weltgeschichte ist es auffällig, wie die sich christlich nennende Kirche, seitdem sie Staatskirche und erst recht Weltkirche geworden ist, mit Gottes Volk, Israel umgegangen ist. Entweder Gott hat Israel verworfen und lässt der Kirche alle Gräuel durchgehen, die sie begangen hat, weil sie nur das Gerichtsurteil an Israel vollstreckt oder das Gerichtsurteil muss an der Kirche vollstreckt werden, weil Gott Israel gar nicht verworfen hat. Schon wegen Röm 11,26 ist klar, dass Paulus nicht daran zweifelte, dass Israel der Träger aller Verheißungen wegen Gottes Treue bleiben würde. Gottes Pläne können durch menschliche Beurteilungen nicht umgeworfen werden. Das Reich Gottes kommt, wie es angekündigt worden ist. Es ist aber ein Reich, in dem die zwölf Stämme Israels den Vorsitz einnehmen und die Nationen weiden werden.

Paulus hat keine neue Botschaft für die, die auf das messianische Reich warten, denn er will zu denen reden, denen ihr Trachten von Gott ins Herz gesetzt worden ist. Es sind die, die danach trachten, in die unmittelbarste Nähe zu Christus zu gelangen. Sie sehen in Christus ihre Erfüllung, nicht in dem Reich, das er regiert. Wer Christus hat, hat alles. Er hat keine Sonderwünsche mehr, kein Begehren nach Macht und Ehre und irdischem Glanz. Der ethische Maßstab des Handelns ist nicht in der Torah zu finden, sondern in der engen Verbundenheit mit Christus, durch Christi Geist. Der Geist Christi hat das Heil aller Kreatur im Sinn, die Vollendung der Schöpfung zur Verherrlichung des Vatergottes. Vollkommenes ethisches Verhalten erwächst nur aus dieser Verbindung zum Heiland. Vollkommenes Werden zur Vollendung des Menschen auf das von Gott gesetzte Ziel hin gibt es nur in Christus.

JCJCJCJCJCJCJC

Die Vorauswahl

Eph 1,2-6

Paulus beginnt seinen Brief mit einem Segenswunsch. *„Gnade euch und Friede von Gott, unserem Vater, und dem Herrn Jesus Christus!" (Eph 1,2).* Wie kann Jesus Christus Gnade und Frieden geben, wenn Er nicht von den Toten auferstanden und zur Rechten Seines Vaters im Himmel sitzt? Gnade und Frieden, die wirklich den Unterschied ausmachen, die wirklich den letzten Rest an Ungnade und Unfrieden wegräumen können, bis in der ganzen Schöpfung die Gnade und der Frieden Gottes ganz und gar zum Durchbruch gekommen sind! Das ist Programm Gottes und das kann nur Gott zu Seinem Programm machen, weil nur bei Ihm die vollkommene Friedfertigkeit und der Wunsch und die Macht vorhanden sind, alles zu befrieden. Und das tut Er durch die Macht Seiner Gnädigkeit.

Das Evangelium von Paulus ist ein Gnadenevangelium. Die gnädige Zuwendung Gottes zu Seiner Schöpfung begann bereits als Gott sprach „Es werde Licht!" Und diese Lichtwerdung durch die Äonen führt zur vollkommenen Ausleuchtung der Schöpfung, bis sie ganz durchgegnadet und durchbefriedigt ist zur Verherrlichung Gottes. Wie sonst kann es zu einer Verherrlichung Gottes kommen, wenn die Schöpfung nicht zu ihrem Vollendungsziel in Christus gebracht worden ist! Durch Christus ist der Schöpfung Gnade geworden! So fließen Gnade und Frieden durch die Schöpfung, indem sie die Vervollständigung der Schöpfung antreiben. Und das schreibt Paulus nicht nur dem Vater zu, dem Chefplaner und Cheforganisator, sondern auch dem Sohn. Paulus erklärt hier

Jesus Christus zum Gott, der sich den Menschen bevorzugt in Gnade und Befriedungsabsicht zuneigt.

Nach Paulus gab es uns bereits als Ratschluss Gottes, noch ehe unsere irdische Existenz begann. Ja sogar, bevor alle irdische Existenz begann: *„Denn in ihm hat er uns erwählt, ehe der Welt Grund gelegt war."* (Eph 1,4)

Hier steht im Griechischen die grammatische Form des Aorist, dessen zeitlicher Bezug zu wählen ist. Hier deutet er an, dass man die Erwählung dauerhaft und ohne Ende hat. Sie gilt vor der Grundlegung der Welt, sie gilt im Hier und Jetzt, sie gilt Morgen und Übermorgen. Sie gilt für alle Äonen und darüber hinaus. Sie ist tatsächlich „außeräonisch". Das bedeutet, dass die vor Grundlegung der Welt auserwählten Glieder des Leibes Christi niemals vom Leib abfallen können, denn sie waren Glieder und sind Glieder und werden immer Glieder sein. *2 Für Nichtglieder gilt, dass sie von allem zufallen und von allem wieder abfallen können.

 Von was oder aus was hat denn Gott diese Glieder erwählt, wenn es noch nicht einmal eine Welt gab? Vor der Schöpfung der Welt gab es vielleicht eine andere Welt. Die Bibel berichtet davon nichts. *3 Aber wenn es vorher nichts Geschaffenes gab, so gab es doch Gott. Das zeigt, dass die Glieder des Leibes Christi gegenüber der Schöpfung eine Sonderstellung haben. Diese haben sie auf jeden Fall als Zugehörige zu Christus. Die Frage, wie lange diese Zugehörigkeit ging, bevor sie bewusst geworden ist, ist eine andere. Was diese Zugehörigkeit als Tatsache bedeutet, kann kein Mensch ermessen, solange er nicht ganz bei Christus angekommen und an der dafür vorgesehenen Stelle eingegliedert worden ist. Dennoch ist die Vorauswahl eine biblische Wahrheit.

Vor Grundlegung des Kosmos hat auch der Logos Jesus Christus existiert, sonst hätte Er nicht den Kosmos erschaffen können (Joh 1,1ff). *4 Er ist das Haupt, und aus Ihm und zu Ihm sind Seine Glieder, die im Verlauf verschiedener Zeitalter und Heilsphasen ins irdische Leben gezeugt werden, wie ja auch das Haupt selber zu einem konkreten Ereignis in die Schöpfung übergetreten ist. Das war die Fleischwerdung Jesu.

Die Glieder Christi, das legt Eph 1,4 nahe, stehen innerhalb und zugleich außerhalb der Schöpfung wie ihr Haupt. Aber nicht ebenso, denn Christus ist der Erstgeborene und die Glieder sind Nachgeborene, Christus wurde durch den heiligen Geist ins Fleisch gezeugt, die Glieder nicht. Bei ihnen ist der Geist Gottes erst später am Werk, nämlich bei der geistigen Neuzeugung. Der heilige Geist, der Jesus gezeugt hat, ist der Geist des Vaters, sonst wäre der Vater nicht der Vater Jesu. Der Geist, der einen Menschen zu einem Nachfolger Jesu Christi zeugt, ist ebenso der Geist, der vom Vater ausgeht. Allerdings sind der Vater und der Sohn eins geworden. Ihr Geist ist einer und handelt wie einer. Paulus spricht einmal vom Geist des Vaters und dann wieder vom Geist Christi. Es ist nicht anzuraten, in die biblischen Aussagen etwas hineinzulegen, was man nicht aus der Bibel entnommen hat.

Es ist völlig klar, dass die Auserwählung, von der hier die Rede ist, nicht die Erwählung zur Errettung ist. Das Wohlgefallen Gottes, das Paulus in dem Zusammenhang der Erwählung anspricht (Eph 1,5) erschöpft sich nicht darin, jemand für sich gewonnen zu haben, sondern Gott will den *„Preis der Herrlichkeit Seiner Gnade"* (Eph 1,6). Gott macht alles herrlich. Die Herrlichkeit liegt schon in Seiner Gnade und entfaltet sich von dort, alles ergreifend und alles verherrlichend. Und genau dazu gibt es eine Erwählung, damit Gott uns bei dieser Verherrlichungsentfaltung beteiligen kann. Er erfreut sich nicht erst am Endprodukt – verherrlichte Schöpfung, sondern bereits am Entwicklungsprozess, der verherrlichenden Schöpfung. Gerade auch weil dieser Prozess noch lange nicht das Endprodukt erahnen lässt und sehr schmerzhaft und mühselig ist.

Die Auserwählung ist geschehen, um den Christus zu vervollständigen, der den Unterordnungsprozess des Geschaffenen nicht allein vom Haupt aus vornehmen will, sondern auch durch die Glieder. Der ganze Christusleib wird immer verherrlichender und zwar auch gerade gegen widerstrebende Gegengewichte. Diese Auserwählung ist demnach in ganz besonderer Weise mehr eine Aufgabe und Vor-Pflicht als ein Vor-Recht. Die Glieder Christi waren schon seit Grundlegung der Welt dazu bestimmt, mit Christus zusammen die Unterordnung des Alls vorzunehmen.

Das Wort „*Unterordnung*" hat für viele im 21. Jahrhundert einen negativen Beiton. Biblisch ist bei der Unterordnung eine Einordnung an einen idealen Ort für eine ideale Aufgabe gemeint. Ideal ist es deshalb, weil das Geschaffene dabei vervollkommnet wird und schließlich vollkommen dahin passt, wo es sich endlich befindet.

Die Aufgabenwahrnehmung zur Unterordnung allen Geschaffenen wird klar nach der Entrückung und der Auferstehung der verstorbenen Leibesglieder. Seit der Auferstehung Jesu hat die Eingliederung in den Leib Christi begonnen, sobald sie abgeschlossen ist, geschieht die Entrückung. Gott ist nämlich der Meister-Logos und perfekte Baumeister, der kein Krümelchen verschwendet und kein Verschnitt hat, weder an Materie, noch an Zeit, noch an Raum und schon gar nicht an Menschenseelen. Er führt genau das aus, was Er geplant hat (Lk 14,28). Kann man das alles aus Eph 1,4ff lesen? Wenn man bei der Lehre von Paulus eins und eins zusammenzählt, kommt das Evangelium dabei heraus, das von keiner Seele und keinem Stein angreifbar ist Kritik ist möglich, aber haltlos.

Wozu auserwählt bei Grundlegung der Welt? *„dass wir heilig und tadellos vor ihm seien in Liebe"*. Das sollen allerdings alle Menschen und daher muss der Zusatz kommen: *„und uns vorherbestimmt hat zur Sohnschaft durch Jesus*

Christus für sich selbst." Der Vater schafft sich Söhne. Damit will Er sich selber eine Freude machen. Gott ist ein genialer Freudenmacher, denn immer wenn Er sich selber eine Freude macht, freuen sich andere mit. Seine Freude kommt ja gerade daher, dass Er anderen eine Freude macht. Man kennt das aus eigener Anschauung. Wo die Liebe am reinsten ist, freut sie sich auf die Freude des anderen und zielt auf sie ab, nicht um sich selber zu erfreuen, sondern aus unbedingter und bedingungsloser Liebe für den anderen. Heilig und tadellos – ja -, aber *„in Liebe"*. Die Heiligkeit und vermeintliche Tadellosigkeit der frommen Menschen leidet oft unter einem Mangel an Liebe und ist daher niemals eine echte Heiligkeit, aber stets zu tadeln.

Da gibt es Menschen, die sich rühmen, im Halten der Gebote Gottes tadellos zu sein – Paulus war so einer, als er noch Saulus war – doch es fehlt ihnen das Wesentliche, die Liebe, ohne die alle Gesetzlichkeit kalt und grausam und gefühllos wird. Das beste Mittel, um geistlich zu erblinden, ist, sich der Liebe zu verschließen. Wem die Liebe Gottes nicht ins Herz gegossen ist, bleibt förmlich, rituell, gesetzlich und ist gerade dadurch immer auch ungerecht, obwohl er meint, es ganz genau richtig zu machen. In der Geschichte der Kirchenchristenheit ist es zu mehr Ungerechtigkeit und Gottlosigkeit gekommen wegen eines überspitzen Buchstabengehorsams als wegen einer zu großzügigen Auslegung von Liebe.

„Heilig und tadellos in Liebe", weil es ohne Liebe keine Heiligung und immer nur wieder Tadel gibt. Heiligkeit ohne Liebe ist Scheinheiligkeit, ist bloße Maske. Genau genommen gibt es ja eine solche Heiligkeit gar nicht, sie wird aber als solche bezeichnet. Man meint eine herausgehobene Stellung in der Götterwelt zu haben. „Heilig" bedeutet ja „Auswahl" oder richtiger: Auswahl zum Heil. Bei Gott gibt es aber eine Auswahl zum Heil nur so, dass der Ausgewählte sich nicht an seinem eigenen Heil erfreuen soll und weiter nichts damit zu tun hat, sondern, dass er nun, da er das Heil hat, daran geht, das Heil auch anderen zugänglich zu machen. Damit ist weniger das Missionieren gemeint, als das, was Gott mit einem macht, jetzt und in künftigen Äonen, denn Gottes Fernziel ist ja, dass der Erstauswahl noch nachfolgende Auswahlen hinzukommen, bis alles zum Heil erwählt ist. Die beste Wahl ist immer, wenn beide Seiten Ja und Amen sagen. Daher ist auch die Heiligkeit mit der Liebe verbunden.

Wer die Schöpfung liebt, wie sie von ihrem gottgegebenen Schöpfungsziel her zu beurteilen ist, will sie zum Heil hin ziehen. So hat es ja Jesus schon ausgesprochen, als er noch nicht vollendet hatte, was erst am Kreuz besiegelt werden konnte: *„Und ich, wenn ich von der Erde erhöht bin, werde alle zu mir ziehen."* (Joh 12,32) Wer endgültig geheilt ist, weil er ganz und gar im Heiland Platz gefunden hat, ist auch geheiligt und will dann so wie der Heiland will. Und es bleibt nicht beim Wollen, denn bei Jesus blieb es auch nicht dabei. Nach dem Wollen kommt das Werden. Die Heilung geschieht in Liebe und die Heiligung ebenso. Sage mir, was die Taten eines „Geistlichen" sind und ich sage dir, ob er heil und heilig ist. Wo nicht, ist es auch nicht schwer, auf der Suche nach Liebe zu sein.

Vor Grundlegung der Welt erwählt, um heilig und tadellos in Liebe zu sein, ist beinahe das Gleiche wie vorherbestimmt zur Sohnschaft durch Jesus zu sein, denn durch Jesus zum Sohn gemacht zu werden, bringt die Heiligung mit sich. Alle, die in Christus sind, gehören zu Ihm und sind heilig und bleiben es auch. Und Jesus ist in die Welt gekommen, angetrieben von seiner Liebe, um durch Sein Liebeswerk die Welt zu erlösen (Joh 3,16). Wer erlöst wird, wurde auserwählt zum Heil. Seine Aufgabe besteht darin, mit dem Erlösungswerk fortzufahren, nicht als Erlöser, denn das ist nur Christus, sondern als Verwalter und Zuteiler des göttlichen Wortes in den kommenden Äonen.

Wenn Paulus von der Sohnschaft in Christus spricht, meint er die Gemeinde Christi und nicht die Verhältnisse des messianischen Reiches, mit denen, die es ins Reich geschafft haben und denen, die sich den messianischen Machthabern gegenübersehen dürfen. Paulus schreibt an diese Gemeinde Christi in 1 Thes 1,4-5, dass sie ja Bescheid wissen über ihre Auserwählung. Es gibt also eine Gemeinde, die von dieser Auserwählung weiß, weil sie die Gemeinde ist. Andere mögen glauben etwas zu wissen und sich dabei irren. Entscheidend ist jedoch das Wissen ohne Irrtum und das kann nur vom Geist kommen.

Um wissen zu können, wie es Gott zu wissen gibt, nützt es nichts, in eine Kirche zu gehen, sich taufen zu lassen und Theologie zu studieren und sich dann noch zum Pfarrer weihen zu lassen. Vielleicht ist das alles unschädlich, vielleicht ist es hilfreich, um seinen Weg zu gehen, den Gott zurechtrücken wird. Aber heilsbegründend ist es nicht. Das ist allein die Erwählung durch Gottes Wirken. Solange der Geist Gottes nicht wirkt und lenkt, gelangt man ins Irgendwo. Wenn aber der Geist Gottes das Regiment hat, braucht man all das andere nicht. Einem Glied am Leibe Jesu Christi genügt es, Glied am Leibe Jesu Christi zu sein. Es ist allgenügsam. Das „all" findet seine genügsame Betätigung und Aufgabe im „All", nämlich all dem und genau dem, was Gott für das Glied vorgesehen hat. Für diesen Dienst, der dann zu verrichten ist, werden Glieder Christi in diesem Leben vorbereitet. *5 Dabei geht es nicht darum, irdischen Ruhm und weltliche Habe zu gewinnen. Ja, nicht einmal die Sympathie oder die Gunst der Menschen stehen im Vordergrund, sondern die Ausbildung auf dem steinigen Weg bis zur Vollendung des Lebenslaufs. Wenn man die gesamte Menschheit in zehn Gruppen einteilt nach dem Grad der Erfüllung des irdisch Wünschbaren und fragt, ob Liebesglück, familiäres Glück, Gesundheit, Wohlstand, persönlicher und gesellschaftlicher Erfolg erzielt wurden, dann wird man die Mehrheit der Glieder am Leibe Christi in der unteren Hälfte der Skala finden, bei denen, die weniger irdisches Glück erfahren haben. Sie müssen nämlich durch eine harte Lebensschule, um auf ihren Dienst vorbereitet zu werden. Ihr ganzes Leben ist davon betroffen, daher ist der Raum für anderes als die Konzentration auf das Wesentliche begrenzt.

Die Gemeinde Christi ist also auserwählt, den Leib Christi zu bilden. Das trifft auf Israel nicht zu. ***6** Israel ist aber auch auserwählt. Gott hat es unter allen Nationen auserwählt, die Braut des Bräutigams Christus zu werden. Mit Christus, ihrem Messias, wird Israel im messianischen Reich die Nationen regieren und zurechtbringen. Gott hat es verheißen und seine Verheißungen gereuen Ihn nicht. Dazu gibt es auch keinen Grund, denn dass Israel ein störrisches Volk ist, hat Gott nicht nur vorher schon gewusst, sondern das war mit ein Grund, warum es erwählt wurde. Zu beachten ist, dass seit der Erwählung Israels, ganz gleich wann man es zeitlich ansetzt, bei den Patriarchen oder erst mit dem Exodus, immer neues Volk dazu gekommen ist. Die Juden haben nicht nur ethnisch durch Einheiraten und Vermischung, sondern auch durch Übertritt zum jüdischen Glauben ihr Volk vermehrt. Auch ins messianische Reich werden sie von „fremdem" Volk begleitet, das sich zu dem Heilsangebot, welches Israel erhalten hat, bekannt hat. Es ließ sich vom Evangelium des Königreichs Gottes ansprechen. Man weiß als Jude, dass es nicht ausreicht, Jude zu sein, um ins messianische Reich zu kommen und ebenso, dass es Nichtjuden gibt, die ins messianische Reich gelangen. Es gibt beispielsweise eine Lehrrichtung, die besagt, dass es für Nichtjuden ausreichen kann, nur die noachidischen Gebote, quasi eine Kurzform der Torah, einzuhalten. Tatsächlich bekennen sich die meisten Kirchen zu einer Kurzform der Torah. *Sie bekennen sich zu acht oder neun der Zehn Gebote, aber jedenfalls nie zur ganzen Torah.*

Die Wendung *„vor Grundlegung der Welt"* kommt noch weitere zwei Mal vor im Neuen Testament. Der Vater hat den Sohn vor Grundlegung der Welt geliebt (Joh 17,24) und Christus war als Opferlamm bestimmt (1 Pet 1,20). Dieser Begriff steht also im Zusammenhang mit Christus und Seinen Gliedern. Manche übersetzen das Griechische „Katabole" nicht mit „Grundlegung", sondern wört-lich mit „Herabwurf". Die Schöpfung wurde aber nicht herabgeworfen, sondern Gott hat in sechs Tagen die Himmel und die Erde erschaffen. Materie, Raum und Zeit, wie wir sie angefangen haben, kennen zu lernen, sind damals zur Ent-stehung gebracht worden. Da wo sie waren und wann sie waren und wie sie waren, war vorher nichts. Es gab also nichts herabzuwerfen. *7 Gott hat nicht mit Materie, Raum und Zeit herumgeworfen, sondern Er hat durch Sein All-machtswort die Dinge in die Existenz gerufen. Auch in Heb 11,11 wird „Kata-bole" als schöpferischer Neubeginn gesetzt und ist dort nicht anders zu verste-hen, auch wenn in keiner deutschen Übersetzung das Wort mit „Grundle-gung" wiedergegeben worden ist. Katabole bedeutet neben „Grundlegung" auch „Säen" und „Empfängnis", ist also mit dem Vorgang, etwas Neues zu setzen, gleichzusetzen, nicht um etwas bereits Vorhandenes irgendwohin zu werfen. Wörtlich heißt es dort in Bezug auf die Empfängnis bei Sarah: δύναμιν εἰς καταβολὴν σπέρματος ἔλαβεν, dynamis eis katabolen spermatos elaben, zu Deutsch wörtlich. *Kraft für die Empfängnis des Samens erhalten"* (ElbÜ: „Kraft, Nachkommenschaft zu zeugen").

Es ist ja ein großes Rätsel wie Jesus bereits vor 1 Mos 1,1 existiert hat, wenn Er nicht der Vater ist. Er ist nach dem klaren Zeugnis des Neuen Testaments der Schöpfergott und auch der JHWH, *8 der zu Noah, Abraham, Issaak, Jakob und Mose gesprochen hat. Er war einer der Gottheit. Als Er Mensch wurde, blieb Sein Vater im Himmel, derjenige zu dem Er redete. Dann kehrte Er mit der Him-melfahrt zu Ihm zurück. Er der die Welt erschaffen hat, steht außerhalb der Schöpfung und begab sich für eine gewisse Zeit in sie hinein. Das scheint schon eine gewisse Kompatibilität des Geistes Gottes mit dem, was Er geschaffen hat, anzuzeigen.

Wie ist es mit der Gemeinde? Auch sie war einst wegen der Auserwählung vor

Grundlegung der Welt außerhalb der Schöpfung, wurde durch menschliche Geburt und Begeistung durch den Geist des Hauptes Christus zu begeisteten Christusgliedern gezeugt, um hier für eine kurze Zeit Mensch zu sein und geistig zu wachsen. Auch bei Jesus heißt es, dass er wuchs an Gnade und Weisheit (Lk 2,40). Und auch die Glieder des Leibes Christi werden wie das Haupt verwandelt bei ihrer Umwandlung in der Entrückung oder bei der Auferstehung, um mit Christus, in der Bildsprache der Bibel, „auf dem himmlischen Thron" zu sitzen. *9 Das ist nur zu glauben, wenn man selber davon betroffen ist. Aber es ist das, was die Bibel lehrt. Überall wo Jesus seinen Jüngern sagt, dass sie auf Thronen sitzen werden (Mt 19,2; Lk 22,30) steht das Wort im Plural und Er spricht Juden an, denen er ausdrücklich sagt, dass sie zuständig sind für die Stämme Israels. Auch hier unterscheidet die Bibel zwischen Israel und der Gemeinde Christi.

Die meisten Ausleger verstehen diese Auserwählung der Gemeinde nicht. Rienecker nimmt in seinem Kommentar in der Wuppertaler Studienbibel an, dass man erst durch das Ja zu Gottes Erwählung faktisch erwählt ist. Es ist aber genau umgekehrt. Zuerst kommt die Erwählung und dann irgendwann folgt das Ja. Das Irgendwann und Irgendwie bestimmt Gott. Auserwählte, die noch nichts von ihrer Auserwählung wissen, sind Schläfer. Die Auswahl war ja vor Grundlegung der Welt und damit noch vor dem Stammvater Adam. Als wir ins Leben gerufen wurden, waren wir schon dafür auserwählt, vom Geist Gottes gezeugt zu werden und mit ihm Bekanntschaft zu machen. Und genau das hat der Geist gemacht, wir haben ihn nicht herbeigerufen, weil uns irgendein Pastor mit der Bibel in der Hand dazu aufgefordert hat, sondern Gott hat uns auserwählt und berufen! Vielleicht hat es lange gedauert, bis wir diesem Ruf gefolgt sind, weil wir zuerst nicht wollten. Aber dann haben wir doch gewollt. Keine unsere kunstvollen Errungenschaften, weder das anfängliche Widerstreben, noch die endliche Zustimmung haben die Erwählung hervorgerufen, - wir wurden nicht einmal gefragt

- sondern allenfalls auf ein Wort Gottes, das schöpferische Wort des Ratschlusses, haben wir noch unser menschliches Wort, das Bekenntnis zu Christus, dazugetan. Luther meinte, es klarer gemacht zu haben. Wer gläubig ist, hat dadurch bewiesen, dass er auserwählt ist.

Aber ganz so einfach ist es nicht, denn es gibt viele, die an Jesus glauben und doch nicht zu den Auserwählten zu gehören scheinen. Die Dämonen glauben auch und zittern und gehören bestimmt nicht zum Leib Christi und auch unter den Menschen gibt es viele, die glauben und zittern. Sie zittern z.B. weil sie befürchten, dass ihre frommen Werke nicht ausreichen. Es stellen sich in diesem Zusammenhang viele Fragen, z.B. ob es sein kann, dass der Geist Christi in Menschen ist, ohne ihren Hass auf Israel zu beenden; oder ob es sein kann, dass der Geist Christi in Menschen ist, die meinen, einen Gottesdienst verrichtet zu haben, wenn sie andere Menschen quälen und durch Gewalt zwingen. Dass sie glauben, dass Jesus Christus ihr Erlöser ist, ist nicht zu bezweifeln. Vielleicht werden sie das messianische Reich sehen und neues, äonisches Leben bekommen, um unter Israel ihre Versäumnisse aufarbeiten zu können, neben denen, die so fleißig bemüht waren, die Torah zu halten, damit sie es in das messianische Reich schafften und zum Glauben an Jesus, den Ruf noch nicht zu vernehmen in der Lage waren, ganz einfach deshalb, weil er auch nicht gekommen ist! Im Leib Christi sind Juden und Nichtjuden vereint. Im messianischen Reich werden Juden und Nichtjuden das Volk stellen, das noch das messianische Israel zur Erziehung in Gnade und Erkenntnis Jesu Christi benötigt.

Rienecker behauptet in der Wuppertaler Studienbibel auch in diesem Zusammenhang, wie so viele andere, dass Israel *„durch die Tötung des Heilands seiner Dienstverrichtung verlustig gegangen ist"* ***10** und dass anstelle von Israel die Gemeinde getreten sei. Doch das würde bedeuten, dass die Gemeinde Ersatz für Israel ist und nur deshalb entstanden wäre, weil Israel versagt hat. Das widerspricht aber der Auserwählung vor Grundlegung der Welt.

Auch Schlatter kann sich das nicht vorstellen, wie denn wir als Menschen, die wir von Adam abstammen, schon lange vorher in irgendeiner Weise, sei es auch nur als ein Gedanke Gottes existiert haben können. *11 Er greift zu dem Kunstgriff, dass er sagt, weil wir in Christus auserwählt wurden, habe die Liebe Gottes uns dazu erkoren, das zu sein, was wir werden sollten. Das ist nicht unrichtig, aber es ist nicht das, was hier Paulus gesagt hat. Die Liebe in Christus sei wie der Same, der zu unserer Auserwählung geführt habe, sie sei der Verursacher, weil sie ja nicht anders kann und wann sie es dann ins Werk umgesetzt hat, sei wieder eine andere Frage, die Paulus hier nicht beantworten wollte. Aber sprachlich hat Paulus das zweifellos so getan, sonst hätte er nicht sagen können: „vor Grundlegung des Kosmos"! Und auch nur so ist es heilsgeschichtlich in sich stimmig. Die Beziehung zwischen dem Haupt Christi und seinen Gliedern ist mehr als nur eine Liebesbeziehung, sie ist eine wesensmäßige Beziehung und führt dazu, dass jedes Glied das wird, was es bereits im Ratschluss Gottes vor Anbeginn der Schöpfung ist. Dass wir Menschen auf die Liebe Christi ansprechen, liegt nicht daran, dass uns diese Liebe überwältigt. Wir finden sie wunderbar und erfüllend, wenn wir begabt worden sind, sie wunderbar und erfüllend zu finden. Aber das ist nicht der Grund, warum wir auf sie reagieren, sondern der Grund ist, weil wir mit dem Geist Christi begnadet worden sind, auf Gottes Liebe mit Seiner eigenen Liebe, die in unser Herz gegossen ist, zu antworten.

JCJCJCJCJCJCJCJCJC

Alles unter ein Haupt

Eph 1,9-11

Paulus bringt gleich am Anfang seines Briefes an die Epheser eine Kundgabe des göttlichen „Geheimnisses seines Willens", die so allumfassend und tiefgreifend ist, dass sie von den meisten Kirchen nicht ganz erfasst und von ihren Dienern zwangsläufig klein gedeutet wird.

Paulus sagt nämlich der *„Gott und Vater unseres Herrn Jesus Christus"* hat *„dieses Geheimnis seines Willens, nach seinem Wohlgefallen"* kundgetan *„welches er sich vorgesetzt hat in sich selbst für die Verwaltung der Fülle der Zeiten, alles unter ein Haupt zusammenzubringen in dem Christus, das was in den Himmeln und das was auf Erden ist, in ihm, in welchem wir auch den Erbteil erlangt haben."* (Eph 1,9-11)

Diese gewaltige Aussage konnte die altgebliebene Kirche nicht so stehen lassen und ihre Abspaltungen sind ihr darin gefolgt. Sie sehen sich verpflichtet zu sagen, dass entweder das „alles", welches Gott unter das Haupt Christi bringen will, nicht alles ist sondern nur ein „alles" mit der Hinzufügung „was Gott nicht verdammt hat" oder „was Gott auserwählt hat, alles zu sein". Das hat aber den Nachteil, dass man etwas dem Wort Gottes hinzufügt, das nicht da steht. Dieser Nachteil ist jedoch ein oft geübter und oft in Kauf genommener.

Oder die Kirchen sagen „alles" würde zwar tatsächlich alles mit einschließen, aber damit wäre nicht gesagt, dass jeder zum Christus dazugehören würde, sondern dass Jesus auch das Haupt der Verdammten und Seiner Gegner wäre, obwohl Jesus nach ihrer Denkart mit diesen Verdammten und Gegnern nie mehr etwas zu tun haben würde. Jesus also als das Haupt der Höllenhunde, der sich allenfalls um sie kümmern wird, indem Er noch weiter Kohle ins Höllenfeuer gibt.

Doch wenn jemand das Haupt einer Menschenschar ist, versteht man darunter, dass die anderen in einem Gefolgsverhältnis zum Haupt stehen. Ein Jude würde z.B. niemals sagen, dass er den Führer des Dritten Reiches als sein Haupt betrachten würde, auch wenn dieser die Macht dazu hätte, ihm die Knie zu brechen. Und schon gar nicht würde er auf die absurde Idee kommen, zu sagen, dass er „in" ihm wäre. In jemand zu sein, bedeutet immer eine Einheit bilden!

Paulus schreibt aber hier den Ephesern, dass alles „in" Christus sein wird. Man hat zurecht darauf hingewiesen, dass in dem Satz, dass sich jedes Knie einst vor Christus beugen wird in Phil 2,11, das gleiche „exomologeo" steht wie in Mt 11,25, wo es über Jesus heißt, dass Er dem Vater „huldigt". Das wäre die richtige Übersetzung: „völlig zustimmen" oder „völlig übereinstimmen". Diese Übersetzung schließt jedoch jede Art von Zwang oder Uneinigkeit aus. Das „ex" vor „homologeo" zeigt an, dass es ein stark betontes Zustimmen ist. Was folgt daraus? Daraus folgt, dass Jesus das Böse und das Widersachertum so besiegen wird, dass es völlig verschwindet und dass da, wo es war, das Gute und das Einigsein sein wird. Die „Umkehr" all dessen, was „umkehren" soll, wird in Christus geschehen. Und was soll umkehren? Alles was noch nicht in Christus ist! Und daher ist Christus zurecht der Sieger, denn es wird geschehen!

Bei Paulus werden dem Haupt des Christus immer die Glieder des Leibes Christi zugeteilt. Die Glieder folgen dem Haupt auch nicht aus Zwang, sondern wegen ihrer organischen Verbundenheit mit dem Haupt. Dazu sind sie geschaffen worden, dass sie dem Haupt dienen. Umso mehr gilt das hier, weil das alles ja sogar „in ihm" ist. Und auch spricht Paulus mit dem „wir" sogar die Epheser ausdrücklich an. Sie gehören dazu und sind bei diesem *„in ihm, in welcher wir auch ein Erbteil erlangt haben"* (Eph 1,11). Das alles ist „in Christus" und die Gemeinde der Epheser mit Paulus ist demzufolge auch in Christus, aber mit dem auszeichnenden Zusatz *„die wir vorbestimmt sind"* (Eph 1,11). Und das geschieht in der

„Fülle der Zeiten" (Eph 1,9) oder der *„Vollendung der Äonen"*, wie es besser zu übersetzen ist. Es spielt sich ab in historischer Zeit „noch" unter irdischen Verhältnissen.

Von keinem anderen Apostel weiß man, dass er eine ähnliche Schauweite hatte. Mit Ausnahme von Johannes in der Offenbarung. Und diese Offenbarung hatte Johannes auch vom auferstandenen Jesus erhalten, ganz wie Paulus seine Lehren vom auferstandenen Jesus bekommen hatte. Das zeigt, dass die Auswahl der Gemeinde Christi einem heilsgeschichtlichen Zweck diente, die sehr viel mit dem auferstandenen Christus, also dem, der bereits im Himmel ist, zu tun hat. Christus will, wenn er zurückkommt, nicht alles „alleine" machen, sondern Er will Seine Gemeinde mit einbeziehen und nach der Hochzeit mit der Frau Israel zusammen eine „Ehe" beginnen, die sich die Kindschaft des „alles" nach und nach bis zur Vollendung der Äonen zu eigen macht.

Eph 1,9-10 spricht von einem Geheimnis von Gottes Willen. Anscheinend sollen nicht alle Menschen gleich in das Vorhaben Gottes eingeführt werden. Die christlichen Kirchen würden sicherlich beanspruchen, eingeweiht worden zu sein. Aber das hängt nicht von ihnen ab, sondern von Gott, ob Er sie miteinbezieht: *„Gott hat uns wissen lassen das Geheimnis seines Willens nach seinem Ratschluss, den er zuvor in Christus gefasst hatte, um die Fülle der Zeiten heraufzuführen, auf dass alles zusammengefasst würde in Christus, was im Himmel und auf Erden ist, in ihm."*

Was ist das alles, was in Christus zusammengefasst wird? Die ganze Schöpfung, das gesamte All, oder auch „die Fülle der Zeiten". Daher übersetzt Langenberg *„aufzuhaupten das All in dem Christus".* ***12** Hier steht für „Zeiten" „kairon" und das ist im Unterschied zum „chronos", der Menschenzeit, die Zeit Gottes. Gott hat die Zeiten geschaffen, um in ihnen den Raum vollendungsgemäß auszufüllen. Aber Er unterscheidet Zeiten der Unmittelbarkeit Seiner Wirkung und der

Mittelbarkeit. Im Kairos bleibt nichts mehr übrig zu tun, weil alles dem ursprünglich beabsichtigten Zweck zugeführt wird. Es ist der Ratschluss-Zweck, das Willens-Ziel. „Aufhaupten" heißt der Vorgang, weil alles Christus, dem Haupt, untergeordnet wird. Das ist die wörtliche Übersetzung von ἀνακεφαλαιώσασθαι. Das Wort enthält das „Haupt", „kephalē", ebenso wie die Summe, „kephalaion". Christus kann man sowohl als Summe bezeichnen, weil in ihm alles zusammengefasst ist, als auch als Haupt all dessen, was ihm untergeordnet ist, Und das Interessante ist, dass das gleiche für die Liebe gilt.

In Röm 13,9 heißt es, dass die Torah erfüllt ist und sich zusammenfassen lässt in den Geboten Gott und den Nächsten zu lieben. *13. Diese Forderung der Torah wurde in Jesus vollkommen erfüllt. Also ist Christus nicht nur das Haupt und die Summe von allem, sondern auch der „Aufhaupter" und „Summator". Er selber vervollständigt sich durch die Schöpfung. Man mag das für Philosophie halten, aber vollkommene Weisheit und das rechte Maß an Liebe für die Weisheit, ist nur bei Gott und bei dem, dem sie offenbart worden ist. Das ergibt sich eindeutig aus der Bibel. Gott es Weisheit ist biblische Philosophie. Das Evangelium ist so gesehen höchste Philosophie, während jede Weisheit ohne biblische Grundlage lediglich Anthroposophie ist. *14

Und das ist „das Geheimnis Seines Willens" (Eph 1,9), das nur der versteht und kennt, dem es offenbar gemacht worden ist: die Aufhauptung der Schöpfung in Christus. In Christus findet die Schöpfung ihr Pleroma, ihre Erfüllung in ihrer Bestimmung.

Langenberg schreibt: „Was Gott sich vorgenommen, und was er haben will, muss doch endlich kommen zu seinem Zweck und Ziel... Wie die absolute, grenzenlose Gnade des alleinwirkenden Gottes die letzte Ursache ist, so ist das Lob seiner Herrlichkeit das letzte Ziel." *15 Oder Schlatter: „Im Christus soll alles seine wesentliche Endgestalt erhalten... Das nun offenbar gewordene Geheimnis besteht aber darin, dass alles in Christus zu seinem von Gott gewollten Sinn *und Ziel und bleibenden Bestand gelangt.*" ***16** Das alles verlangt, ja schreit danach, dass das All tatsächlich vollendet wird mit allem, was darin ist, nicht mit einem klagenswerten Stückchen. Die Kirchen lehren ein Stückchen Himmel und ein Kontinent Hölle. Das ist keine frohe Botschaft. Das ist eine verzweifelte Botschaft. Ganz anders steht Christus all Sieger in der Vollendung der Schöpfung dar. Die Himmel werden rühmen Gottes Vollendung des Alls. Das Universum liegt in einer unfertigen Rohform vor, die als solches sehr gut für das geeignet ist, was es einmal sein sollte. Aus Finsternis soll Licht werden. Interessanterweise meinen Astrophysiker, dass das Universum hauptsächlich aus dunkler Materie und leerem Raum bestünde. Die Schöpfungsgeschichte in 1 Mos 1 beschreibt die Schöpfung so, dass die Welt als leerer Raum auch finster war, denn zuerst sprach Gott, „es werde Licht" und während das Licht wurde, begann der Raum sich zu füllen an sechs aufeinander folgenden Tagen, die jeweils mit dem Abend begannen, um dann Tag zu werden. Tag werden und kreativ werden hängt miteinander zusammen.

Wenn der Weltraum tatsächlich leer und verdunkelt ist, so kann das nicht in Gottes Kosmos der Endzustand und auch nicht das Wunschziel sein. Mittlerweile weiß man, dass es Milliarden von Galaxien mit Milliarden von Sternen gibt, um die eine vermutlich noch größere Zahl von Planeten kreist. Von Leben da draußen weiß man nicht und von der Bibel her ist auch kein Leben zu erwarten, denn alles wartet ja auf die Vollendung der Menschheit. Doch das würde bedeuten, dass die Planeten alle ebenso lebensfeindlich sind wie die Planeten in unserer Nachbarschaft, geschaffen zur Wartestellung oder als Bildnis dessen was im Werden sein wird. Entscheidend für ihren Fortbestand und ihre Umgestaltung oder ihr Verschwinden und das Auftauchen einer neuen Welt ist das, was auf dem blauen Planeten geschieht. Gottes Plan sah es vor, im Kleinen anzufangen, um Seine Größe umso deutlicher zu machen. Und seine verschwenderische großzügige Prachtentfaltung zeigt sich nach der Urschöpfung, indem Er Himmel und Erde neu erschafft und das alte zusammenrollt wie einen Teppich (Heb 1,12*)*.

Man könnte sagen, das Weltall ist ein Prototyp. Man sieht durch die Spiegelteleskope nur eine vorläufige, unfertige Welt, die von Gott ins Sichtfeld des Menschen geworfen wird, der im Moment noch lernen muss, zu erkennen, dass er klein wie ein Staubkorn und kurzatmig ist und es auch bleibt, solange er nicht seine Erbschaft annimmt, die ihm Gott anbietet. Dann aber wird er groß gemacht und erst dann kann er der Beherrscher der Welten sein. Die Welt kennt Christus nicht. Sie ist daher nicht in der Lage, die Welt als Ort des Lebens und Überlebens zu bewahren. Nicht einmal das gelingt dem Menschen. Krieg und Verwüstung greifen immer mehr um sich. Die ursprüngliche Schöpfung verarmt und verschwindet. Aus Multikulti und Einheitsbrei wird Langeweile und Tristesse. Materialismus und die Betonung der Leiblichkeit verbreiten die Kultur der Geistlosigkeit und des Konsums. Wer alles raffte, zerstreut sich selber, wird zu einem Ungesammelten und verliert schließlich noch das wenige, was er zur Vollständigkeit bereits hatte, damit wird er auch immer unfreier und abhängiger. Und schließlich verliert er noch seine Menschlichkeit. ***17** Der Heger der Natur wird selbst zu einem unnatürlichen Monster, ohne Sinn und Verstand, und letztlich ohne Liebe. Das ist das Ende. Aber Umkehr ist möglich, wenn auch auf der Asche der Selbstvergötterung und auf den Ruinen dieser Welt ohne Gott. Die Welt muss zu Asche und ruiniert werden, dann ist wieder Kairos. Man muss sich nicht wundern, dass die Bibel schon vor zweitausend Jahren, als die Erde noch überwiegend ein blau-grüner Planet war, auf dem die Menschen noch nicht begonnen hatten, der Natur untertan zu sein, vorausgesehen hat, dass es ein katastrophales Ende der Chronos-Tage der Menschen geben würde, an deren Ende Gott durch Seinen Sohn eingreifen würde. Bevor alles zugrunde geht, kommt der Erlöser der Welt, um weiter und sogar noch sichtbarer mit Seiner Erlösung fortzufahren. Dann wird auch die große Zeit Israels kommen und all derer, die Israel unterstützt haben. Die große Zeit der Gemeinde hat längst begonnen, denn jeder der in Christus ist, ist es seit der Zeugung durch den Geist Gottes schon immer gewesen und befindet sich in einem wunderbaren Wachstum in eine viel größere Wirklichkeit hinein, als es die Welt jemals erlebt hat.

Rienecker lässt die Erwählung der Gemeinde Christi auch nur im Ratschluss Gottes vor der Schöpfung gewesen sein, also rein fiktiv. Aber Paulus sagt nicht, dass Gott sich vorgenommen hat, die Gemeinde zu erwählen und dann, laut Rienecker, erst *„am ersten Pfingstfest in Jerusalem"* ***18** sie zu stiften. Was dort an Pfingsten geschah, ist aber ausdrücklich lediglich das, was Israel vorhergesagt war: *„sondern das ist's, was durch den Propheten Joel gesagt worden ist."* *(Joel 3,1-5)* In Joel 3 spricht Gott Israel an und sonst niemand. Und auch Petrus hat nur Israel angesprochen. *„Ihr Männer von Israel..."* (Ap 2,22) Die Gemeinde, von der Paulus spricht, gehört zum Bräutigam Christus und ist nicht die Braut Israel.

Woher kommt diese Scheu, Paulus beim Wort zu nehmen? Sie kommt aus der verschrobenen Theologie. Satan versucht natürlich, den Theologen weis zu machen, das die Menschen nicht von Gott her kommen, sondern dass sie Zufallsprodukte des kalten Weltraums sind und dass Gott so ist, dass Er sich anschaut, was der Zufall da so alles produziert hat und dann sucht Er – vielleicht, mit etwas viel Wohlwollen - sich das eine oder andere Zufallsprodukt aus, nachdem Er vorher noch höflich das Menschlein gefragt hat, ob er damit einverstanden wäre, denn der Mensch habe ja, übrigens auch ganz zufällig, einen freien Willen bekommen. Es geht über die Vorstellungskraft, oder doch nur den Vorstellungswillen, dass Gott genau das, was Er von Anfang an geplant hat, auch ohne Beeinträchtigung des Eigenwillens des Menschen, zum Ziel bringt.

Die meisten Ausleger gehen gar nicht darauf ein, dass es sich bei der Zusammenfassung von allem in Christus um ein Geheimnis handelt. Sie haben ja auch nicht verstanden, was „alles" ist und grenzen es auf „weniges" ein. Sie scheitern bereits an den Begriffsinhalten. Wie sollten sie dann zur Bedeutung von ganzen Satzaussagen kommen? Warum nennt Paulus es ein Geheimnis? Weil es vorher nicht bekannt war, jedenfalls nicht einer Mehrheit derer, die noch am ehesten qualifiziert waren, die Geheimnisse des Gottes der Bibel zu kennen: den Juden! Aber schon deshalb, weil sie Auftrag und Aufgabe des Messias nicht völlig erfasst hatten, musste das, wofür Jesus Christus gekommen war, ein Rätsel bleiben.

Eine Bekräftigung und damit ein doppeltes Zeugnis erfährt die Zusammenfassung von allem unter Christus in Vers 11, denn wenn Gott *„alles nach dem Rat seines Willens wirkt"* und nicht etwa nach dem Willensentschluss von Menschen, deren Entschlüsse immer nur so lange vorläufige Willensäußerungen sein können, solange sie nicht mit Gott übereinstimmen, dann ist für den Willen Gottes auch nichts zu befürchten. Er ist konkurrenzlos, nicht weil es keine Konkurrenz geben könnte, sondern weil die Konkurrenz nicht dauerhaft sein kann. Das ist eine gute Nachricht. Damit verharmlosen Gott und Seine Herolder die Androhungen von äonischen Gerichten nicht, denn sie versichern zugleich, dass sie schrecklich sein werden. Nicht weil sie der Schwere der Schuld entsprechen sollen, sondern ganz anders, weil sie das Mittel zum Heil sind. *19

Die Gerichte Gottes sollen nicht einer Schuld genügen,

sondern Mittel zum Heil sein.

JCJCJCJCJCJC

Gottes Ökonomie

Eph 1,9-12

Rienecker nennt das, was in der Vorstellung der Theologen, die ein so stark eingegrenztes Vertrauen in Gott haben, Gottes Haushaltung ist, eine Segenstat. *„Diese Segenstat ist die in der Geschichte begonnene, nach der Zukunft hinstrebende und in der Ewigkeit zur Vollendung kommende ökonomische Gnade."* **[20]** Aber was heißt denn „ökonomisch"? Verknappend? Minimierend? Limitierend? Verdammend? Mag ja sein, dass Menschen ihre Ökonomie und ihre ökonomischen Fähigkeiten dauernd optimieren müssen. Aber Gott doch nicht! Er ist der perfekte Ökonome, der immer genau das Ziel erreicht, was Er will. Zu sagen, dass das riesige Weltall nur dazu da sein soll, dem Menschen Ehrfurcht vor dem Schöpfer zu lehren, kann nur dann als Verschwendung von Resourcen betrachtet werden, wenn man meint das der Schöpfer nicht unerschöpflich ist und die Bedeutung, die der Schöpfer dem Menschen gibt, nicht anerkennen will.

Wer Gott im rechten Licht sehen will,

bei dem muss auch das Menschenbild stimmen.

Das gesamte Weltall ist in physikalischer Hinsicht in der naturgesetzlichen Wechselwirkung von Materie und Energie ausschließlich ökonomisch aufgebaut. Es geht nichts verloren, es wird nichts verschwendet. Gott ist ein Hausbauer ohne Abfallerzeugung. Im geistlichen Bereich ist Gott ebenso ökonomisch. Nichts geht verloren, das nicht wieder gefunden wird. Das zeigt Jesus wiederholt. Einmal sagt er: *„Welche Frau, die zehn Silbergroschen hat und „einen" davon verliert, zündet nicht ein Licht an und kehrt das Haus und sucht mit Fleiß, bis sie ihn findet?"* (Lk 15,8) Und dann kommt das Entscheidende, was meist überlesen wird: *„Und wenn sie ihn gefunden hat, ruft sie ihre Freundinnen und Nachbarinnen und spricht: Freut euch mit mir; denn ich habe meinen Silbergroschen gefunden, den ich verloren hatte."*

Sollte man also nicht erfreut sein, wenn Gott so ist, dass er auch bei 90 Prozent noch nicht zufrieden ist und die restlichen zehn Prozent auch noch auffindet? Das ist höchste Ökonomie! Nur das ist Ökonomie! Die Kirchenvertreter, die vor denen warnen, die Gott zutrauen, alle zu finden, auch wenn sie uns Menschen als verloren erscheinen, sollten sich von Jesus sagen lassen: *„So, sage ich euch, wird Freude sein vor den Engeln Gottes über einen Sünder, der Buße tut."* (Lk 15,8-10)

Wenn man die Höllenprediger hört, könnte man meinen, sie freuen sich nur, wenn es nur eine kleine Schar zu Gott schafft, was auf einen gewissen Optimismus schließen lässt, dass ausgerechnet sie, die den Rest der Menschheit in die Hölle verweisen, Gott angenehm wären. Als ob sie auf Kosten anderer um Gottes Gunst eifern. Als ob man das überhaupt könnte! Was ist das für eine Vorstellung von Gott, dass Er wie so ein sadistischer Mafioso seine Günstlinge belohnt, weil sie ihm bedingungslos gehorsam leisten, und diejenigen, die sich nicht mit ihm anfreunden wollten unter Verschluss nimmt und Tag für Tag quält, zur Freude von lieblosen Geistgestörten?

Andererseits erinnern die Kirchen, dass sie ja auch an die Evolutionslehre glauben, „survival of the fittest". Die meisten der Menschenart bleiben auf der Strecke und nur die an Gottes Forderungen und Erwartungen angepassten, dürfen weiterleben. Anpassung an Gott macht fit. Eine grausame Vorstellung. Und ganz ohne, dass die Moral, der Anstand, die Barmherzigkeit zu Wort kommen.

Und auch im Gleichnis vom verlorenen Sohn kommt es deutlich zum Ausdruck, dass man sich freuen soll und nicht eifern für das Böse, denn was anderes ist die verfestigte Unversöhnlichkeit als Böses, die nur noch durch ihre Verewigung gesteigert werden kann: *„Du solltest aber fröhlich und guten Mutes sein; denn dieser dein Bruder war tot und ist wieder lebendig geworden, er war verloren und ist wiedergefunden."* *(Lk 15,32)* So kann man nur reden, wenn man schon vorher geliebt und gehofft hat. Man kann nicht die Sünder und Verstockten verteufeln und verdammen und dann, wenn sie sich – mutmaßlich – bekehrt haben, schließt man sie herzlich in die Arme. Entweder ist das eine nicht echt oder das andere geheuchelt. Das ist eben der Unterschied zu Gottes Liebe und menschlicher Liebe. Gottes Liebe vergeht nicht. Wie sie sich dem Menschen nähert und wie sie es fertig bringt, den Menschen zu verändern, das ist die eine Sache. Aber die andere Sache ist, dass sie ungebrochen bleibt, denn Gott kann ja auch nicht gebrochen werden.

Gottes Liebe bleibt ungebrochen,

weil Gott auch nicht gebrochen werden kann.

Was ist der Willen Gottes? *„damit wir zum Preise seiner Herrlichkeit seien,"* (Eph 1,12) Gott geht es darum, sich zu verherrlichen. Das kann Er besser mit einer vollendeten Schöpfung als mit einer teilvollendeten.

Rienecker schreibt: *„Zur Entwicklung der Ökonomie gehört es, dass in den Zeiten der Vollendung und Erfüllung auch Zeiten der Vorbereitung und Hoffnung vorangehen."* ***21** Man muss hinzufügen: *„und der Prüfungen und der Gerichte"*. Die Glieder am Leibe Christi erfahren bereits ihre Zurichtungen und Heiligungen, die ökonomische Reifung zu dem, was sie bei Christus sein sollen und werden. Sie sind die ersten, die dem Christus untergeordnet werden. Bei ihnen geschieht es durch Eingliederung. Doch andere werden folgen. Zuerst im messianischen Reich Gottes. Dann in den Äonen durch ökonomische Gerichte. Alle Äonen sind zugleich Gerichts- aber auch Gnadenzeiten. Wenn die Theologen von „Vollendung und Erfüllung" reden, meinen sie meist wenig mehr als das, was sie selber zu erhalten sich erhoffen, bei den liberalen Theologen ist es nicht einmal noch das. Das kommt davon, wenn man Gottes Werk schmälert. Irgend wann erfährt die Zunft eine zunehmende Wahrnehmungsverengung, die sie dann weiter noch mit Unrätigem verstopfen. Und am Ende kommt ein Gottesbild als Gottersatz und Götze dabei heraus, der ein Gott der verewigten Unehre ist und den die Völker nur verspotten, verachten und ablehnen können.

Gott wird weniger wegen der Bibel abgelehnt als wegen der Theologen und ihrer Lehren, könnte man meinen, wenn man nicht wüsste, dass es nichts Herausforderndes gäbe als die Wahrheit.

Gottes Liebe bedeutet auch Gottes Treue. Wer wahrhaft liebt, ist auch wahrhaft treu. Anstatt anzuerkennen, dass JHWH Seiner Braut Israel treu geblieben ist und sie, wie Er es vorausgesagt hat, ehelichen, d.h. mit ihr zum Wohl aller Völker eine Heilsgemeinschaft eingehen wird und die Gemeinde Christi an dieser Heilsgemeinschaft als zugehörig zum Bräutigam teilhaben wird, behaupten die antiisraelischen Kirchen, sie seien das neue Israel, mit dem sich Gott im Himmel zu einem Hochzeitsmahl treffen wolle. Was für ein tragischer Irrtum. Die Kirchen sind weder die Braut, noch gehören sie zum Bräutigam, sie sind nicht einmal zur Hochzeit geladen. Einzelne Menschen gehören dazu, aber Glaubensgemeinschaften als solche helfen in keiner Weise. Wer seinen Mitgliedausweis beim Eintritt in den göttlichen Gerichtssaal vergessen hat, wird feststellen, dass er ihn nicht braucht und dass er ihm nichts nützt. Aber es ist nicht auszuschließen, dass massenhaft Kirchenchristen gefragt werden, warum sie nicht aus der Kirche ausgetreten sind. Diese Frage wird vermutlich häufiger gestellt werden als die Frage an Nichtchristen, warum sie nicht in eine Kirche eingetreten sind.

Beim Hochzeitsmahl dabei sind die, die nicht von Menschen ernannt oder erwählt, sondern von Gott dazu gemacht worden sind: zu Auserwählten und Gliedern am Leibe Christi. Für sie gilt, dass sie der Vatergott in Christus *„auserwählt hat vor Grundlegung der Welt"* (Eph 1,4). Gott hat also bereits vor 1 Mos 1,1 – *„Im Anfang schuf Gott die Himmel und die Erde"* -, diejenigen auserwählt, um die es hier geht, nämlich Menschen, die der höchsten Aufgabenstufe, die ein Mensch haben kann, zugewiesen werden.

Auswählen kann man nur etwas, was schon irgendwie vorhanden ist. Diese Aussage von Paulus widerlegt die Kirchen, die in beständiger Ignoranz gegenüber dem, was das Wort Gottes sagt, die Lehre vertreten, dass alle Menschen in ihrem Erdenleben vor einer Wahl für oder gegen Gott stünden, oder dass sie aus dem Nichts Kraft Zeugungsakt ihrer Eltern entstünden und dann erst die spannende, für die meisten verhängnisvoll verlaufende Reise des Lebens beginnen würde, mit dem ungewissen Ausgang, ob man im Staub der Arena liegen bleibt, oder den Daumen nach oben zu sehen bekommt.

Glieder am Leibe Christi haben vor Grundlegung der Welt bereits dem Christus gehört. Das ist zwar eine ungewöhnliche, phantastisch anmutende Feststellung, aber das Wort Gottes sagt genau das. Und es sagt auch, warum es zu dieser Vorauswahl kam, die unweigerlich zur Folge haben musste, dass diese Glieder irgendwann in ihrem Lebenslauf erkennen mussten, dass sie zu eben diesem Haupt Jesus Christus dazugehören wollen, weil sie wirklich dazugehören.

Menschen wollen zu Gott gehören,

weil sie zu Gott gehören.

Wie schön, wenn zwei Verliebte zueinander sagen können: wir zwei gehören zusammen, denn wenn das so ist, droht ja niemals eine Scheidung und was in Liebe begonnen hat, geht immer weiter in Liebe. Und auch bei solch zwei Liebenden, war es keine Vernunft, die sie zusammengebracht hat. Mag sein, dass die Vernunft noch einen gescheiten Kommentar geben durfte, aber sie kann keine großen Reden schwingen, wenn ihr die Liebe alles vorweg genommen hat, weil die Liebe sagen kann: wir gehören zusammen, zum Einssein sind wir geboren, zum Einssein sind wir bestimmt.

„Dass wir heilig und tadellos vor ihm seien in Liebe" (Eph 1,4). Das ist der Auftrag, die Bestimmung, der Beruf. Drei Worte mit großem Inhalt: heilig, tadellos, in Liebe. Heilig wie Gott heilig ist. Dazu muss man sich heiligen lassen. Das geschieht im Geist Christi, in welchem jedes Glied am Leibe Christi lebt und webt. Webt auch, um die Gemeinschaft mit den anderen Gliedern des Leibes Jesu Christi gedeihen und vollenden zu lassen. Tadellos wie Christus tadellos war und deshalb Tadellosigkeit überhaupt erst möglich gemacht wird, weil das Leben im Geiste Christi genau das bewirkt, je mehr man sich diesem Geist überlässt. Die Tadellosigkeit wird durch die Rechtfertigung, die Jesus am Kreuz für uns bewirkt hat, immer wieder bereit gestellt. Man muss daher immer wieder unter das Kreuz treten. *22

Genauso wenig wie das menschliche Vermögen dazu verhalf, dass der Mensch vom Heil erfuhr, ist es auch im Heiligungsprozess ein notwendiger Bestandteil. Wer sich heiligt, lässt sich heiligen vom Geist Christi, der nach dem göttlichen Wesen heiligt. Dabei ist das menschliche Fleisch nicht nütze. *23 Heiligung hat ihren Maßstab in der Person Jesu Christi nicht im Bund vom Sinai. *24

Und das alles, Heiligung und Tadellosigkeit, geschieht in Liebe, jener göttlichen Liebe, die alles zu dulden vermag, die einen langen Atem hat, die gütig bis zur Selbstaufgabe sein kann, die auch zurückstecken kann, weil sie weiß, dass sie immer auf der Siegerseite bei Christus ist, die sich ihren Anstand und ihre Würde bewahrt, die über alle Bitterkeiten hinwegkommt, weil sie sonst nicht zur Entfaltung kommen kann und die sogar Böses erträgt, weil sie die berechtigte Hoffnung auf den Sieg des Guten hat; und schließlich ist es auch die Liebe, die gegen die Ungerechtigkeit aufsteht und für Reinheit und Wahrheit eintritt.

Diese Liebe, die Paulus in 1 Kor 13 so beschreibt, ist nicht menschlich und nur diese Liebe ist unvergänglich. Die menschliche Liebe setzt Bedingungen, sie will vieles für sich und solange sie bekommt, was sie will, ist sie zu großen Werken und großer Hingabe fähig. Aber wehe sie wird enttäuscht. Dann zieht sie sich zusammen wie ein Ballon, aus dem die Luft herausgelassen wird. Nicht so die Liebe von Christus.

Jedes Glied am Leibe Christi muss sich fragen, ob die Beschaffenheit und das innere Wesen des Gliedes vom Haupt aus gesteuert werden kann, ob hier die gleiche Blutgruppe, das gleiche Immunsystem, die gleiche Nervigkeit vorhanden sind und zusammenwächst, was zusammen gehört, das Haupt und die Glieder. Und Jesus Christus ist das Haupt, nicht der Ehepartner, nicht die Kirche!

Das Ziel der Auswahl ist also, dem Christuswesen zuzuwachsen. Christus hat ja Seine Existenz abgelegt, als Er Mensch wurde. Sein menschliches Wesen hat durch den irdischen Lebenswandel die Voraussetzungen geschaffen, dass andere Ihm nachwandeln können und das vervollständigen, was Jesus angefangen hat. Damit ist nicht gemeint, dass jemand zu dem Opfer, das Jesus vollbracht hat, um die Welt zu retten, noch etwas hinzufügen könnte, sondern dass der Christus zu Seinem Haupt noch voll mitgliedsfähige, das heißt christusgemäß funktionierende Glieder erhält, die bei den noch kommenden Werken des Christus mitwirken. Der Wille Gottes will nämlich, wie es in Vers 10 heißt *„bei* *der Erfüllung der Zeiten; alles zusammenzufassen in dem Christus, das, was in den Himmeln, und das, was auf der Erde ist - in ihm."* (Eph 1,10) Das tut der Christus durch Seine Glieder.

Für diese Vorherbestimmung *„zur Sohnschaft durch Jesus Christus"* (Eph 1,5) hat sich der Vatergott *„für sich selbst nach dem Wohlgefallen seines Willens"* (Eph 1,5) entschieden. Auch hier sieht man wieder, das allgemeingültige Prinzip. Gott will etwas, es gefällt Ihm, was Er will und Er setzt es auch um. Dieses Prinzip haben die meisten Kirchen nicht verstanden. Sie sind menschliche Kirchen und betonen daher den menschlichen Willen und das menschlich Machbare.

Die Beschränktheit der Kirchen ist menschlich
– ihre Lehren sind es auch!

Und so übertragen sie ihre Beschränktheit auf Gott. Die Beschränktheit in ihrer Fähigkeit, etwas zu wollen, in ihrer Fähigkeit, Gefallen zu finden und die Dinge zu beurteilen, und in ihrer Fähigkeit zur Verwirklichung von alledem. Und daraus machen sie dann auch noch Kirchenlehren. Es sind Kirchenlehren der Dogmatisierung ihrer Beschränktheiten. Und eine davon besagt, zwar wolle Gott schon (die Menschen erlösen), aber der Mensch wolle ja nicht, also sind bei Gott doch nicht alle Dinge möglich, sondern nur die Dinge, die der Mensch möglich macht. Was für ein ausgemachter Schwach-Sinn! Wer Gott schwach macht, ist schwachsinnig! Aber welchem Wahn gibt er sich hin? Dem Wahn, dass Gott den Menschen gleichberechtigt neben sich gestellt hätte. Angenommen man hätte einen Menschen bei sich aufgenommen, von dem man weiß, dass er gewaltbereit ist und die Menschen, die ihn aufnehmen wegen ihrer Kultur, ihres Glaubens, ihrer Lebensweise verachtet, von dem man weiß, dass er glaubt alles gehöre ihm, würde man sich auf eine Reise machen und ihm das eigene Haus, die eigene Familie, die eigene Tochter anvertrauen? Nein, Gott hat den Menschen nicht gleichberechtigt neben sich gestellt. Aber Er ist, großzügig wie Er ist, bereit, die Menschen in ein Erziehungs- und Besserungsprogramm aufzunehmen. Man kann das auch Integration nennen. Und wenn dieses Programm irgendwann einmal abgeschlossen ist, aber nicht früher, nimmt Gott den Menschen in Seine Familie, Sein Haus, Sein Besitztum über und macht ihn zum Erbe. Zuerst aber muss der Fremdling lernen, die Gesetze Gottes zu respektieren und zu befolgen. Und wenn die ihm in Haut und Haare übergegangen sind, ist er vertrauenswürdig geworden. Und irgendwann vielleicht ist man „ein Herz und eine Seele" bzw. eines Geistes. Und dann kann der Hausvater dem längst nicht mehr Fremden alles anvertrauen

Das also ist das Programm Gottes, das Paulus klarer sieht als je ein Mensch zuvor. Gott will alles zusammenfassen in Christus, nach allen Weltzeiten ist es vollendet.

Alle Elemente des Geschaffenen kehren zurück zu dem, von dem sie herkommen. Die neue Physik hat von ihrer Seite her einen Lichtstrahl darauf werfen können. Die Quantenphysik bestätigt, dass mit der Materie zugleich die Dimensionen Raum und Zeit entstehen. Sie bilden miteinander eine Einheit. Es ist zu verstehen, dass erst durch Informationszugabe, z.B. in Form von Naturgesetzlichkeiten und gesteuerten Energiezuflüssen aus den ungeordneten Energie-Materie-Erscheinungen geregelten Abläufe und eine Ordnung entsteht. Im ersten Kapitel der Bibel wird dieser Vorgang mit „Und Gott sprach!" wiedergegeben, denn wenn Gott spricht, dann geschieht es. Die Materie folgt dem Befehlswort Gottes. Das ist kein Kunststück, denn Gott hat die Materie kompatibel zu dem geschaffen, was Er geschaffen haben wollte. Es findet also ein Informations-übergang zwischen Geist Gottes und Materie statt, Worte haben ja einen semantischen Inhalt, der für einen Empfänger bestimmt sind, der darauf reagieren soll. Natürlich bleibt die Naturwissenschaft immer nur an der Materie und den Aktionen und Reaktionen, die sich bei ihr zeitigen, hängen, da der Geist Gottes außerhalb ihrer Reichweite bleibt. Daher ist zu prognostizieren, dass sie immer nur von den materiell feststellbaren Dingen reden und von dem, was darüber hinaus noch nicht festgestellt ist, nur als von noch nicht geklärten Sachverhalten und Wundern. So verhindert man, je von Gottes Schöpfung reden zu müssen, indem man sagt, wir wissen noch nicht, aber es ist nur eine Frage der Zeit, denn die Forschung ist schon immer weiter gegangen. Biblisch sind die Denkvoraussetzungen anders und mühelos mit den anzutreffenden Wirklichkeiten in Übereinstimmung zu bringen.

Zuerst schuf Gott Räume und Zeiten und Materie, die auf ihrer von Gott eigens zugewiesenen Seinsebene untrennbar miteinander verbunden sind. Dann begann Er damit, etwas hineinzuordnen. Dieses Prinzip findet sich im Sechs-Tage-Schöpfungswerk verwirklicht. Jeder Tag beginnt mit einer Leere und Unordnung in Wartestellung, dass sie von Gottes Geist mit etwas Geordnetem gefüllt wird (1 Mos 1). Im Grunde ist das Leben jedes einzelnen Menschen so, dass er mit einer informatorischen Leere in die Welt geworfen wird. Sein Hirn ist leer und ungeordnet, sein Geist weitgehend inaktiv, seine Seele ungeprägt. Erst wenn Gottes Geist in ihn kommt, kommen Informationen, die eine andere Ebene aus einer anderen Welt betreffen und daher vorher gar nicht beurteilt werden konnten.

Der enge Zusammenhang der Schöpfung mit dem Schöpfer und den Menschen wie er in der Genesis dargestellt wird, findet in der Quantenphysik eine erstaunliche Bestätigung. Erstaunlich daran ist nur, dass wir Menschen darauf zu sto-

ßen kommen, nicht dass es so ist! Die materielle Welt als Objekt existiert nämlich nicht unabhängig vom Subjekt der Person, die außerdem existiert. Erst
wenn das Subjekt wie ein Beobachter, ein Handelnder das Objekt wahrnimmt,
tritt es überhaupt in Erscheinung. Das will unser Denken nicht akzeptieren. Der
Mond ist quantenphysisch als solcher nicht wirklich da, solange niemand zu ihm
raufschaut und auch sonst kein Mess- oder Beobachtungsinstrument auf ihn
gerichtet ist. An seinem Ort sind, wie auch sonst im Universum Kraftfelder und
Energiequanten, die im innersten nichts Materielles mehr zum Messen anbieten,
denn der Kern des Materiellen entzieht sich jeder Messung ebenso wie die Örtlichkeit. Erst Subjekte stellen eine existenzgründende Beziehung zu der Erscheinung her, indem sie auf das Objekt einwirken und es so sich konstituieren
lassen. Das ist nur möglich, wenn sie auf einer gemeinsamen Ebene miteinander in Verbindung stehen, die materiell-physikalisch nicht erfassbar ist, weil sie
offenbar auf einer anderen Daseinsebene stattfindet. Diese Überlegungen werden von den experimentellen und mathematischen Ergebnissen der Quantenphysik nahegelegt. Und sie widerlegen gründlich den Materialismus. Im Innern
der Materie findet man nichts, was die Existenz der Materie erklärt. Ebenso findet man im Innern der DNA nur Moleküle, die auf geheimnisvolle Weise etwas
steuern, was sie sich selber nicht ausgedacht haben können. Genau das behauptet die Evolutionslehre: Materie sei zufällig entstanden und dann habe sie
sich zufällig zum Weltall und zu allem, was im Himmel und in der Erde ist, ent-
wickelt. Ihr ist alles zugefallen aus einem noch nicht vorhandenen Himmel. Und
weil aus nichts alles entstanden ist, braucht es auch einen Gott nicht. Diese
Logik hat auch ein gewisser Hawking vertreten, ein typischer Vertreter der Frak-
tion der Röm 1, 22 – Protagonisten. **25**

Die Materie will nichts - auch nicht „zufallen",

Gott will alles und Ihm fällt alles zu.

Was sich in der Schöpfungswoche entfaltet hat, ist die durch Gottes Geist bewirkte Hineingabe dessen, was wir als Kosmos wahrnehmen, in die Möglichkeit des Erscheinens. Diese Hineingabe erreichte ihren Höhepunkt als der geschaffen wurde, der die Welt durch seine Wahrnehmung für sich in Erscheinung treten lassen sollte, um über sie zu herrschen. Der Mensch wurde erst ein lebendiges Menschwesen, als der Geist Gottes ihm die geistige Subjekt-Komponente einverleibte und zuordnete. Das ist der Vorgang des Einhauchens des Lebens. Leben ist ebenso wie Information und Geist etwas Jenseitiges, das in dieser Welt zum Vorschein kommt, ohne den Elementen des Kosmos anzuhaften.

Seitdem blickt der Mensch zum Himmel und nimmt die Sterne wahr, nicht als neu geborene, entfernte Himmelskörper, deren Licht noch lange nicht auf der Erde ankommt, sondern als das Erscheinungsobjekt, das sie nach dem Willen Gottes sein sollten.

Die Bibel sagt aber klar, dass Gott das alles geschaffen hat zu Seiner Verherrlichung. Es kommt also durch die Schöpfung ein Zugewinn, den die Bibel genauer spezifiziert. Durch Christus sollen alle und soll alles dem Vatergott auf einer höheren Ordnungsebene untergeordnet werden. Das erklärt auch die Auswahl vor Grundlegung der Welt. Sie, die dieser Auswahl zugehören, bilden zusammen mit dem Haupt die Wegbereiter. Sie sind nicht die Anbahner, sondern „Durchbahner". Gott wirkt durch Seinen Sohn. Sein Sohn wirkt durch Seine Glieder. Auch Israel wird von Gott im Alten Testament außer als Braut auch als Sein Sohn bezeichnet. Einmal wird mehr die Partnerfunktion betont, die auf Vermehrung der Herrlichkeit angelegt ist, das andere Mal das Vater-Sohn-Verhältnis, wo der Sohn dem Vater nachfolgen und sein Erbe bewahren soll. Israel hat unter den anderen Nationen, dem vielbunten Völkergemisch, seine eigene Ordnungsfunktion. Und auch hieran erkennt man das Prinzip, dass etwas noch Ungeordnetes durch informatorischen Input zu mehr Ordnung nach göttlicher Art gebildet werden soll. Die Heilsgeschichte Gottes mit den Menschen ist die Geschichte von den Prozessen der Heilwerdung der Menschheit. Das Heil ist erreicht, wenn die Menschheit ihre Bestimmung erreicht hat. Die Verherrlichung Gottes wird am größten und umfassendsten sein, wenn sie allumfassend ist. Das ist so logisch, dass man kein weiteres Wort über die Sinnfälligkeit verlieren muss. Es sind gerade die Religionen und die Kirchen, die Gottes Ansinnen einen nahezu kompletten Fehlschlag attestieren.

Was fällt für den Menschen bei diesem Vervollständigungsprogramm Gottes ab? Der *„Preis der Herrlichkeit seiner Gnade, mit der er uns begnadigt hat in dem Geliebten"* (Eph 1,6). Gemeint ist nicht nur die Gnade der Loslösung von der Gebundenheit an die Sünde und ihr Schattenreich. Die Gnade geht ja noch weiter. Um ein weltliches Bild zu benutzen, kann man an einen Schwerverbrecher denken. In dem Augenblick, wo er aufrichtig bereut und den Entschluss fasst, sein restliches Leben dem Guten und Edlen zu widmen, wird er aus der Haft entlassen. Das ist der erste Gnadenakt. Er muss seine Strafe nicht vollends verbüßen. Doch dann kommt der nächste Gnadenakt. Er wird mit allem ausgerüstet, was es ihm ermöglicht, auf seinem neuen Weg erfolgreich zu werden. Sein Bewährungshelfer ist Jesus Christus, der ihn ganz sicher zum Ziel führt. Und wenn er das erreicht hat, erlebt er einen weiteren Gnadenakt. Ihm wird anvertraut als Direktor der Haftanstalt für Schwerverbrecher weitere Kandidaten zur Umkehr und zur Läuterung anzuleiten. Er weiß ja, wie es geht! Das ist Heilsökonomie, nicht ökonomische Sinnlosigkeit wie bei denen, die die Sünder im Gefängnis belässt.

Eph 1,9-10 bildet den Höhepunkt der Rede von Paulus: *„Er hat uns ja das Geheimnis seines Willens zu erkennen gegeben nach seinem Wohlgefallen, das* *er sich vorgenommen hat.*" Warum nennt Paulus das ein Geheimnis, was er als *„bei der Erfüllung der Zeiten"* kommen sieht, die Verwirklichung des göttlichen Vorhabens *„alles zusammenzufassen in dem Christus, das, was in den Himmeln, und das, was auf der Erde ist - in ihm.'"*? Er nennt es deshalb ein Geheimnis, weil das bisher noch nicht offenbar gemacht worden war. ***26** Man findet im Alten Testament allenfalls Andeutungen zu diesem universalen Vorhaben Gottes, dass Gott bis zum Ende der Weltzeiten, d.h. nach Ablauf von mehreren Äonen, die unterschiedliche Haushaltungen (gr. Oikonomia) haben, ein Erfüllungsziel erreichen wird. Konkret wird erst Paulus, dem ersten Mensch, den Gott hierüber aufgeklärt hat. Die Lutherübersetzung ist hier deutlicher, unterschlägt allerdings das Wohlgefallen Gottes (gr. Eudokia): *„Denn Gott hat uns wissen lassen das Geheimnis seines Willens nach seinem Ratschluss, den er zuvor in Christus gefasst hatte, um ihn auszuführen, wenn die Zeit erfüllt wäre, dass alles zusammengefasst würde in Christus, was im Himmel und auf Erden ist."*

Aus Eph 1,9-10 ergibt sich somit, dass Gott

1. ein Wohlgefallen hat, das zu einem Vorsatz geführt hat, Seinen Willen zu verwirklichen und

2. diesen Willen durch Jesus Christus zu verwirklichen und dass es

3. um den Willen geht, alles zusammenzufassen in Christus, was im Himmel und auf Erden ist.

Man darf davon ausgehen, dass „im Himmel und auf Erden", den Himmeln und der Erde entsprechen, die zu Beginn der Schöpfungsgeschichte genannt werden. So schließt sich der Kreis zwischen Ursprungsschöpfung und Vollendung der Schöpfung in Jesus Christus. Und das Kreuz auf Golgatha steht in der Mitte. Es steht senkrecht und zeigt sowohl auf die Erde als auch auf den Himmel, während die ausgebreiteten Arme des Welterlösers Christus horizontal um die

Erdkugel, das Zentrum des Kosmos, herumreichen. Jesus hatte gesagt: *„ich werde sie alle zu mir ziehen!"* (Joh 12,32).

Das Evangelium wie es vor Paulus und seiner paulinischen Sonderoffenbarung lautete, war messias- und israelzentriert. Aber neben Paulus hat auch schon Johannes – chronologisch vermutlich sogar nach ihm – die besondere Bedeutung des jüdischen Messias betont und Ihm eine universelle Bedeutung gegeben. Nun beinhaltete das Evangelium von der segensreichen Umkehr zum Gott Israels und der Teilhabe am messianischen Reich diese Botschaft vom Kreuz und der Zusage der Rettung und Heimkehr all derer, die sich zu Jesus bekennen. Und das sind nach dem Willen Gottes alle Menschen. Dieses Bekenntnis ist im Grunde eine Anerkennung, dass der, von dem man ausgegangen ist, auch der ist, zu dem man wieder zurück will. Es ist ein Bekenntnis zur Oikonomia Gottes, zu Seinem Willen und zu Seinem Wohlgefallen. Aber so hat es in der ganzen Höhe und Tiefe nur Paulus sehen können. Das Evangelium besagte, dass das für Menschen Unmögliche, weil sie in diese geschaffene Raum-Zeit Ebene festgesetzt und eingegrenzt sind, von Gott durch Jesus Christus nunmehr möglich gemacht worden ist, nämlich diese endliche Ebene in die unendliche göttliche Daseinsebene zu verlassen und bei Gott zu sein. Nicht einfach nur, um mit Gott schöne Feste zu feiern, sondern um am Vollendungswerk der Schöpfung mitzuwirken. Schon das alte, sündige Israel hatte in der Wüstenwanderung seinen Gott in einer Feuersäule oder im Stiftsfeld bei sich. Aber es fehlte die lebendige Verbindung und die fruchtbare Übereinstimmung. Israel war in der Wüste gut aufgehoben, es führte eine noch trostlosere Wüste in seinem Herzen mit sich. In der Lebensgemeinschaft mit Gott hat man aber fruchtbare Hügel und Täler, die es zu begründen und zu bebauen gibt. Das Land Kanaan, wo nur Honig und Milch fließen, ist demgegenüber nur ein schwaches Vorbild künftiger Reichtümer.

Die Evangelienberichte erzählen zahlreiche Begebenheiten, wie Jesus einen Übergriff in diese göttliche Wirklichkeitsebene vornimmt, wenn er z.B. Kranke heilt oder dem Wind befiehlt. Und immer tut Er es durch Sein Befehlswort wie schon an den Schöpfungstagen. Gott gebietet den Elementen, weil Er den direkten Zugang zu allem hat, was aus Ihm heraus entstanden ist.

Paulus erweitert aber nun dieses Evangelium, das noch Jesus und dessen Jünger verkündet haben, und lässt in der Oikonomia Gottes noch weiter blicken. *27

Jesus fing bereits an, diese Sicht vorzubereiten, aber den Jüngern war es nicht gegeben, es damals schon zu verstehen. Menschlich begrenzt wie sie waren, hätten sie ihre Aufgabe für Israel vernachlässigt, die aber in Gottes Agenda an erster Stelle stand, nicht die Ausweitung der Kreuzesbotschaft von der Herrschaft Gottes über alle Welten und die Herstellung der göttlichen Ordnung weit über den Bereich des Hades hinaus.

Johannes wird vom Geist Christi daran erinnert, was Jesus am Ende noch den Jüngern über das Einssein mit dem Vater und dem Einssein mit Seinen Jüngern gesagt hatte. Dass damit eine andere Wirklichkeit gemeint war, wie sie menschenmöglich ist, wurde von den Jüngern wahrscheinlich noch nicht verstanden. Die Jünger verstanden, wenn überhaupt, erst nach ihrer Bekehrung, als der Geist Christi in Ihnen wirkte, dass die ganze Schöpfung, angefangen mit den Heiligen Israels, dem Einssein mit Gott durch die wachstumsmäßige Unterordnung unter Jesus Christus zugeführt wird. *28 Das gehörte nicht zum Kern des Evangeliums der Beschneidung mit der Haushaltung um Israel.

JCJCJCJCJCJCJCJCJCJC

Das Gottesziel der Allvollendung

Eph 1,10

Wenn nach Eph 1,10 alles in Jesus zusammengefasst wird, dann gehören Tod, Hölle und Teufel, sofern sie noch existieren, jedenfalls auch dazu. Es wird nichts geben, was außerhalb Christus ist. So lautet der Vorsatz Gottes und wer es nicht glaubt, hat dennoch die Herausforderung des Satzes von Eph 1,10. Nach dem Altpietisten Oetinger besagt der göttliche Vorsatz, dass *„Gott nicht aus Notwendigkeit seiner Natur, sondern aus dem Wohlgefallen seines Willens ... die Reihe der Ewigkeiten und großen Zeitläufen von ihrem Anfang bis an ihr Ende um Christi Willen vorbestimmt"* hat. ***29** Unter Ewigkeiten versteht er im Sinne der Äonen, begrenzte Zeiträume. Oetinger lehrt, dass Gottes Willen die Allvollendung beschlossen hat, noch ehe Er mit der Schöpfung angefangen hat. Und weil Er es beschlossen hat, ist das die Garantie, dass Er es auch so ausführt. Es kann Ihm ja auch niemand wehren! Dem ist auf theologischer Seite kaum etwas zu entgegnen, wenn man nicht die Satzaussage der Bibel übergeht. Zu bedenken ist, dass göttliche Vorbestimmung „naturgemäß", oder sollte man besser sagen „gottgemäß", immer aus dem Bereich des Außergeschöpflichen herausreicht, wenn es in Bezug auf das Innergeschöpfliche etwas Gültiges aussagt. Und weil das so ist, kann der Mensch mit seinem Geist noch den Wirkungen nachspüren, aber nicht die Ursache naturgesetzlich festmachen oder sonst mit dem Verstand ganz erfassen. Hier fände eine Grenzüberschreitung statt, die beim Menschen immer ein Fürwahrhalten bedeutet. Es geht nicht um ein Messbares!

Oetinger sagt in Bezug auf Eph 1,10, dass es nur folgerichtig ist, wenn nichts, was ist, der göttlichen Bestimmung in die Quere kommt, sondern ganz im Gegenteil, alles was ist, dient diesem Zwecke: *„Die ganze Welt und die Gemeine, Engel und Menschen müssen Mittel zu dem Endzweck des Vorsatzes abgeben."* ***30** Oder anders gesagt, alles hat bei Gott seinen bewusst gesetzten Anfang und führt zu dem bewusst angestrebten Ziel. ***31** Nach Oetinger ist die in Eph 1,10 genannte Anakephalaiosis das „Ziel des göttlichen Vorsatzes" ***32**

Wer nach Oetinger nicht verstanden hat, dass der von Paulus geoffenbarte Vorsatz Gottes alles zurechtzubringen *„im Neuen Testament zum Grund gelegt ist, dem kommt das Wichtigste von Jesu Christo als Torheit vor."* Dabei macht doch nur so Gottes Vorsatz und die Schöpfung einen vollen Sinn, wenn sie voll zur Geltung und Ausreifung kommen, nicht wenn aus dem wunderbaren Plan Gottes ein ewiger Trümmerhaufen wird. ***33**

Hier wird ein erstaunlicher Umstand angesprochen. Wenn es eine Allvollendung ist, die Gott beabsichtigt und durchführt, ist das für jede einzelne Menschenseele die wichtigste Tatsache überhaupt, denn dann erreicht jeder – und auch mein störrisches Kind – das Ziel. Und Gottes Vorsatz macht auch wirklich nur Sinn, wenn Er ihn ausführt. Selbst wenn Menschen sich Ziele setzen, die sie nicht erreichen können, versuchen sie es zumindest. Kann man sich einen versuchenden Gott vorstellen, der an Seinen eigenen Ansprüchen scheitert? Aber eben genau dieses wunderbarste aller Ziele, die Schöpfung zur Vollendung zu bringen, wird von den Gegnern der Allvollendung schlecht geredet. Aber was soll daran schlecht sein? Nur so kann der die endgültige göttliche Ordnung herstellen wollende Erlösergott die völlige Harmonie der Schöpfung mit sich selber erreichen. ***34** So muss auch *„die ganze Theologie auf der einigen Wahrheit: Gott in Christo"* beruhen. ***35** Diesem Satz müssen alle Theologen zustimmen, die in Jesus wirklich Gottes Sohn sehen und die Bibel beim Wort nehmen. Das ist der Kern und die Mitte der Theologie und Christologie.

Von vielen Theologen wird gar nicht bestritten, dass die Bibel von einer Allvollendung in Christus redet. Es steht ja auch so im Text. Doch sei eben nur das „alles", was darunter fällt, nicht das, was nicht darunter fällt. Alle, die Gott rettet, sind ja auch alle, lautet die Logik. In dem Moment macht man das biblische Wort jedoch zu einem beliebigen Wort und attestiert der Bibel Ungenauigkeit. Und es bleibt, dass das, was vollendet werden sollte, unvollendet bleibt. Man beraubt der Bibel die Aussagekraft und öffnet Tür und Tor, auch andere Bibelaussagen zu relativieren. Das ist ein folgenschweres und riskantes Unterfangen. Und tatsächlich, Theologen, die das „alles" relativieren, durchaus auch im Versuch, so mit anderen biblischen Aussagen nicht in Konflikt zu kommen, relativieren, wenn auch ungewollt, andere Spitzenaussagen der Bibel. So wird Gott auch nur noch eingeschränkt und anzweifelbar als Gott der Liebe und Barmherzigkeit und der wohlwollenden Vorausplanung und Voraussicht gesehen. Er hat entweder doch nicht alles im Griff, oder es läuft so wie Er will und dann spricht das gegen Seine Integrität und Güte.

Allerdings muss zwischen Allaussöhnung oder Allvollendung und der *„Wiederbringung aller Dinge"* (Ap 3,21) unterschieden werden. Hier wird oft unscharf eine Beliebigkeit bei der Verwendung der Begriffe gelten gelassen so z. B. bei Hartmut Rosenau: *„In Abgrenzung schließlich von einem im Übrigen verwandten Heilsuniversalismus betont die Vorstellung der Wiederbringung aller Dinge, dass es im Unterschied zu heilspartikularistischen Perspektiven nicht nur um ein an alle gerichtetes Heilsangebot im Modus der Möglichkeit, sondern um die faktische Durchsetzung und Verwirklichung universalen Heils insbesondere aufgrund der allmächtigen Liebe und Gnade Gottes und der effektiven Versöhnung der Welt in Jesus Christus geht, der ausnahmslos für alle gestorben ist."* ***36**

Die biblische „Wiederbringung aller Dinge", wie sie Petrus in seiner Rede an die „Männer von Israel" angesprochen hat, betrifft natürlich nur die *Dinge, von denen Gott durch den Mund seiner heiligen Propheten von jeher geredet hat.*" Den Propheten ging es in ihrer Vorausschau um das messianische Reich unter dem Messias, das optimal Gott Wohnung bei Seinem Volk Israel nehmen ließ.

Aussöhnen ist aber auch nicht das gleiche wie versöhnen. Auch hier werden die Begriffe beliebig ausgetauscht. *37 „Leben" hat bei Oetinger die Bedeutung des endlosen, gottgewollten Lebens. Das gibt es nur bei Gott, und daher muss alles zu Gott kommen und mit Ihm die von Ihm gewollte Lebensgemeinschaft eingehen. Das ist der Sinn der Schöpfung. Darauf zielt die Heilsgeschichte ab. *38

Versöhnen ist aber einseitig. Der Versöhner kann damit leben, dass er sich mit dem anderen versöhnt hat und ist mit sich im Reinen, es sei denn, er kann nicht ruhen, bis auch der andere zur Versöhnung bereit ist. Und erst dann können beide davon reden „ausgesöhnt" zu sein. Gott zielt natürlich nicht auf halbe Sachen ab, Er will die Allaussöhnung, weil Er nur dann zur Allvollendung kommen kann.

Die Allversöhnungs- oder Allvollendungslehre ist bei Theologen umstritten. In Deutschland wurde sie durch die schwäbischen Pietisten bereits populär gemacht. Tatsächlich finden sich auch heute in Südwestdeutschland die meisten Anhänger dieser Lehre. *39

Bei den großen Kirchen konnte sich diese Lehre, die ihnen gewissermaßen ein kirchliches Druckmittel aus der Hand nimmt, natürlich und erwartungsgemäß nicht durchsetzen. *40 Dabei wurde zurecht darauf hingewiesen, dass sich mit dieser Lehre viele Widersprüchlichkeiten und Gegensätze in der Bibel auflösen lassen. Vor allem ist es eine ganzheitliche Lehre, die Gott die Ehre gibt, denn in der Allvollendung vollendet Gott tatsächlich alles so wie Er das in Seinem Ratschluss zur Verherrlichung Seiner selbst, vorgesehen hat. Angenommen, man wird zu einem Fest eingeladen und es werden beliebig wertvolle Preise verteilt, die meisten gehen leer aus. Wäre das eine frohe Botschaft für die Besucher? Ja, denn sie können sich Hoffnung machen, zu den glücklichen Gewinnern dazuzugehören. Was aber, wenn der Festveranstalter ankündigt, dass jeder geladene Gast auch einen wertvollen Preis bekommt? Wäre das nicht eine weit bessere Botschaft? Nun könnte der Festveranstalter aber auf die Idee kommen, dass er zwar alle seine Gäste einlädt und sie auch alle mit einem Hauptgewinn nach Hause gehen lassen wird, aber das für sich behält und nur die einweiht, die er dabei haben möchte, das Fest zu organisieren und ablaufen zu lassen.

Gottes Fest wird irgendwann gefeiert werden, aber noch ist das Reich Gottes in der Aufbauphase und die wenigsten wissen, wie weitreichend und umfassend das Handeln Gottes und Seiner Diener ist.

Nicht wenige Theologen haben darauf hingewiesen, dass nur die Allvollendungslehre die Lehren der Bibel zusammenführt und zu einem sinnvollen Ganzen macht. Z.B. Bengel *41 und Oetinger *42 Das kann auch ein Laie leicht verstehen. Denn wenn Gott alle Dinge geschaffen hat, dann macht es auch Sinn, dass Er alle Dinge zur Vollendung bringt. Er wird dann auch alles tun, um alle Hemmnisse und Schwierigkeiten des Vollendungsprozesses überwindbar zu machen.

Dann kann aber diese Dichtweise, da sie dann biblisch ist, nicht dem Denkstil derer, die sie vertreten, entsprechen, sondern dem „Denkstil" und dem Vorhaben Gottes. *43 Die Allvollendung entspräche der „Eigenart" Gottes, die darin bestünde, alle Menschen zu retten, weil Er nicht will, dass einer verloren geht. Was soll daran schwer zu verstehen sein?

Die vollendete Einheit zwischen Gott und Mensch ist natürlich nichts anderes als die Aufhebung allen Zwiespalts, den man beispielsweise bei der Lehre vom „doppelten Ausgang" hat. *44 Doch wenn alles in Christus ist, gibt es offenbar nur einen Ausgang. Und der ist ein Zugang! Der einzige Ausgang Gottes ist der Zugang zu Ihm. Alle Wege müssen und dürfen zu Jesus führen. Nicht etwa zu Rom. Rom ist eine Sackgasse. Im Sack ist es finster und muffig. Da sperrt man die hinein, die geprügelt werden sollen.

Jesu Tod und Auferstehung hat die Menschheitsgeschichte, sozusagen ohne Beteiligung des Menschen, oder anders gesagt, unter der größtmöglichen Fehlleistungsbeteiligung der Menschen, zu ihrem Höhepunkt gebracht. Wenn es eine Geschichtsdialektik gibt, dann diese. Gottes Schöpfungsakt und Intention als These, der Sündenfall und seine Folgeerscheinungen als Antithese. Und das Kreuz von Golgatha, die Erlösungstat Jesu als Synthese. Aber so, dass keine weiteren Folgethesen notwendig oder überhaupt möglich wären, denn mit dem Kreuz ist alles abgehandelt. Was historisch noch kommt, ist nur die unvermeidliche Folge des Kreuzes, die Allvollendung in den nachkommenden Äonen. Jesus hat alles neu gemacht. Es muss nur noch das Tuch heruntergezogen werden.

Die Erlösungstat Jesu ist also nicht bloß ein Ereignis nur der Vergangenheit, für nur ein paar wenige Menschen, die durch glückliche Fügung des Schicksals oder aus einer Laune Gottes heraus mit dem Evangelium nicht nur konfrontiert wurden, sondern es auch glauben konnten. So glauben es ja die Kirchen. Wenn es aber ein Ereignis war, das alles neu macht und alles (nicht nur alle) erlöst, dann ist das Alles notwendig und logisch das Eigentliche. Oder anders gesagt, die Kirchen geben sich mit einem Teil zufrieden, dem Spatz in der Hand, als ob Gott nicht auch alle Tauben auf dem Dach erreichen könnte. Doch auch die Tauben sind seine Schöpfung. Sie fliegen höher und stürzen tiefer, aber doch immer nur in die Hand Gottes. Die Irgendeinevangeliumsverkünder warnen vor dem Bild, dass niemand tiefer fallen kann, als in die Hand Gottes, denn es gäbe ja noch eine Hölle, die tiefer liegt. Doch sie irren sich, denn auch die Hölle ist eine Schöpfung Gottes. Sie gehört und gehorcht Gott. Jesus war auch in der Hölle und Er hat sie ebenso besiegt wie den Tod. Er hat die Erlaubnis und die Macht, sie auszuräumen und leerzufegen. Und da alles in Christus sein wird (Eph 1,10), werden auch Tod und Hölle durch Ihn verschlungen. Er bleibt Sieger und Gewinner. Auf der ganzen Linie und in sämtlichen Etagen der Welt, Unterwelt und Oberwelt, in den Himmeln und in der Hölle.

Bei den Allversöhnungslehrern findet man auch die Vorstellung, dass alles aus Christus hervorgegangen sein muss, wenn es am Ende wieder in Ihn eingegliedert wird. *45

Jedenfalls wird Christus als zentrale Gestalt für die Allversöhnung betrachtet. Auf Ihn läuft alles hin, aber auch durch Ihn. Es gibt keine Erlösung in den Christus hinein, die dabei um Ihn oder an Ihm vorbei führt. Das ist zwar oft der Vorwurf der Allversöhnungsgegner, dass sie vertreten würden, die universale Gnade wäre ohne Christus denkbar. Doch der Vorwurf ist nicht zutreffend. Ganz im Gegenteil sehen die Vertreter der Lehre von der Allversöhnung ja gerade in Christi Erlösungswerk die allein hinreichende Voraussetzung der Allversöhnung. *46 Ohne Christus gibt es keine Erlösung und mit Christus gibt es nicht nur Teillösungen, sondern Lösungen für das Ganze.

Jesus Christus hat alle Sünden ans Kreuz getragen. Es besteht also kein „Recht" mehr darauf, auf die Sünde irgend eines Menschen den Tod, als Beendigung der Existenz, geschweige denn eine ewige Höllenpein folgen zu lassen. *47 Wer sollte von einem solchen Recht Gebrauch machen wollen? Der Teufel? Er ist besiegt. Er hat kein eigenes Reich, das Ihm Gott nicht für eine begrenzte Zeit, nämlich die Zeit des Gerichts, überlassen hätte. Christus hat alles getan, was für die Erlösung aller notwendig ist. Diese Sicht vertrat auch im deutsch-sprachigen Raum Karl Barth, der universalistisches Lehrgut im 20. Jahrhundert in der Gelehrtentheologie bekannter gemacht hat. Er betonte, dass die menschliche Zurückweisung an der Erlösung nichts ändern würde. Dies muss jedoch differenzierter gesehen werden, denn Gott ist gerade auf das Wohlwollen des Menschen aus. Ein Mensch, der zu Christus kommen will, hat nur erkannt, dass er da auch hin gehört. Und das ist die höchste Form des Wohlwollens, zum Heiland kommen zu wollen.

Die höchste Form des Wohlwollens ist,

zum Heiland Jesus Christus kommen

und bei Ihm bleiben zu wollen.

Das will man folgerichtig für sich und andere. Für die Theologen bleibt die Zurückweisung das eigentliche Rätsel des menschlichen Wollens. Kann es überhaupt dauerhaft sein? Das würde bedeuten, dass ein Irrtum dauerhaft und sogar verewigt wäre. Das wäre ein Makel für Gottes Himmel, dass er, der nur halb und damit unzureichend gefüllt wäre, auf Kosten der Menschen erkauft wäre. Die These, dass es Menschen gibt, die immer bei der Zurückweisung bleiben, ist schon deshalb nicht beweisbar, weil man noch bei keinem bei „immer" angekommen ist! Ein Immer gibt es in der Geschöpflichkeit nicht, weil das Geschöpfliche zeitlich begrenzt ist. Deshalb sagt der Mensch ja auch im optimistischsten Fall: „bis dass der Tod euch scheidet." Gott muss so nicht reden, Seine Treue währt nicht bloß in der geschöpflichen Begrenzung, die er weise und gnädig vorgegeben hat, sondern bei sich, dem Ewigen. Der Mensch kann noch nicht einmal bis zum morgigen Tag blicken. Ein Mann sagt zu einer Frau, „ich werde dich immer lieben" und meint es ehrlich und nach wenigen Jahren redet er doch wieder anders und straft sich lügen. Und schon sagt er einer anderen Frau: „Ich werde dich immer lieben" und meint es wiederum ehrlich, weil er im Moment davon überzeugt ist. Alles was dem Menschen bleibt ist, was er bereits hat im Hier und Jetzt. Alles was darüber hinaus ist, ist Sache Gottes. Aber wer sich Gott anvertraut, kann sich dessen Treue, die Er für alle Menschen hat, sicher sein, denn Gott liebt alle Menschen und hört nicht irgendwann einmal bei dem einen oder anderen damit auf.

Ist es nicht anmaßend, wenn ein Theologe über auch nur einen Menschen sagt, dass er verdammt bleiben würde? Gerade weil Gott nicht von Ewigkeiten spricht, solange der Mensch noch unfertig ist, muss Er von Zeitaltern und Äonen reden. Aber dem Menschen geht es nicht schnell genug, die Mitmenschen zu verdammen, und so macht er aus Zeitaltern und Äonen Ewigkeiten. Umso mehr scheint es anmaßend zu sein, wenn man weiß, dass Gott alle für sich gewinnen will (1 Tim 2,4) und Seinen Entschluss auch ausnahmslos immer zur Ausführung bringt *48

Christus ist auch nicht einfach „nur" der Wiederhersteller des Paradieses, denn im Paradies war nicht alles vollendungsgemäß. Adam war geistlich ein Säugling. Christus ist auch nicht der, der alles wiederbringt, was Adam verloren hat. *49 So darf der „letzte Adam" von Paulus nicht verstanden werden (2 Kor 15,45). Jesus ist nur insofern der zweite und letzte Adam, als Er zwar den Schaden, der durch den ersten Adam angerichtet wurde, heilt. Aber Er macht ja dann weiter mit dem Heilen und geht noch weit darüber hinaus. Wenn ein Kind von einer Krankheit geheilt ist, auch wenn sie zum Tode gewesen wäre, hört es doch deshalb nicht auf, ein Erwachsener zu werden! Der Himmel ist mehr als nur der wiedergewonnene Garten Eden! Und die Gemeinschaft mit Christus ist mehr als der Himmel!

Weil Jesus Christus der Garant für die Errettung ist, gibt es nicht wenige Theologen, die einräumen, dass der traditionelle Dualismus von ewigem Heil oder Unheil, der klassische sog. doppelte Ausgang, kein theologisch gangbarer Weg sein kann. Sie bleiben aber ebenso beim Zweifel an einer zu strikt monistischen Apokatastasislehre. *50 Hauptsache für Gott ist die Allvollendung ein gangbarer Weg. Wie sagte Jesus? Er sei der Weg und die Wahrheit. Der Weg führt zu Ihm und nur das ist wahr.

Manche Theologen weisen darauf hin, dass wegen Eph 1,10, Kol 1,20 und Phil 2,20f eine ewige Hölle ausgeschlossen ist. Wie bringt man dann aber die Kuh der Glaubensverweigerer vom Eis? Indem man sie in die nicht-ewige-Hölle steckt, wo sie wegen der endlichen Geschöpflichkeit der Hölle ganz offensichtlich den Ausgang gefunden haben werden. Wie das jeder einzelne gemacht hat, wo jeder sein persönliches Problem mit dem Weg und der Wahrheit in Christus gehabt hat, ist jedes einzelnen Sache. Wie soll das dann gehen, dass sich noch ein Theologe hinstellt und behauptet, er „wüsste", dass es Menschen gäbe, die endlos uneinsichtig bleiben würden. War er dabei? Und selbst wenn er Zeitreisender wäre, könnte er nur an die Grenzen der Zeit dieser Welt, aber nicht Gottes gelangen. Ein Zeitreisender ist immer ein Zeitgeistiger!

Wenn die Theologen und Kirchenlehrer auch mal bei einer guten Sache so mutig wären! Z.B. bietet sich an, die biblische Wahrheit zu vertreten. Unter Theologen und Historikern ist bekannt, dass die Quelle des Unendlichkeitsgedankens der Hellenismus ist, weniger der jüdische Hellenismus, in den dieser Gedanke eingedrungen ist, als der griechisch heidnische Hellenismus. In vielem hat sich das Diasporajudentum dem Hellenismus angeglichen. *51

Die meisten sogenannten Kirchenväter waren Griechen. Und da sie ohnehin griechisch gebildet waren, war es naheliegend, die griechische Philosophie mit den Inhalten der hebräischen Schriften zu verbinden. Und so geschah es dann auch. Dass auch Elemente der griechischen Religion und der Kulte mit eindrangen, ließ sich nicht verhindern. Vergessen darf man auch nicht, dass Alexander der Große und seine Diadochen Babylonien in ihren Reichen miteinschlossen. Es war Alexander, der als erstes Orient und Okzident miteinander verschmelzen wollte. Der jüdische Hellenismus und dann der kirchliche Hellenismus haben diesen Verschmelzungsprozess weitergeführt. Und daher war die Kirche des vierten Jahrhunderts wesensmäßig bereits ganz anders, als die Gemeinde, denen Jakobus in Jerusalem vorgestanden hatte, ganz anders auch als die Gemeinden, in denen Paulus und Johannes in Kleinasien und Griechenland gelehrt hatten. Ironischerweise hielten viele Juden Alexander, nachdem er Tyrus erobert hatte für den Messias, wie er im Buch Daniel angekündigt worden war. Alexander starb in Babylon, nachdem er beschlossen hatte, die Stadt wieder aufzubauen, was nie zur Ausführung gelangte. *52 Warum Babylon? Weil er vom babylonischen Geist durchdrungen war. Die Juden verehrten einen „Babylonier".

Erstaunlich ist, dass viele Gegner der Allversöhnungslehre sogar Gegner der Allversöhnung zu sein scheinen. Das dürfte nicht sein. Was stimmt da nicht? Es scheint, als ob sie die christliche Botschaft, dass Gott sich mit den Menschen ausgesöhnt hat, nicht nur nicht verstanden haben, sondern auch gar nicht verstehen wollen. *53 Die Pharisäer und Schriftgelehrten, die die Ehebrecherin zu Jesus gebracht hatten, um zu erfahren, ob der gesetzestreue Jesus sie zur Steinigung frei geben würde, ließen wenigsten von ihr ab, als Er die Frau nicht verurteilte. Sie fanden Jesu Geisteshaltung der Milde und Gnade womöglich beunruhigend. Sie fanden sie jedenfalls ungesetzlich, die herrschende Ordnung in Frage stellend. Geht es den Gegnern der Allversöhnung vielleicht ebenso? Warum muss man die Lehre der Allversöhnung beunruhigend finden? *54 Weil man dann zugeben müsste, dass man total verkehrt liegt mit seiner Theologie und seiner Herzensausrichtung? Wie das Herz eines Menschen ist, so auch seine Gedanken. Dann hat man ja so manche Hexe zu Unrecht verbrannt und manche Ketzer zu Unrecht gequält. Eine verkehrte Theologie kann man berichtigen, auch wenn es gegen den Stolz geht. Aber ein Herz zu ändern, geht nur, wenn der heilige Geist beteiligt ist. Er muss es richten.

Andere sagen ganz im Gegensatz dazu, dass man den Gedanken der Ernsthaftigkeit in Bezug auf die schweren Gerichte, die den unbekehrten Sündern drohen, erst dann betonen kann, wenn man die Gerichte nicht als ungerecht und überzogen und daher auch nicht als unglaubhaft darstellt. Doch das trifft nur in der Allversöhnungslehre zu. *55 D.h. also ein Vater wird von seinen Kindern erst dann ernst genommen, wenn die Kinder verstanden haben, dass er hart, aber gerecht ist und die Bestrafung der Zurechtbringung dient, nicht der Freude einer Schar von moralisch fragwürdigen Gaffern und Folterknechten, die sich nicht, wie die Schergen der päpstlichen Inquisition, zügeln müssen, damit der Delinquent nicht gleich an der Quälart stirbt, sondern weiter gequält werden kann. Die Hölle der Kirchen und des Islam ist nämlich das Paradies der Quälgeister. Und da dort niemand stirbt, kann man sich so richtig austoben.

Wahrhaft triumphal wäre der Sieg Christi und die Gnade Gottes jedoch aufs Deutlichste vor Augen geführt, wenn auch die Hölle als Gerichtsort besiegt wäre und die Tore geschlossen bekommt, hinter dem letzten, der endlich begriffen hat, dass er Bestandteil der Finsternis sein müsste, wenn er sich nicht für das Licht entscheidet, denn nur im Licht ist man ein Werdender. In der Finsternis ist man ein Verderbender.

Dass die Gerichte, wie es auch die Bibel sagt, fürchterlich sein werden, wird von den meisten Vertretern der Lehre von der Allaussöhnung oder Allvollendung nicht angezweifelt. *56 Sie sind aber nur von begrenzter Zeitdauer. *57 Hahn drückte sein Unverständnis darüber aus, wie man überhaupt Christ sein konnte, ohne an die Allversöhnung zu glauben. *58 Nicht die Allversöhnung zu lehren, sei nicht recht von Gott gedacht und gelehrt, *„denn es ist wider Gottes Liebes-plan".* ***59**

Für Oetinger war klar, die Allversöhnungslehre erfordert eine gewisse geistige Reife, wenn man sie erfassen will. Es geht wohl eher um das Wohlmeinen und Wohlwollen, das man sonst auch bei Gott anzweifeln müsste. ***60** Es geht aber wohl in erster Linie um die Versöhnlichkeit. Man muss sich nicht wundern, wenn Menschen, die traumatische Erfahrungen gemacht haben, gegenüber Menschen eine grundsätzlich misstrauische und unversöhnliche Haltung einnehmen. Diese wird dann von Theisten gerne auf Gott übertragen.

Dass die Weigerung, die Allvollendung als offene Möglichkeit betrachten zu wollen, auch psychologische Ursachen haben kann, ist ohne Weiteres denkbar. ***61** Wer diese Haltung vertritt, wird das aber kaum zugeben können. Man beruft sich ebenso wie die Vertreter der Lehre der Allvollendung auf die Bibel, aber auch auf die theologische oder kirchliche Tradition, anders als die Letztgenannten. Ob man dann seine innere Ruhe gefunden hat, ist eine ganz andere Frage. Da wird es manchem nicht nur in Gedanken vielleicht ganz heiß, wenn er im Kreis der Familie selber betroffen wird. ***62**

Manche Kritik an den Gegnern der Allversöhnungslehre geht wohl auch zu weit. Wer diese Lehre nicht vertritt, hat seine eigenen Gründe. Wenn die Lehre der Wahrheit entspricht, bedeutet das nicht unbedingt, dass jemand, der diese Wahrheit nicht anerkennt, die Wahrheit nicht liebt. ***63** Er kennt sie vielleicht nur nicht. So wie die Allversöhnungsgegner den Allversöhnungsfreunden oft etwas unterstellen, was gar nicht zutrifft, sondern nur ihren eigenen unzulänglichen Schlussfolgerungen entspricht, neigen auch Allversöhnungsfreunde dazu den Allversöhnungsgegnern unlautere Gedankenführung und Seelenzustände nachzusagen.

Wichtiger ist, bei den notwendigen Überlegungen zu bleiben. Damit ist schon vieles gewonnen. Und dann ist vielleicht für viele bemerkbar, dass der doppelte Ausgang nicht wirklich mit einem Gott der Liebe und Barmherzigkeit in Übereinstimmung zu bringen ist, auch nicht, wenn man sagt, Gott müsse auch gerecht sein, als ob Gottes Gerechtigkeit je mit seiner Barmherzigkeit einen Krieg auszufechten hätte. Das ist der doppelte Denkfehler der Allverdammer. Sie reduzieren erstens Gottes Liebe, Barmherzigkeit und Gerechtigkeitsstreben auf ein menschliches Maß, das begrenzt ist. Und zweitens spielen sie ihr mangelhaftes Verständnis von Gottes Liebe und Barmherzigkeit gegen Gottes Gerechtigkeit und Heiligkeit aus, als seien es Konkurrenten, was aber nur bei den Menschen so ist. Dabei spielen sie nur ihre eigenen Fehlvorstellungen gegeneinander aus und tappen weiter im Dunkeln!

Es gibt viele Gründe, sich zu scheuen, sich zu diesem Bekenntnis durchzuringen, dass der doppelte Ausgang niemals irgendjemand zufriedenstellen kann. Wie könnte er auch! Er ist glücksverachtend. Er ist erschreckend und wäre, im Falle, dass er zuträfe, ein Schrecken ohne Ende. Aus einer neutralen Sicht, wäre das in jedem Eck des Universums die unvermeidliche, leidvolle, zutiefst störende und verstörende Feststellung! Für jeden, egal wie weit weg oder nah man sich der Quelle der Qual befände. In der Psychologie überlegt man, psychische Traumata durch Löschen von neuronalen Erinnerungsinhalten im Gehirn zu beseitigen. Das geht schon dort nicht, aber wenn es ginge, würde man einen Teil der Persönlichkeit manipulieren und verändern. Die Allverdammer sind sich des Dilemmas bewusst, dass dadurch zustande kommt, dass man sich liebend um seine ungläubigen, aber geliebten Angehörigen bemüht, solange sie leben, aber dass dann im Himmel jede Erinnerung an sie, die es in die Hölle verschlagen hat, schmerzlich wäre. Es gibt keinen Ausweg aus diesem Dilemma, wenn die Verdammungslehre stimmt! Eine Manipulation des Erinnerungsvermögens ist keine Lösung.

Bedenklich ist allerdings, wenn die Allversöhnungslehre bekämpft wird. So wie man an den Waffen von Kämpfern oft auf ihren Charakter schließen kann, so muss man auch darüber nachdenken, wie man sich im Kampf gegen die Allvollendungslehre gibt. Denunziert man ihre Vertreter als gefährlich Irrlehrer, obwohl man weiß, dass sie lediglich biblisch argumentieren? *64 Aber auch das ist noch nicht alles. Man sollte sich aus Sicht der Allversöhnungslehrer darauf beschränken, die Gegnerschaft als Menschsein zu verstehen, dem Gott aus Gründen, die nur Er kennt, verwehrt hat, diese biblische Wahrheit, dass Gott gemäß Seinem Vorsatz, Seinen Ratschluss tatsächlich allvollendend ausführt, zu offenbaren.

Mit der Allvollendungslehre ist es, wenn sie eine biblische Lehre ist, ebenso wie mit den anderen biblischen Lehren, der eine kann es fassen, der andere nicht. Man frage einmal einen katholischen Theologen, warum er die Gnade-allein-Lehre nicht „verstanden" hat und warum er die „Christus-allein-Lehre" nicht gelten lassen kann. Er wird die gleiche Antwort geben wie ein Gegner der Allvollendung: weil das nicht biblisch sei. Und vielleicht wird er noch etwas Richtiges hinzufügen: „Weil die Kirche das nicht lehrt und nicht gelehrt hat." Das ist nämlich der wirkliche Grund. Für seine Kirche trifft das zu! Sie lehrt es nicht. Und sie lehrt es vielleicht deshalb nicht, weil sie damit ihr Machtmonopol und ihre Manipulationsstärke einbüßen würde. Jeder, der die Allvollendungslehre für unbiblisch hält, hat diese Sicht aus genau der Kirche oder Lehranstalt, bei der er seinen theologischen Schulungswerdegang beendet hat, übernommen.

Offenbar ist man bereit, ohne das als großes Problem zu sehen, mit einem verkürzten, verkleinerten Christus vorlieb zu nehmen. Die Verkürzung und Verknappung kommt von der Kirchenlehre. Ob ein limitierter Christus überhaupt noch der biblische Christus ist, sei dahingestellt. Ihr Christus ist jedenfalls nicht ganz das geworden, was Er selber werden wollte, nicht ganz das, was der Vater von Seinem Sohn wollte, denn Er hat ja tatsächlich nur ein bisschen am Kreuz gesiegt. Der Spott Satans bliebe erhalten.

Wer an eine endlose Hölle glaubt, muss Gott als einen unvollendeten Töpfer sehen. Wenn aber das Christwerden die *„Antizipation des Endes der Heilsgeschichte ist".* ***65** und dieses Ende in der Allvollendung zu finden ist, dann steht es mit der Antizipation und dem Christwerden so mancher Christen nicht so gut. Das wiederum wird dann verständlich, wenn man unterstellt, dass die Antizipation der Allvollendung einen gewissen geistlichen Reifestand voraussetzt.

JCJCJCJCJCJCJCJC

Gericht im heilsgeschichtlichen Kontext

Eph 1,10

Wenn Eph 1,10 von der „Fülle der Zeiten" spricht, ist das etwas der Fülle der Zeiten der Nationen Entgegengesetztes. Jesus prophezeite in Lk 21,24 die Wegführung derer von Israel unter alle Nationen und ihre Zertretung „von den Nationen, bis die Zeiten der Nationen erfüllt sein werden." Die Zeiten der Nationen scheinen keine guten Zeiten für Israel zu sein. Das fing, aus Sicht der Jünger Jesu, die Jesus diese Voraussage sagen hörten, und ihrer Nachfolger zunächst einmal mit den nationalen Katastrophen der beiden Jüdisch-Römischen Kriege der Jahre 70 und 135 an, bei denen die Juden zu Hunderttausenden ums Leben kamen und das Land durch Verschleppung und Versklavung der Juden durch die Römer weitgehend entvölkert wurde. Jerusalem selbst wurde zerstört, die Bewohner wurden komplett massakriert oder verschleppt.

Jesu Prophezeiung hat sich bestätigt (Vgl. Lk 21,6). Schon Mose wusste davon (3 Mos 26,31-33). Doch in Wirklichkeit hatte die Katastrophe erst angefangen, denn die Juden wurden in den nachfolgenden Jahrhunderten überall, wo sie waren, der Verfolgung ausgesetzt. Sie wurden entrechtet, enteignet, umgebracht oder vertrieben. Und man kann nicht einmal sicher sein, dass der Holocaust des 20. Jahrhunderts der Höhepunkt ist, denn rings um Israel gibt es Feinde, die Israel auslöschen wollen. Gerade um Jerusalem tobt die Auseinandersetzung und es ist bezeichnend, dass die Vereinten Nationen nicht anerkennen, dass der Staat Israel so existieren kann, wie er will und dass er sich ganz Jerusalem zur Hauptstadt erwählt hat. Beinahe die ganze Welt gesteht ausgerechnet den Erzfeinden Israels, die keinen Hehl daraus machen, was sie mit den Juden machen würden, wenn sie die Macht hätten, das Recht zu, zumindest einen Teil des Landes und der Stadt Jerusalem den Juden wieder wegzunehmen. Und erwartungsgemäß setzt sich die katholische Kirche an die Spitze derer, die verlangen, dass Jerusalem eine nicht nur israelische Stadt ist und die Wünsche der Palästinenser anerkannt werden müssten. Das meint Gott mit „Zeiten der Nationen", wo die Nationen noch tun können, wie sie wollen, oder wo sie zumindest meinen, das Heft der Handlung in den Händen zu halten. Es ist die Zeit der anti-israelischen und im Kern, nicht in der Wahrnehmung der Kirchen, anti-Christus- Politik. Gerade die Islamstaaten führen einen beharrlichen Krieg gegen Gott und werden ein fürchterliches Gericht erfahren. Ebenso wie diejenigen, die auf ihrer Seite sind.

Aber das Ende der „Zeit der Nationen" ist vorgezeichnet und wird abgelöst von einer „Angst der Nationen in Ratlosigkeit" (Lk 21,25). Das Ende wird die Rückkehr des Messias Israels sein (Mk 13,26; Lk 22,27) und mit dem Beginn des messianischen Zeitalters zusammenfallen.

Zuerst wurde dabei Israel für seinen Ungehorsam und die fortgesetzte Verweigerung gegenüber JHWH und JHWH-Christus gerichtet. Die Zerstörung des

Tempels, die beinahe 2000 Jahre lang nicht rückgängig gemacht wurde, hatte traumatische Konsequenzen für das religiöse Judentum. Der Bund mit JHWH war nun nicht mehr haltbar, denn ohne Tempelopfer war eine Entsühnung der Sünden und damit auch das Halten der Torah faktisch nicht mehr möglich. Ohne die Befolgung der Torah würde auch der Messias nicht kommen. Weil aber wegen 1 Mos 49,10 das Zepter von Juda nicht weichen würde, ehe der Messias kam, musste das Judentum nun auch unter der beängstigenden Aussicht leiden, dass Gott sich vollends von Seinem Volk abgewendet hatte und genau das behaupteten ja die Kirchen mit ihrer Theologie, dass die christliche Kirche Israel abgelöst hätte. Mit dem Verlust des Tempels und einer „eingeschränkten" Torah war aber auch ein Teil der Identität des Judentums verschwunden. Das Judentum leidet unter der Psychose nicht echtes Judentum, sondern nur eine Fälschung davon zu sein. Und wegen Dan 9,24 und der dort angekündigten Zerstörung des Tempels mit dem gleichzeitigen Ablaufen der Frist des Erscheinens des Gesalbten, war die Hoffnung auf ein messianisches Reich in weite Ferne gerückt. Jahrhundertelang predigten die Kirchen, dass Israel für seinen Ungehorsam von Gott gestraft würde und verflucht sei. Und ganz danach sieht die Geschichte der Juden, äußerlich betrachtet, auch aus. Kein Wunder auch, dass es gerade Kirchenchristen waren, die zu den größten Peinigern des Judentums wurden und den Holocaust betrieben oder zumindest stillschweigend zuließen. Aber Gott schläft nicht. Wer Israel anrührt, rührt seinen Augapfel an! (1 Mos 12,2-3; Sach 2,12) Und wegen Röm 11,26 werden auch alle Opfer des Holocaustes und der jahrhundertelangen Verfolgung der Juden wieder zum Leben erweckt und in einen weitaus besseren Stand versetzt, als sie jemals waren (Vgl. Hes 37,1ff.).

Viel schlimmer ist das Los der Nationen einschließlich der Kirchen, die vorgaben, ihren Vernichtungs- und Verfolgungsdienst für Satan im Namen Gottes ausgeführt zu haben. Ihnen drohen schwere und lange Gerichte. Gott ist auch ein Gott der himmlischen Heerscharen, deren Blitze ein fürchterliches Feuer entfachen können.

„Denn so spricht der HERR der Heerscharen: Noch einmal - wenig Zeit ist es noch - und ich werde den Himmel und die Erde und das Meer und das Trockene erschüttern. Dann werde ich alle Nationen erschüttern, und die Kostbarkeiten aller Nationen werden kommen, und ich werde dieses Haus mit Herrlichkeit füllen, spricht der HERR der Heerscharen." (Haggai 2,6-7) Die „Vollzahl der Nationen" (Vgl. Röm 11,25) wird sich austoben können gegen Israel, während Israel leidet und nur knapp der Vernichtung entgeht. Das ist das Gericht an Israel. Aber dem Gericht an Israel folgt das Gericht an den Nationen. An der Geschichte Israels kann man erkennen, dass die Kirchen ein integraler Bestandteil der Nationen sind und daher wird sie ebenso das Gericht erfassen wie diese. Damit ist nichts gesagt zu den Individuen, denn wer eine lebendige Beziehung zum Herr der Heerscharen, zu JHWH, zu Jesus Christus hat, erfährt seine persönliche Gnadenerweise.

Wohl dem, der schon auf Erden gerichtet wird und nicht mehr eine Sonderbehandlung unterirdischer Art erfahren muss. All diese irdischen Gerichte für Israel und die Nationen, die im Rahmen der Menschheitsgeschichte ablaufen werden, werden noch unterirdische Gerichte folgen, wo es dann wieder um die individuellen Verantwortungen geht. Sie alle sind notwendig, damit Christus nach Eph 1,10 alles zusammenfassen kann, *„das, was in den Himmeln, und das, was auf der Erde ist - in ihm."*

Die Lehre von der Allvollendung wird immer wieder unter Verdacht gestellt, dass sie Gericht und Gesetz außer Kraft setze, oder *„den geschichtlichen Ernst des Unglaubens verharmlost"* *66 Kaum einer macht sich die Mühe, die Lehre über Hölle und Gericht der Vertreter der Allversöhnungslehre zu betrachten. Ebenso abwegig ist, wenn Gegner der Allversöhnungslehre behaupten, dass sich die Allversöhnungslehre als Deckmantel für ethische Laxheit eignen würde. *67 Diesen Vorwurf hat man auch Paulus wegen seiner Lehre, dass man im Geist Christi vom Gesetz frei ist (Gal 5,18), gemacht. Ebenso zu Unrecht.

In der Hölle, dem Streitobjekt, findet genau das statt, was jede Form der gottlosen Laxheit beseitigen soll. Wenn ein Zustand A, den man nicht will, in einen Zustand B überführt werden soll, dann findet Zustand B ganz offensichtlich und denknotwendig nicht in der Ewigkeit, sondern bis zu einem bestimmten Zeitpunkt statt. Das nennt die Bibel Äon oder Zeitalter, ohne eine konkrete Zeitangabe zu machen. Die Dauer bleibt also zunächst verborgen. Es steht dem Menschen nicht zu, die Dauer zu kennen. *68 Aber auch hier sind die Menschen wieder anmaßend und bilden sich ein, aus einem Zeitalter eine Ewigkeit machen zu können. Es ist beinahe so, als wollten sie das Ruder des göttlichen Handelns in die Hand nehmen. Auf einem Schiff wäre das Meuterei, wenn man dem Kapitän vorschreibt, wie er seinen Kurs wählen soll.

Äonen sind geschaffene Zeiträume, die von Gott, dem Schöpfer abhängen. Er bestimmt ihre Zeitdauer. Alles was Gott schafft, bleibt Ihm untergeordnet. „Dass Äonen ein Ende haben werden, ist klar, weil, außer Gott, alles Gott untergeordnet werden wird, auch der Sohn selbst, dass Gott sei alles in allem." *69

Olam und Aion hängen also nicht ab von der Materienwelt, sondern von Ihrem Schöpfer und Planer. Gott war frei, seinen geschaffenen Dingen eine Grenze zu geben. Warum hätte Er sich selber begrenzen sollen, indem Er etwas Unendliches schaffen sollte, was durch die Unendlichkeit auch den Zugriff Gottes verlieren und einen eigenen Herrschaftsbereich außerhalb Christus gewinnen würde? Gott gibt Seine Freiheit nicht auf, um andere in die Unfreiheit zu stürzen. *70

Es gibt Theologen, die zwar nicht an die Allversöhnung glauben, aber immerhin zugeben, dass das Wort „ewig" als bestimmter Zeitlauf verstanden werden kann. ***71**

Aber selbst wenn man den Begriff des Äons und der Äonen als zeitlich abgrenzbar versteht, so bleibt doch die schreckliche Wahrheit bestehen, dass es um sehr lange und schmerzlich lange Zeiträume gehen kann. ***72**

Wie kann man sich eine solche äonische Hölle und eine Allvollendung zusammendenken? Offensichtlich, indem man die begrenzte Hölle als Besserungsanstalt gelten lässt, in der die zu Bessernden so lange bleiben, bis sie den „Schulabschluss" geschafft haben. Da Gott zeitlos ist, hat Er auch alle Zeit dazu, die der Mensch braucht.

Gott hat alle Zeit, die der Mensch braucht!

Da es für die zu Bessernden eine harte Zeit wird, wenn sie Jahr um Jahr das Versetzungsziel nicht erreichen, werden sie dennoch keine andere Option haben, als diese lästige Schule hinter sich zu lassen. In der Welt verlässt man auch ohne Abschluss die Schule. Bei Gott geht das nicht. Jobs und Familie, Reise und Hobbies gibt es nur, wenn man die Schule erfolgreich hinter sich gebracht hat. Gott duldet keine Sozialschmarotzer. Aber Er zwingt niemand. Er weiß, dass alle früher oder später zur Besinnung und Umsinnung kommen werden. Gott ist aber auch der beste Pädagoge und der beste Seelsorger zugleich. Er ist außerdem Mutter und Vater in einem!

Wie ist überhaupt der Gedanke an eine endlose Hölle ins jüdische und christliche Denken hineingeraten? Jedenfalls nicht durch die Bibel, sondern durch die hellenistische Philosophie und hellenistischen Volksglauben. Seit der Herrschaft der seleukidischen Griechen über Israel und die Domination der griechischen Kultur im östlichen Mittelmeerraum, kam es im Judentum zur Übernahme griechischen Gedankengutes. Theologen wissen daher: Auch der Glaube an eine „finstere Hölle voll unaufhörlicher Qualen" ist hellenistisch. *73

Wichtig ist, zu begreifen, dass in der Person des Gekreuzigten Erlösung und Gericht zusammenlaufen. Am Kreuz wurde über alle Menschen gerichtet und das Urteil „unschuldig" gesprochen. Und doch müssen die Menschen für ihre Unzulänglichkeiten und Sünden büßen. Aber wie? In den Berichtigungs- und Besserungsprozessen, die bei dem einem lang und schmerzhaft, beim anderen milder verlaufen. Auch wer sich voll und ganz mit Christus für erlöst erklärt, wird solchen Prozessen ausgeliefert.

Dass man das Heil erhalten könnte, steht nicht in Frage, denn das entspricht dem Ratschluss Gottes, schon ehe Er überhaupt Himmel und Erde erschaffen hat. Dass die Gerichte für viele furchtbar sein werden, ist ebenso wenig eine Frage. Aber sie haben die Zielrichtung zu berichtigen und das Widergöttliche wegzubrennen. Hätten sie diese nicht, wären sie sinnlos. Gott tut nichts Sinnloses. Die lange, äonenlange Gerichtsdauer ist geradezu ein deutlicher Hinweis auf die Zielausrichtung der heilsamen Unterordnung unter Christus. Wäre von kurzen Gerichten die Rede, müsste man sich fragen, ob es sein kann, dass so schwere Übeltäter sich so schnell ein neues Herz verschaffen lassen.

Strafe oder ewige Pein könnten an sich gar keine ewige Fortdauer besitzen, weil Gott sie nicht mit Ewigkeit ausgestattet hat. Er will ja die Herrlichkeit mit Ewigkeit ausstatten, warum sollte Er das genaue Gegenteil, von dem, was Er will, mit Ewigkeit versehen. *74 Das wäre etwa so wie wenn ein Vater, der seinen Sohn, um ihn zu bessern, nicht in eine Besserungsanstalt, sondern zur Hinrichtung schicken würde. Eine endlose Höllenstrafe löst keine Probleme, sondern ist ein endloses Problem an sich. Gott schafft keine endlosen Probleme.

Die Strafe, die ein Mensch zu erwarten hat, hat ihren Bezug zu einer Haltung, die an sich keine Ewigkeitsqualität hat, denn alles, was der Mensch tut, ist getan in einer begrenzten Welt mit begrenzten Mitteln und begrenzter Reichweite. Nur was Gott tut, hat Reichweite und Gültigkeit darüber hinaus. Gott wäre nicht Gott, wenn das nicht so wäre. Die Strafe bezieht sich also auf etwas Endliches und ist damit ebenso endlich. *75 Nach dem Tod kommt für die meisten Menschen das Gericht. Dann beginnt der Reinigungsprozess, dem sich der Mensch im Leben nicht gestellt hat. *76

Zwar vertreten die meisten Theologen nicht die Allvollendung, sondern den sogenannten doppelten Ausgang. Die Gläubigen kommen in den Himmel, die Ungläubigen in die Hölle, und wo jemand hin kommt, entscheidet sich im Zeitpunkt des Todes. Jedoch: Auch der Feuersee ist zeitlich begrenzt. Er wird in der Bibel als zweiter Tod bezeichnet. Jesus hat den Tod besiegt und lässt Paulus sagen, dass der Tod der letzte Feind sei, der besiegt wird. Besiegt durch wen? Durch Jesus Christus! Was soll der Sieg Christi anderes sein, als der totale Sieg? Nur der totale Sieg ist Gottes würdig! *77 Solange es noch Tod, Feuersee, Hölle, Satan gibt, kann Gott nicht selbst alles in allem sein. *78 Und daher versteht sich, dienen alle Gerichte dem Zuführen von allem, was in der Hölle ist, zu allem, was in Christus ist. Es sind *„alle Gerichte, auch der andere Tod dazu eingerichtet und abzweckend den Menschen zu sich selber zu bringen, dass er sich endlich in das Erbarmen Gottes einsenkte."* *79 Die Hölle ist ein unwürdiger Ort. Er kann nicht bestehen bleiben. Es ist Gottes unwürdig, dass Er Seine Schöpfung im Unwürdigen Seinszustand belässt.

Zwar ist es schrecklich in die Hände des lebendigen Gottes zu fallen, der Leib und Seele verderben kann in der Hölle... aber was heißt denn „lebendiger Gott" und *„verderben in der Hölle"* überhaupt? Der lebendige Gott ist der Gegensatz zum toten Gott. Das ist der Satan dieser Welt, der gebiert nichts als nur Todgeweihtes. Gott gebiert ausschließlich Lebendiges. Er hat das Leben in die Welt gesetzt, Er bringt es auch zur Vollausreife.

Was meint dann aber „Verderben in der Hölle"? (Mt 10,28) Apollumi bedeutet zerstören oder töten. Das ist also kein Quälen der Seele in der Hölle, sondern auf jeden Fall die Beendigung ihres Soseins. Gott ruft ja alle dazu auf, sich ein neues Herz geben zu lassen. Viele erreicht der Ruf erst in der Hölle. Dort wird es umso schmerzlicher geschehen. *80 Wer an die endlose Verdammnis der Menschen glaubt, kann Gott damit nicht ehren, sich selbst auch nicht, verböst aber die Begrifflichkeiten und die guten Sitten, wie man ja leider nur zu deutlich an den Praktiken der Inquisition und der Ketzerjäger ersehen kann. *81

Trotz der Gegenläufigkeit der Menschheitsgeschichte und der zahlreich auftretenden vermeintlichen Störungen der Heilsgeschichte, die in Wahrheit nur von Gott aufgenommen und mitgenommen werden, offenbart sich das Ziel der Schöpfung, nämlich Gottes Verherrlichung, immer mehr und in den verschiedensten Facetten. Gott wendet sich der abgefallenen Menschheit zu, bis die Menschen sich Ihm in Freude entgegenstrecken. *82 Alle Wege, auch die abwegigsten, müssen dazu dienen, dass die Menschen zuerst ohne Gott, dann mit Gott, ihren Lauf vollenden bis zur Verherrlichung. Dabei wird Gottes Souveränität und Machtgröße deutlich, sowie die Bedingungslosigkeit der letzten Konsequenz Seines Heilshandelns. *83 Gott wächst sich selbst aus in Seiner Schöpfung!

JCJCJCJCJCJCJCJC

Alles in Ordnung

Eph 1,13.14.20-23; 2,1-10

Wer zu Christus bereits ein inniges Leibesverhältnis hat, hat den Geist Christi als Gabe der Verheißung. Paulus nennt das Versiegelung (Eph 1,13). Wer von Gott versiegelt ist, kann nicht von irgend jemand anderem entsiegelt werden. Wäre es anders könnte diese Geistgabe auch nicht als *„Unterpfand unsres Erbes"* bezeichnet werden. Paulus nennt das Erbe. Es ist das spezielle Erbe, *„dass wir sein Eigentum würden"* (Eph 1,14).

Da in Christus keine Sünde ist, aber im Menschen, kann der Mensch nicht schon ganz und vollkommen Gott zu „eigen" sein. Er muss also ganz in Christus hinein. Und dieser Vorgang des Hineinkommens mit dem Ziel des Hineingekommenseins geschieht *„zum Lob seiner Herrlichkeit"*. Gott entlässt aus sich das Geschaffene und gibt es in die Fremde des Außer- sich-seins hinein, bis Er es wieder herausholt und heimholt in Sein Bei-sich-sein. Dabei wird er beherrlicht.

Alle Analogieversuche aus dem Bereich des Menschlichen müssen hier scheitern. Wenn ein Mann die große Liebe seines Lebens als Frau erst nach langem Kampf gegen die allerwidrigsten Umstände, die er vielleicht noch selber zu verantworten hat, zu sich führt und aus dieser Verbindung vielleicht auch noch Kinder entstehen, dann hat er doch nur ein vorläufiges Glück, denn die Familie wird doch wieder auseinander gehen. Das ist der Lauf in dieser Welt und ein höheres Glück gibt es nicht. Nicht in dieser Welt. Aber der Weg zur Unterordnung unter den Schöpfer dieser Welt führt doch in eine andere Welt, wo der Mensch an der Herrlichkeit, die es bei Gott gibt, Anteil nehmen kann. Dieses Schöpfungsziel der Verherrlichung Gottes und des Menschen kann aber nicht weiter ausgeführt werden, weil es sich um für unsere Fähigkeiten unvorstellbare Inhalte handelt, die für uns noch in einer fernen Zukunft liegen, die von den meisten Menschen erst nach einem langen Werdegang überhaupt in den Blickpunkt rücken können. Paulus war es gegeben, lediglich einen kurzen Blick auf diese Dinge zu haben.

Es geht also für den Menschen darum, ganz und gar zum Eigentum Jesu Christi zu werden. Wer das nicht will, will in einer Illusion leben, die das Wechselspiel der atomaren Elementarteilchen als das wahre Leben versteht. Er gleicht einem, der zwar im Audienzsaal des Königs sitzt, aber behauptet, dass er nicht zum König will. Wer Christi Eigentum wird, begibt sich bewusst in den Machtbereich des übermächtigen Überweltlichen. Das hat Jesus gemeint, als Er sagte, wenn ihr Glauben hättet, dann würdet ihr die gleichen Machttaten wirken können wie ich. Der Glauben ist die geistige Verbindung zu Gott und Seiner Macht. *„Durch sie hat er ihn von den Toten auferweckt und eingesetzt zu seiner Rechten im Himmel.“* (Eph 1,20) Gott ist nicht nur der Schöpfer der Elemente, der Kraft und Energie, die das Universum zusammenhalten, sondern auch der Eigentümer Seiner Eigenheiten, die Er erblich weitergeben kann wie Er will: Geist und Leben. Jemand ins Leben zu berufen, ist für Ihn ebenso leicht wie jemand wieder ins Leben zu berufen. Er spricht und es geschieht.

Auf die Auferstehung erfolgt nach Eph 1,20 eine Versetzung in einen überweltlichen Bereich *„hoch über jede Gewalt und Macht und Kraft“*, weil diese eben aus jenem Bereich, wo Gott ist, sind. Neben Gott auf einem *„Thron“* zu sitzen, ist die Sprache der Bibel für die Teilhabe an Gewalt, Macht und Kraft Gottes. Zunächst geht es darum, ein Teil von Christus zu werden:

„Und alles hat er seinen Füßen unterworfen und ihn als Haupt über alles der Gemeinde gegeben, die sein Leib ist, die Fülle dessen, der alles in allen erfüllt.“ (Eph 1,22-23)

Das sind antike Bilder: man stellt sich unter die Füße des Herrschers, damit gehört man zu Seiner Dienerschaft, zu seinem Herrschaftsbereich jedenfalls.

Das Haupt-Leibes-Verhältnis verdeutlicht das ebenso, auch wenn es ein innigeres Verhältnis anzeigt. Dennoch, das Haupt gibt vor, was die Glieder tun. Dieser Leib ist die Fülle, von was? Von dem, der alles in allen erfüllt. Was ist alles und was ist allen? Allen sind alle, die unter Christus sind und Ihm angehören. Alles ist alles, was Christus untergeordnet ist, und alles, was der Gemeinde gegeben ist. Also rundherum alles. Da gibt es nichts und niemand mehr – außer dem Vater – was nicht dazugehören würde.

Paulus, der hier Bezug nimmt auf Ps 8,7, wo es über den Menschensohn heißt: *„Du machst ihn zum Herrscher über die Werke deiner Hände; alles hast du unter seine Füße gestellt."* Möchte zweifellos die Grenzenlosigkeit der Herrschaft Jesu Christi verdeutlichen: *„der alles in allen erfüllt".* In Psalm 8,7 ist die ganze Schöpfung gemeint. Paulus weiß etwas Neues. Alles ist dem Haupt untergeordnet, zu allererst die Gemeinde, um die es im Kontext hauptsächlich geht.

Schlatter schreibt: *„Mit der weitausschauenden Verheißung Ps 8,7 nimmt Paulus von dem Machtgebiet des Christus alle Grenzen weg und dehnt es so weit aus, als die Schöpfung reicht."* ***84** Was ist aber die Schöpfung? Die Himmel und die Erde und alles was darinnen ist, mit sämtlichen Menschen, die jemals gelebt haben. Jesus Christus hat auch den letzten Feind besiegt, den Tod. Er ist also auch Machthaber über das Totenreich und Er hat zu bestimmen, wann und wie und wen das Totenreich freizugeben hat. Daran muss man denken, wenn man Jesus sagen hört: *„Ich werde alle zu mir ziehen."* (Joh 12,32)

τὰ πάντα, ta panta übersetzen die LuU und ElbÜ in Eph 1,23 mit *„alles"*, wörtlich bedeutet es *„das alles"* oder *„das All"* (Langenberg). Da hier aber der Bezug zur ganzen Schöpfung gegeben ist, ist *„das alles"* mit *„das All"* identisch. Wie sollte auch der, der das All mit allem, was darinnen ist, erschaffen hat, der JHWH, der zu Jesus Christus wurde, Seinen Besitz hergegeben haben? JHWH, der Gott, der Seinem Namen nach immer da ist, omnipräsent und in jeder Zeit da, durchdringt das All und ordnet es sich unter. So wurde am Ende zur Vollendung hin aus dem Tohu wa Bohu, dem ungeordneten Zustand am Anfang der Schöpfung eine Zu- und Unterordnung unter das Haupt. Das Haupt, das alles hinausgegeben hat, nimmt alles wieder zu sich. Gott bereichert sich durch Seine eigene Güte! Das ist die Verherrlichung Seiner Schöpfung!

Christus ist der Erbe des Alls, das Er selber gemacht hat (Heb 1,2). Erbe bedeutet hier, dass der Vater es Ihm so lange überlassen hat, bis Er es Ihm in Vollendung übergibt. Er nimmt es dann aber aus Seiner Hand zurück. *„Nicht wir erfüllen Christus, sondern Christus erfüllt uns, ja nicht nur uns, sondern auch das All."* schreibt Langenberg. ***85** Wenn aber stimmt, dass gilt: *„Für diese Mission ist die Gemeinde das Zentral- und Fülleorgan, das vollkommene Werkzeug",* dann sind aber zwei Dinge klar:

1.   die Gemeinde hat über alle Aufgaben vor der Rückkehr Jesus Christi und der Vereinigung mit Ihm, auch noch in den künftigen Äonen, Aufgaben, die darin bestehen, dazu beizutragen, dass das All vollendet wird;

2.   die Vollendung des Alls, wozu die Gemeinde in künftigen Äonen mitwirkt, zielt in erster Linie auf die Zurichtung der noch nicht Christus untergeordneten Menschen, denn die Schöpfung ist auf den Menschen hin geschaffen worden;

und außerdem folgt:

3.   Wenn die Bibel klar und deutlich sagt, dass unter Christus die ganze Schöpfung vollendet wird, dann muss die bereits vergangene Schöpfung, alles was in den vergangenen Jahrhunderten und Jahrtausenden aufgetaucht und wieder verschwunden ist, zu dieser Vollendung dazugehören, weil es sonst immer nur eine Teil-Vollendung und somit gar keine Vollendung wäre.

Daraus folgt aber, dass es nicht schlüssig ist, wenn man annimmt, dass die Gläubigen in Jesu Christi im Himmel rauschende Feste mit Jesus feiern und in Bezug auf das, was sie auf Erden zurücklassen, untätig sein werden. So erreicht man keine Vollendung. Es kann auch nicht sein, dass die geretteten Menschen im Himmel sind und Christus alleine Seine Schöpfung vollenden lassen. Die Gemeinde hat gewaltige Aufgaben vor sich, demgegenüber erscheint ihre irdische Bewährungszeit von ein paar Jahrzehnten je Gemeindeglied als etwas Geringes. Dass Die Gemeinde des Leibes Christi künftig viele Aufgaben zu übernehmen hat, wissen viele Theologen. Dazu gehört gewiss nicht, auf einer Wolke zu sitzen und Däumchen zu drehen. *86 Man kann auch vereinfacht sagen, die Aufgabe der Gemeinde ist, ein verlängerter Arm Gottes zu sein.

Klar ist aber ebenso, dass Jesus Christus sich nicht eher mit seiner Gemeinde vereint, als nicht das letzte Glied zubereitet worden ist. Rienecker spricht von der denkbar höchsten Würdestellung, die die Gemeinde im All hat. *„Darüber hinaus kann es schlechterdings Gewaltigeres nicht mehr geben."* *87 Ob Rienecker genau gelesen hat? In Bezug auf das, was Christus untergeordnet ist, gibt es noch etwas Gewaltigeres. Noch großartiger ist, wenn Christus nicht nur die Gemeinde untergeordnet ist, sondern die gesamte Schöpfung. An wie viele Gemeindemitglieder denkt Rienecker? An hundert Millionen Christen? Und was ist mit den 100 Milliarden Menschen, die bisher die Erde bevölkert haben? Ist das nicht eine „gewaltigere" Menge? Rienecker will sich wie die meisten anderen Bibelausleger mit einem Überbleibsel der Schöpfung zufrieden geben. Gottlob ist Gott nicht so schnell zufrieden zu geben. Zwar übernimmt Rienecker die Sprache der Bibel, aber er verkürzt ihren Inhalt. Auch er spricht von einer *„Vollendung"*, die in der *„Zusammenfassung des Alls unter ein Haupt, nämlich Christus"* zu sehen ist. Doch dann nennt er die Gemeinde die erlöste Menschheit, die in Harmonie zum All gebracht werden soll. Für die nicht der Gemeinde angehörige Mehrheit der Menschen verliert er kein Wort. Sie ist für ihn gestorben. Aber das dürfte nicht sein, denn Jesus ist doch schon für sie gestorben, auf dass sie Leben haben werden.

Eph 1,21-22 wird nochmals betont, dass Gott Christus über alles gesetzt hat und Er „hat alles seinen Füßen unterworfen". In der Antike haben das alle gut verstanden. Wenn sich einem König alles unterworfen hat, nicht nur die eigenen Volksangehörigen, sondern auch die besiegten Feinde, bedeutete das endgültige und allumfassende Folgsamkeit. Bei Christus als König gäbe es nicht die üblichen Gründe, gegen Seine Herrschaft zu revoltieren wie Ungerechtigkeit, Brutalität, Ausbeutung, usw., denn einen besseren Herrscher gibt es nicht. Auch hier in Vers 22 wird vom „alles", was Ihm unterworfen ist, die Gemeinde abgehoben, die Ihn zum Haupt hat. Es gibt aus Sicht des Paulus also zwei Haupt-Bereiche, derer, die das „alles" darstellen. Diejenigen, die zum Leib Christi als Seine Leibesglieder dazugehören und alle anderen, die unter Seiner aktiven Herrschaft stehen. Bei einer aktiven Herrschaft wird auf die Beherrschten eingewirkt. Eine nichtaktive Herrschaft ist keine Herrschaft. Gott sitzt nie untätig auf Seinem Thron.

Noch ein weiteres ist in Eph 1,22 gesagt. Die Gemeinde wird als Fülle (gr. Pleroma) des Hauptes bezeichnet. Gemeint ist die Vervollständigung des Hauptes, denn das Haupt braucht seine Glieder des Leibes. Und wozu? Um „alles in allen" zu erfüllen, denn Christus ist nach dem Vorsatz Gottes derjenige, „der alles in allen erfüllt." Alles ist nicht weniger als das allumfassende Heil. Nicht die Weltmeere von allem Müll befreien, nicht alle gestrandete Wale retten, nicht alle Länder wieder aufforsten, nicht alle Wüsten zum Blühen bringen, nein, es geht um die Menschen, die sich Gott zum Ebenbild geschaffen hat, nicht um sie in den Abgrund zu stoßen, sondern um sie in ihrer Ebenbildlichkeit zur Freude Gottes weiter aufzubauen und zu vervollständigen.

Den Gegensatz zu dieser Welt in Gottes Gegenwart nennt Paulus gleich im nächsten Vers (Eph 2,1-2). Die geschaffene und gefallene, weil von Gott abgefallene Welt, ist die Welt des Möglichen, genauer gesagt, des Menschenmöglichen. Gut und Böse sind wahlweise möglich, und deshalb ist sie eine Welt des tendenziösen Verfalls und des Todes, die Welt, aus der sich Gott anscheinend zurückgezogen hat. In Wirklichkeit hat sich der Mensch von Gott zurückgezogen und dadurch kann es nur zu einer Krise für die Schöpfung kommen, die Gott ja eigentlich unter die Fürsorge des Menschen gestellt hat. Sie muss deshalb eine vorübergehende, sterbliche Welt sein, die nach ihren „gott-losen" Möglichkeiten ausgereizt werden kann in den Äonen. Das muss, während es geschieht und während die Äonen laufen, gar niemand zur Kenntnis nehmen, außer Gott, denn Gott baut auf das Ende hin zu. Die Kinder mögen im Vorgarten des Hauses spielen, während im Hintergrund das Haus aufgebaut wird. Und erst wenn es fertig ist und sie in das Haus einziehen, nehmen sie die neue Wohnsituation in allem wahr. So erleben auch die Menschen nicht, was mit ihrer Welt geschieht, sehen sie doch allenfalls das Äußere.

Dieses alte Welthaus wird abgelöst. Es wird, sagt die Bibel, durch eine neue Erde und einen neuen Himmel ersetzt werden. Quantenphysisch kann man in dieser Welt des Menschenmöglichen deshalb auch niemals absolute Werte feststellen, denn die exakte Mathematik ist ein Abstraktum, das in ihren Ergebnissen in der Wirklichkeit nie oder zumindest nie messbar oder dauerhaft erreicht wird. Weder ein exakter Ort, noch ein Zeitintervall ist festzulegen. Die Elementarteilchen sind nicht festzubinden, man stellt immer nur ihre Wirkungen fest. Ähnlich ist es mit Ideen von uns Menschen, sie sind nicht zu quantifizieren. Ein

Gebäude steht da, aber man sieht ihm nicht an, dass es dazu einer menschlichen Entscheidung bedurfte und das Gemäuer enthält nicht den Bauplan.

Paulus sagt auch, dass *„in den Söhnen des Ungehorsams"* noch die Gebundenheit an diese Welt herrscht. Der heilige Geist hat die Umkehr noch nicht bewirkt. ***88** Zu diesen Söhnen des Ungehorsams gehören all jene, die alles aus der Materie erklären wollen, obwohl es Materie nur als eine Erscheinungsform gibt, die ein denkendes, geistiges Subjekt benötigt. Seit den Erkenntnissen der Quantenphysik ist der atheistische Materialismus für nüchtern denkende Naturwissenschaftler nur noch als geschichtlicher Mythos verstehbar. Paulus stellt eine Verbindung her zwischen diesem Weltmenschentum zum „Ungehorsam" und führt es noch weiter aus: *„Unter diesen hatten auch wir einst alle unseren Verkehr in den Begierden unseres Fleisches, indem wir den Willen des Fleisches und der Gedanken taten."* (Eph 2,3)

Worin besteht der Ungehorsam? Er besteht darin, nicht die richtigen Konsequenzen zu ziehen, wenn man sich den Tatsachen dieser Welt gestellt hat. Es ist immer ein Ungehorsam gegenüber dem Schöpfergott, der sich nicht unbezeugt gelassen hat, gerade auch den Naturwissenschaftlern. So wird in der Evolutionsforschung seit über einhundert Jahren versucht, die Evolution zu beweisen. Sie hat sich jedoch nur in zweierlei Beziehung hervorgetan. Erstens hat sie immer mehr Daten gesammelt, die gegen die darwinistische Sichtweise der Natur stehen und, will man dennoch am Darwinismus festhalten, immer abwegigere Zusatzhypothesen produzieren lassen. Zweitens hat sie aus einer unbewiesenen Weltanschauung ein sakrales Kultobjekt gemacht, das dagegen gerichtet ist, einen Schöpfergott als glaubwürdig erscheinen zu lassen.

„Der Tor spricht in seinem Herzen: „Es ist kein Gott!"" (Ps 53,2). Jedoch bleibt es nicht bei der Torheit. Psalm 53 geht so weiter: *„Sie haben Verderben angerichtet und abscheuliches Unrecht geübt; da ist keiner, der Gutes tut."* Man

denke zum Beispiel an die Gräuel, die der Kommunismus und der Nationalsozialismus im Namen des *„Survival oft he Fittest"* begangen haben. Das Überleben des Fittesten ist eine direkte Folge des Sündenfalls, denn das Misstrauen gegenüber Gott wurde ersetzt durch das Vertrauen in die Schlange, die lügt. Ihr einmal auf den Leim zu gehen, ist eine Sache, ihre Lügen aber zur Weltanschauung, zum „Evangelium" zu machen, ist der Gipfel der geistigen Verirrung. Im Jahre 2018 gibt es immer noch Menschen, die Nationalsozialismus als das Richtige betrachten. Es gibt immer noch Leute, die meinen, dass man für den Begründer des Marxismus ein Denkmal aufstellen sollte. Und es gibt immer noch Antisemiten. Da diese Menschen in dieser Welt nichts mehr zu lernen haben, wartet für sie das Gericht Gottes. Wer seinen Schöpfer verleugnet, begeht Gräuel, nicht durch die Leugnung, sondern durch die Lebensweise, die der Leugnung folgt. Jede Verunehrung Gottes und beharrliche Leugnung des Abfalls von der Quelle allen Guten führt ins Gericht.

Die Evolutionslehre bezieht ihre Existenzkraft nicht aus Fakten, sondern aus dem Wunsch der Menschen, ihren Schöpfergott und damit auch ihre Verantwortlichkeit zu verleugnen. Die Evolutionslehre ist eine wissenschaftliche Fehlentwicklung, die unzählige Milliarden kostet, gebildete Köpfe bindet und blockiert, und, viel schlimmer noch, den Weg zur Wahrheit der Bibel verbaut. ***89**

Wer sich aber der Verantwortung vor seinem Erschaffer entziehen möchte, verliert auch den Sinn für alles was Recht und Gut ist. Deshalb bringt Paulus die Frage nach der Diesseitsbezogenheit zurecht in einen Zusammenhang mit der Weltlichkeit und diese mit der „Fleischlichkeit". Darunter versteht Paulus, der das Ideal des Hellenismus kannte, dass der Mensch sich zum Maß aller Dinge macht und genau das tut, was er, sein Fleisch, will. Dann fragt man auch nicht mehr nach Gott. ***90** Es passt, wenn Menschen sich zum Maß aller Dinge machen, dass sie auch glauben, dass der Mensch von Grund auf gut sei. Das ist der Wahn des Humanismus. Es käme nur auf die entsprechende Sozialisierung an, um aus dem Menschen, dem man zugleich die Individualität raubt, einen paradiesisch neuen Adam zu machen. Die Bestialität der kommunistischen und nationalsozialistischen Regime hat jedoch bewiesen, dass im Menschen ohne Gott nicht viel Gutes steckt, sondern dass das Böse die Oberhand gewinnt.

Paulus sagt auch zurecht, dass das in jedem Menschen steckt und auch stecken muss, solange er seinen Schöpfer und die Bestimmung, die man von Ihm bekommen und auch nur von Ihm erhalten haben kann, nicht erkannt hat. Dem Erkennen folgt das dankbare Annehmen. In Eph 2,4 nennt Paulus den Grund, warum man aus der zum Tode führenden Weltlichkeit und Fleischlichkeit herausgekommen sein kann. Weil Gott sich bekannt gemacht und Gnade geschenkt hat. Damit beantwortet er im Epheserbrief die alte Frage der Theologen, inwiefern ein Mensch von Gott etwas wissen kann. Dass ein Schöpfergott ist, kann man mit an Sicherheit grenzender Wahrscheinlichkeit in Erfahrung bringen. Dass dieser Schöpfer und Vollender, der Erlöser und Heiland Jesus Christus ist, kann der Verstand nicht voll erfassen, dazu braucht es das Eingreifen Gottes. Da muss Gott aus dem Jenseits herübergreifen in einer Sonderoffenbarung. Ob das hohe Wellen schlägt wie bei Paulus oder sich rein im Unsichtbaren Bereich und in aller Stille nach außen vollzieht, ist von Fall zu Fall verschieden.

Eph 2,6-7 wird von vielen Auslegern als pathetische Proklamation verstanden, bestenfalls würde hier ein Bild der fernen Zukunft in der Himmelswelt gezeigt. Bei Gott gibt es jedoch keine Dimensionen und keine Zeit. Bei Ihm hat die Zukunft längst begonnen. Daher benutzt Paulus hier die griechische grammatische Form des Aorist, der passend die Zeitverhältnisse bei Gott angibt, wo Vergangenheit, Gegenwart und Zukunft zusammenfallen: Gott *„hat uns mitauferweckt und mitsitzen lassen in der Himmelswelt in Christus Jesus."* (Eph 2,6)

Dort, wo das ist, ist es bereits schon. Gott hat die Fakten bereits mit uns, sofern wir zum Haupt dazugehören, geschaffen. Das Heilsgeschehen hier in dieser Welt der Äonenaufeinanderfolge ist ein anderes, deshalb heißt es im nächsten Satz schon wieder: *„Damit er in den kommenden Zeitaltern den überragenden Reichtum seiner Gnade in Güte an uns erwiese in Christus Jesus."* (Eph 2,7)

Wozu sollten diejenigen, die mit Christus auf Thronen im Himmel sitzen, dann wieder in den kommenden Zeitaltern eine besondere Gnade erfahren? Die Gnade besteht darin, als Glied am Leibe Christi mitwirken zu dürfen an der Vollendung der Welt. Und die findet nicht an Gottes Thron statt, sondern in den Äonen, die Gott zu eben diesem Zweck geschaffen hat.

Paulus betont in diesem Zusammenhang *„den überragenden Reichtum"* von Gottes *„Gnade in Güte"*. Gottes Gnade lässt Er in Güte über die Schöpfung kommen. Seine Gnade ist nicht passiv oder fungiert als Katastrophenverhinderungsinstrument, sondern sie bewirkt das Gute, indem sie sich aktiv, bis zur Opferung des Sohnes, einbringt und darüber hinaus diesem Sohn alles heilsam unterordnet. Deshalb hat die Gnade auch einen *„überragenden Reichtum"*. Sie überragt damit auch der Gnadenlosigkeit kirchlicher Lehren. Sie ist auch deshalb überragend, weil sie alles überragt, was ihr entgegenstehen könnte. Sogar über den Zorn Gottes heißt es, dass er nur einen Augenblick währt, die Barmherzigkeit aber bleibt für immer (Jes 54,8; Ps 30,6). Die Barmherzigkeit ist Gottes Grundhaltung. Sie entspricht Seinem Wesen. Der Zorn ist nur eine Facette dieses Wesens, weil er zum Gewährenlassen der Barmherzigkeit hinführt. Barmherzigkeit hat Ewigkeitswert an sich, Zorn nicht. Zorn ist nicht an sich gut, sondern nur in Verbindung mit dem Ziel, das ihm gesetzt wird.

Nur unter der Voraussetzung konnte Gott überhaupt die Schöpfung in die Freiheit entlassen, weil Er weiß, dass er sie bewahren und zum Ziel führen wird. ***91** Warum sprechen Kirchenlehrer von einer unbegrenzten Barmherzigkeit Gottes, wenn sie angeblich an den Pforten der Hölle endet? Da sollte man konsequenter sein. Stattdessen liest man so ungeheuerliche Sätze wie: *„Die Hölle wird der gerecht zugemessene Verbleib jener sein, die der errettenden Barmherzigkeit ablehnend gegenüberstanden."* ***92** Nirgendwo spricht die Bibel von einem „Verbleib" in der Hölle, da der griechische Begriff Aion zwar oft mit „Ewigkeit" übersetzt wird, aber diese Bedeutung nicht zwangsläufig haben muss. Im Gegenteil bezieht er sich überall in der Bibel auf die Schöpfungsordnung. Und die bezieht sich auf die begrenzte Schöpfung. Stattdessen stellen Theologen Gott als begrenzt dar, als müsste Er auf eine Beleidigung mit ewiger Strafe antworten. So macht man Gott schlimmer als Satan, dem es ja an Macht fehlt, jemand in die Hölle zu werfen oder überhaupt so etwas wie eine ewige Hölle zu erschaffen. Bevor ein Mensch die Barmherzigkeit Gottes zurückweist, muss er sie erst einmal bewusst gehabt haben. Aber wenn ein Kind seinen Vater sagen hört, dass er es in den Keller einsperrt, wenn es nicht glaubt, dass er ihm wohlgesonnen ist, wie soll das Kind dies glauben können? Das ist eine Unmöglichkeit.

Daran ändern auch die grotesken Erklärungsversuche der Kirchenleute nichts. Wenn ein Mann zu einer Frau sagt, ich liebe dich, aber wenn du mich nicht auch liebst, bringe ich dich um, was wird die Frau glauben? Jede Frau ist klug genug zu wissen, dass sie sich so schnell wie möglich dem Zugriff dieses Mannes entziehen muss, weil sie weiß, dass er sie nicht wirklich liebt. Was also wäre von einem Gott zu halten, der sagt, dass er die Menschen liebt, ihnen aber eine endlose Hölle androht, wenn sie ihn nicht genau so liebenswürdig finden, wie er es möchte? Oder anders gefragt, was ist von Theologen zu halten, die über Gottes Liebe predigen, aber eigentlich einen bedingungslosen Gehorsam fordern, damit man nicht für immer gequält wird? Es gibt der Torheiten viele unter den Menschen, aber einsame Spitze sind die Theologen dieser Welt, könnte man meinen.

Seinen Ratschluss setzt Gott um in Allmacht und Allgüte. Paulus erinnert die Epheser, dass es die Gnade Gottes ist, die sie errettet hat und an Jesus Christus glauben ließ und nicht ein eigener Verdienst (Eph 2,8).

Eigene Werke haben nichts zur Erlösung beigetragen, denn der Glauben wurde von Gott geschenkt. Aber dennoch wurde der Glauben gegeben, damit Werke vollbracht werden. Und auch diese Werke gehören zum Eigentum ihres Planers Jesus Christus: *„Denn wir sind sein Gebilde, in Christus Jesus geschaffen zu guten Werken, die Gott vorher bereitet hat, damit wir in ihnen wandeln sollen."* (Eph 2,10) Werke führen nicht zu Gott, und die Werke, die ein Gottesmensch tut, gehören nur dann zur Heilsgeschichte, wenn Gott sie selber oder durch die tun lässt, denen Er sie zu tun gegeben hat.

JCJCJCJCJCJCJCJC

Juden und Nichtjuden, Erben und Glieder
Eph 2,11-22

Aus Eph 2,11 ergibt sich, dass die Epheser mehrheitlich Nichtjuden waren. Er nennt sie *„ihr, einst aus den Nationen dem Fleisch nach „Unbeschnittene" genannt von der sogenannten „Beschneidung", "* und *„ausgeschlossen vom Bürgerrecht Israels"* und *„Fremdlinge hinsichtlich der Bündnisse der Verheißung"* (Vers 12). Dem setzt Paulus ein *„Jetzt aber, in Christo Jesu"* entgegen *„seid ihr, die ihr einst fern wart, durch das Blut des Christus nahe geworden"* (Eph 2,13).

Offensichtlich meint Paulus mit *„nahe geworden"* nahe am Bürgerrecht Israels und an den Bündnissen der Verheißung. Das Bürgerrecht Israels bedeutet, an allen Verheißungen, die dem Volk Israel zuteil werden sollten, teilzuhaben. Was sind das für Verheißungen? Paulus nennt eine davon in Röm 11,26. Dort ist es die Verheißung, dass ganz Israel gerettet werde. Vorher schon wird Israel in einem messianischen Zeitalter die Führung der Nationen übernehmen (Sach 14,16). Israel hatte die Verheißung, in einem Friedensreich vom Messias zum Wohle der Völker regiert zu werden. Dieses goldene Zeitalter würde auch für die Nationen gelten, aber nur für diejenigen, die in dieses messianische Reich hineinkommen würden. Man muss dabei aber immer bedenken, dass das messianische Reich noch nicht das Nonplusultra ist, denn es ist ja auch wieder nur eine Etappe auf dem heilsgeschichtlichen Weg, den Gott mit den Menschen geht, bis alle von Christus dem Vater als Ernte präsentiert werden können.

„Verheißungen" ist ein Begriff, der immer wieder in der Bibel in engem Zusammenhang steht mit Israel und dem messianischen Reich. ***93** Demgegenüber ist der Leib Christi, der sich ebenfalls aus Juden und Nichtjuden zusammensetzen sollte, nirgendwo im Alten Testament verheißen. Paulus nennt es daher auch eine Offenbarung eines Geheimnisses. Es ist aber der Sohn Gottes, durch den jeder einen Zugang *„in einem Geiste zum Vater"* (Eph 2,18) haben kann.

Bedeutet dieses *„nahe geworden"* nun tatsächlich für die Epheser, dass auch sie dieser israelischen Heilszusagen des Heils für alle teilhaftig werden würden? Paulus scheint es noch im nachfolgenden Vers 14 zu unterstreichen, wo er über Jesus sagt *„er ist unser Frieden, der aus beiden eins gemacht hat"*, also aus Nationen und Israel ein neues Volk des Heils. Er sagt in diesem Zusammenhang auch, dass dieses Einsmachen durch Christus bewerkstelligt wurde, weil er ja *„in seinem Fleische die Feindschaft, das Gesetz der Gebote in Satzungen, hinweggetan hat"* (Eph 2,15). Das Gesetz steht hier für die Torah. Und damit ist klar, dass der Blick von Paulus auch für die Epheser in eine Lebensgemein-schaft mit Christus geht, wo eben nicht mehr die Torah, wie im messianischen Reich, eine zentrale Bedeutung hat, sondern nur noch der Geist Christi.

Ein orthodoxer Jude würde spätestens hier protestieren, denn nicht das Eins-machen mit den Nichtjuden entspricht ihrem Wunsch, sondern die Torah zur Ehre Gottes halten zu dürfen. Und da setzt die Kritik von Paulus an, im Kern des jüdischen Glaubens. Bei ihm scheint die Torah eher das Hindernis für die Nicht-juden zu sein, zur Heilsquelle vor- und zum Heilsvolk dazuzustoßen. Dabei wusste er doch sehr genau, dass die Verhältnisse im messianischen Reich so wären, dass man die Torah beachten würde. Es würde ja sogar einen Tempel geben (Sach 6,15; Mal 3,1).

Man hat hier festzustellen, dass es für Juden und Nichtjuden, wie die Epheser es waren, kein zutreffenderes *„eins gemacht"* geben konnte, als in der Gleichheit in der Unterordnung unter das Haupt Christus und die Eingliederung in Seinen Leib. Paulus redet hier nicht mehr ausdrücklich von den fruchtbaren Verhältnis-sen von Juden und Nationen im messianischen Reich Gottes, das noch kom-men sollte. Gerade diese Einheit, dieses Einssein, diese Gleichheit, von der Paulus immer wieder sprach, betraf nicht die Verhältnisse im messianischen Reich unter der Führung Israels, da der Christus eine von Israel zu unterschei-dende Einheit ist. Die Verhältnisse im messianischen Reich sind bei weitem noch nicht ideal.

Christus ist der Bräutigam der Braut Israel. Insofern kann das größte Nahe-kommen der Nichtjuden zu den Verheißungen, die im Alten Testament niemand anderem als Israel gegeben wurden, nur in dieser Einheit mit dem gegeben sein, der das Heil bringt, als Messias Israels und als Haupt der Gemeinde Christi. Das ist der Kern des Evangeliums der Beschneidung und zugleich der Kern des Evangeliums der Unbeschnittenheit. Jesus Christus, der Messias und Erlöser für jeden Menschen. Diese Verheißung galt jedem. Die Juden sehen in Christus zuerst den Messias Israels. Die Nichtjuden sehen in Ihm den Erlöser der Menschen, gleich welcher abstammungsgemäßen Zugehörigkeit. Aber für beide ist Jesus der verheißene Messias, der König des kommenden Äons, „mein König, mein Herr".

Jesus war Jude, berief zunächst nur Juden und war der König des Bundesvolkes der Juden. *94 Er brachte das Heil allen Menschen, auch den Nichtjuden, aber Er brachte auch das messianische Reich zur Rettung allen Juden und Nichtjuden. *95 Er hatte den Juden das Heil verheißen. Und Er hatte den Zugang zum Heil auch den Nichtjuden in Aussicht gestellt. Was für letztere vorerst in weiter Ferne war, war nun nahe gekommen. *96

Paulus sagt in Eph 2,15-16 in Bezug auf Juden und Nichtjuden, dass Jesus, als Er im Fleische war, „die Feindschaft, das Gesetz der Gebote in Satzungen hinweggetan hatte, auf dass er die zwei, Frieden stiftend, in sich selbst zu einem neuen Menschen schüfe, und die beiden in einem Leibe mit Gott versöhnte durch das Kreuz." (ElbÜ) Es stellen sich bei der Übersetzung die Fragen: Bezieht sich die Feindschaft auf die zwei? Und: Hat Jesus das Gesetz wirklich weggetan? In der LuÜ 2017 heißt die Passage: „indem er durch sein Fleisch die Feindschaft wegnahm. Er hat das Gesetz, das in Gebote gefasst war, abgetan", in der SchlachterÜ: „indem er in seinem Fleisch die Feindschaft, das Gesetz der Gebote in Satzungen, hinwegtat". Diese Aussage in all diesen Übersetzungen passt zur Lehre von Paulus, der sonst zwar nicht behauptet, dass die Torah nicht mehr gültig sei, sondern lediglich, dass sie ein Nichtjude, der vom Geist Christi in den Leib Christi getauft und geleitet worden ist, nicht befolgen müsste. Insofern hat Christus für die Nichtjuden, die zu Ihm gehören, keine Torah, sondern etwas viel Besseres, Seinen Geist. Wie könnte diese Erkenntnis dazu beitragen, dass es zwischen Juden und Nichtjuden keine Feindschaft mehr gibt? Indem für beide im Leib Christi das gleiche gilt.

Man muss die Situation damals sehen, die völlig anders ist als heute. Damals gingen die orthodoxen Juden und etliche der Judenchristen gegen die nichtjüdischen Christusnachfolger an, weil sie denen die Torah mit allem Drum und Dran anheften wollten, wenn sie Gott JHWH gehorsam werden wollten. Nicht die Nichtjuden stellten Forderungen an die Juden, sondern es war genau umgekehrt. Wenn jetzt die Juden von sich aus sagten, dass die Nichtjuden sich nicht beschneiden lassen sollten, dass sie sich nicht an die Speisevorschriften, erst recht nicht an die Opfergesetze halten mussten, dann gab es im praktischen Umgang auch keine Trennung mehr. Und genau das hatte Paulus gemeint. Die Torah stand nicht mehr zwischen den beiden und genau deshalb war die Trennwand niedergerissen.

Der jüdische Ausleger Stern sieht das anders. Er schlägt vor, so zu übersetzen: *„Indem er in seinem Leib die Feindschaft zerstörte, die durch die Torah mit ihren Geboten in der Form von Satzungen gelegentlich hervorgerufen wurde."* Damit man es ja nicht missversteht: *„gelegentlich".* Aber es geht nicht um Gelegentlichkeit, denn die Torah ist nicht gelegentlich für einen Nichtjuden ein Problem, sondern sie *„droht"* ständig mit ihren für das Judentum typischen Vorschriften, die im nichtjüdischen Umfeld nicht einzuhalten sind. Wie hätte ein Sklave beispielsweise, von denen es viele unter den Christen des ersten Jahrhunderts gab, den Sabbat halten sollen? Oder die anderen Festtage? Wie hätte er bei der harten Arbeit auf koschere Speise achten können? Außerhalb Israels wurden auf dem Markt zu einem beträchtlichen Teil Lebensmittel angeboten, die einer Gottheit geweiht waren. Das war für einen Juden inakzeptabel. Wie hätte er die anderen Reinheitsvorschriften einhalten können? Doch dann kam dieser Paulus und beruhigte die Nichtjuden, die in einem nichtjüdischen Umfeld lebten. Die Vorschriften der Torah sind für sie nicht bindend. Und um ja nicht missverstanden zu werden, enthielten seine Briefe umfangreiche ethische Belehrungen. Was Recht ist vor Gott, ist älter als die Torah!

Darin liegt genau das Erkenntnisproblem vieler Torahfreunde. Sie überhöhen die Bedeutung der Torah und verkennen ihr Wesen. Die Torah ist Inhalt eines Bundes, das Gott mit dem Volk Israel für einen bestimmten Zweck und eine bestimmte heilsgeschichtliche Phase, geschlossen hat. Deshalb ist sie nicht absolut zu setzen. Nur Gottes Willen und Gottes Wesen sind absolut zu setzen. Deshalb ist es besser, immer wieder nach Gottes Willen zu fragen, anstatt danach, was die Torah sagt oder was sie nicht sagt. Wenn ein Mensch am Sabbat überfallen worden ist, dann schaut man nicht nach, was gemäß der Torah am Sabbat erlaubt ist und was nicht, sondern hilft gerade so weit wie es einem gegeben und möglich ist, weil das Gottes Willen ist. Immer wieder nach der Torah zu sehen, verengt den Blick und mutiert zu einem Götzendienst. Gottes Willen ist viel größer und umfassender als die Torah. Von einer geistigen Torah zu reden, die Gottes Willen entspricht, ist überflüssig und kann irreführend sein.

Stern beantwortet die obigen Fragen so, dass er lediglich die Feindschaft abgetan sein lässt, nicht aber die Torah wie es alle anderen Übersetzungen nahelegen. Die Torah hat, nach Stern, die Feindschaft nur indirekt hervorgerufen. Schuld ist natürlich der Mensch mit seiner Begriffsstutzigkeit. Paulus hat diese feine Unterscheidung in seinen Briefen nicht vorgenommen. Und bisweilen bringt er das auch drastisch zum Ausdruck (Phil 3,8).

Die Folge davon, dass der Zugang zum Geist des Vaters frei ist, ist, dass auch die Epheser, ob sie Juden oder Nichtjuden sind *„nicht mehr Fremdlinge und ohne Bürgerrecht"* sind, sondern *„Mitbürger der Heiligen und Hausgenossen Gottes, aufgebaut auf die Grundlage der Apostel und Propheten, indem Jesus Christus selbst Eckstein ist, in welchem der ganze Bau, wohl zusammengefügt, wächst zu einem heiligen Tempel im Herrn, in welchem auch ihr mitaufgebaut werdet zu einer Behausung Gottes im Geiste."* (Eph 2,20-22) *97

Welchen Bau meint Paulus hier? Paulus wusste sehr wohl, dass nicht alle Epheser ein enges Vertrauensverhältnis mit Christus hatten. Aber eines war gewiss. Wenn sie Christus als ihren Erlöser angenommen hatten, würden sie Mitbürger im messianischen Reich oder Glieder am Leibe Christi sein. Er bezeichnet hier den Christusleib offenbar als *„heiligen Tempel im Herrn"* und *„Behausung Gottes im Geiste"*. Er sagt nicht, dass die Propheten des Alten Testaments von einem geistigen Tempel sprachen oder dass es keinen Tempelbau in Jerusalem mehr geben würde, zumal der Tempel in Jerusalem ja auch zur Abfassungszeit des Epheserbriefs noch stand. Aber die Propheten und Apostel hatten, jeder auf seine besondere Weise, den Erlöser Jesus Christus bereits angekündigt oder seinen Weg bereitet. Das hatte auch Jesus den Emmausjüngern aufgezeigt. ***98**

Der Christusleib, der sich aus gläubigen Juden und Nichtjuden zusammensetzt, betrifft eine andere Heilsebene als der messianische Tempel. Man muss zur Kenntnis nehmen, dass Jesus selber wie jeder Jude in den Tempel ging. Er beachtete die heilsgeschichtlichen Haushaltungen und Ordnungen. Zugleich hat Er sich mit dem irdischen Tempel gleichgesetzt. In Joh 2,19 sagt Jesus: *„Brecht diesen Tempel ab, und in drei Tagen werde ich ihn aufrichten."* Mit Jesu Auferstehung wurde ein neue Tempelära begonnen, die des Leibes Jesu Christi. Der irdische Tempel war der heiligste Ort, um mit Gott in Verbindung zu treten. In Jesus Christus hat man aber einen direkten Zugang zu Gott. Der Tempel in Jerusalem wird dazu nicht mehr benötigt. Doch was ist mit den Menschen, die nicht oder noch nicht dafür vorgesehen sind, diese Berechtigung bekommen zu haben, ausgewählt worden zu sein, anderen dabei zu dienen aus der Ferne ihrer Gottabgewandtheit näher zu Gott zu kommen? Was ist mit den Verheißungen des Alten Testaments für das Gottesvolk Israel und die Nationen?

Richtig ist, wenn man darauf hinweist, dass auch im Alten Testament das künftige Heil Israels immer in einem engen Zusammenhang mit dem Heil für die

Nationen stand. *99 Aber es ist in diesen Texten immer erkenntlich, dass es dabei um das irdische messianische Reich geht. Nicht umsonst glaubten die Sadduzäer nicht an die Auferstehung, weil ein Großteil dieser Texte im Alten Testament sich klar auf künftige irdische Verhältnisse beziehen ließ. Und dennoch werden die Nationen zugleich immer deutlich bei diesen Segnungen von Israel unterschieden, *100 so dass man diese Segensverhältnisse nicht geistlich auf die Gemeinde des Leibes Christi übertragen kann, wo ja jeder den gleichen Zugehörigkeitsrang in Christus hat. Das Alte Testament verdeutlicht, dass sich die Nationen Israel anschließen werden. *101 Sie sehen, dass es so besser ist, weil sie so die Segnungen bekommen, die Gott ihnen zugesagt hat. Sie werden dann verstanden haben, dass Israel der erstgeborene Sohn Gottes unter den Völkern ist. In Hes 37, 26-28 bekennt sich Gott zu Seinem Volk in einem Bund des Friedens, der im messianischen Reich kommen soll. Dann wird Er bei Seinem Volk wohnen. Hier ist ausdrücklich die Rede von Israel. Und in Abgrenzung davon sagt Gott: *„Und die Nationen werden erkennen, dass ich JHWH bin, der Israel heiligt, wenn mein Heiligtum für ewig in ihrer Mitte ist."* Auch wird hier nicht der Messias erwähnt, außer dass JHWH, der bei Seinem Volk wohnt, der Name auch des Messias ist. Doch das weiß man erst seit dem Neuen Testament.

Deutlich wird, dass es hier keinesfalls um eine Gemeinde geht, die aus Juden und Nichtjuden besteht. Dieser Anschluss der Nationen in der Anerkennung des Gottes Israels und des Volkes Israel als Gottes Volk führt nicht zu einer Gemeinde. Was im Neuen Testament entsteht, wenn Juden und Nichtjuden sich unter Christus stellen, deutet ein anderes, ein viel mehr geistgeleitetes Segensverhältnis mit Christus an. Wer das nicht unterscheidet, könnte leicht zu der Auffassung gelangen, dass die Christenheit vor einer solchen weltweiten „Erweckung" steht, bei der sich die Nationen – und nebenbei noch einige Israelis – haufenweise zu Christus bekehren. Dies ist ein Irrglaube. Bevor Christus kommt, kommt der Antichrist und es deutet vieles darauf hin, dass der Antichrist einen großen Teil der Kirchenchristenheit auf seine Seite bringen wird. Der Grund dafür ist klar, sie haben es versäumt, sich mit Christus bekannt zu machen. Und Christus hat sie gewähren lassen.

Israel soll in sein Land geführt werden. Ein Grund für diese Verheißung, die wahr gemacht werden wird, ist, dass von dort aus Israels Licht in die Welt hinein leuchten soll. *102 Israel wird mehrfach im Alten Testament als Erstgeborener unter den Nationen bezeichnet. *103 Wenn es aber einen Erstgeborenen gibt, so hat Gott offenbar die Absicht, noch andere „Geborene" ins Leben zu rufen, und zwar als Nation! Von Individuen ist hier zunächst einmal nicht die Rede. Gott behandelt Israel auch als ganze Nation. Und zusätzlich kümmert Er sich um jeden Einzelnen. Gott ist gegen die Auflösung der Individuen, Er ist aber auch gegen die Auflösung der Nationen. Und daher rebellieren diejenigen, die den Menschen gleichschalten und die Nationen abschaffen wollen, gegen Gott. Das sind im 21. Jahrhundert vor allem marxistische, linke und liberale Kräfte.

Wenn man Gott nicht der Falschaussage bezichtigen und Ihm unterstellen will, dass Er Sein Volk Israel Jahrhunderte in die Irre geführt hat, weil Er Ihm zusagte, dass Er es zur Leuchte der Völker machen würde, ohne Rücksicht darauf, ob es sich selber als würdig erweisen würde (was ohnehin nicht möglich war), dann kommt man nicht umhin, hier zwei Heilswege auseinanderzuhalten. Diese zwei Heilswege sind sinnvoll, wenn Gott beschlossen hat, dem Haupt Jesus Christus noch Glieder hinzuzufügen, die im über die ganze Schöpfung erweiterten Reich Gottes den göttlichen Auftrag erfüllen. Himmel und Erde sollen eine vollendete Schöpfung werden. Israel fällt nach wie vor die Aufgabe zu, die Völker zu regieren. Der Aufgabenbereich der Gemeinde des Leibes Jesu Christi ist nach 1 Kor 6,3 noch ein anderer. Paulus lässt das auch hier anklingen. Wozu hat Gott die Gemeinde als besondere Heilskörperschaft eingesetzt? *„Damit jetzt*

den Gewalten und Mächten in der Himmelswelt durch die Gemeinde die man-
nigfaltige Weisheit Gottes zu erkennen gegeben werde." (Eph 3,10).

Ein Ausleger behauptet, Paulus hielt die Epheser für Nachfahren Israels, weil er apallotrioó mit „entfremdet" übersetzt und meint, dass man nur entfremdet sein kann, wenn man vorher nicht fremd gewesen wäre. Das ist ja schon deshalb irrelevant, weil zumindest die Generation der Epheser, die Paulus gerade an- spricht, nichts von einem israelischen Bürgerrecht gekannt hatten, wenn sie nicht Juden waren. Aber man kann auch etwas fremd sein, wenn man es vorher noch nie gekannt hat. Es ist eine bloße Annahme, dass die alten Griechen das Wort apallotrioó nicht auch so angewendet hätten, dass es einfach nur „fremd" bedeutet. Dafür spricht auch, dass Paulus mit keinem Wort auf eine Abstam- mung der Epheser von Israel eingeht, sondern ganz im Gegenteil dem entge- gengesetzt argumentiert. Die Aussage, die er macht, bedeutet doch gerade, dass die Epheser als Nichtjuden nichts vom Gott Israels und von Seinen Ver- heißungen für Israel wissen konnten. Dafür konnten sie jetzt davon wissen, da sie durch ihren Glauben mit Jesus Christus bekannt gemacht worden waren.

In Ephesus lebte ein Sammelsurium von Völkern: Römer, Griechen, Galater, Lyder, Karer. Sie konnten nicht alle Nachfahren von Israeliten sein. Ephesus war eine bedeutende Metropole im Osten des Römischen Reiches, ein sakrales Zentrum. Paulus tat sie zurecht alle in den einen Topf und schrieb „apallotrioo" drauf.

JCJCJCJCJCJCJC

Ewiges Leben oder ganz heil?

Eph 3,3-9.14-17

Dass die Nichtjuden irgendwie am Heil für Israel teilhaben würden, war schon vorher durch die Propheten des Alten Testaments bestätigt worden, denn sie würden ja im messianischen Reich auch in den Genuss der gerechten Herrschaft durch den Messias kommen. Das Heil war schon immer auch für die Nationen gedacht. Wenn nun Paulus sagt *„mir ist durch Offenbarung das Geheimnis zu erkennen gegeben worden … das in anderen Geschlechtern den Söhnen der Menschen nicht zu erkennen gegeben wurde."* (Eph 3,3-5), dann ist klar, dass etwas Neues gekommen sein muss. Paulus nennt dieses Neue: *„Die Nationen sollen nämlich Miterben und Mit-Glieder am gleichen Leib sein und Mitteilhaber der Verheißung in Christus Jesus durch das Evangelium."* (Eph 3,6) Und Paulus betont nochmals, dass er es ist, dem es aufgetragen wurde *„ans Licht zu bringen, was die Verwaltung des Geheimnisses sei, das von den Zeitaltern her in Gott, der alle Dinge geschaffen hat, verborgen war."* (Eph 3,9) Kannte Paulus die Schriften des Alten Testament nicht? Doch, er zitierte fleißig aus ihnen. Aber warum redet er dann von Geheimnissen im Zusammenhang mit den Nationen und Verheißungen? Was war neu an seinem Evangelium? Neu war die Heilskörperschaft des Leibes Christi, indem nicht mehr zu unterscheiden war zwischen Jude und Nichtjude, sondern in Aufgaben der Jetztzeit und Aufgaben der Danachzeit.

Dieser Leib Christi, gebildet aus Juden und Nichtjuden ist das Neue, das bisher noch nicht offenbarte. Und Paulus sagt den Ephesern, denen, die es fassen können, weil sie zu diesem Leib dazugehörig sind, dass sie dazugehören und in einen Stand versetzt worden sind, der ihnen auch unbedingt bewusst werden soll, denn nur dann können sie ihre Aufgaben als Glieder am Leibe Christi wahr-nehmen. *„Wahrnehmen"* ist auch so ein schönes deutsches Wort. Man kann eine Aufgabe erst dann gut wahrnehmen, wenn man sie wahr nimmt. Wenn man weiß, die Grundlage des Handels ist auf Wahrheit und Richtigkeit angelegt, hat man die stärkste Versicherung für das eigene Tun. Von den anderen Aposteln erfährt man nichts über diesen Leib Christi. Aber sie verkündeten das Evange-lium der Beschneidung.

Das Geheimnis bestand nicht darin, dass die Nationen nun auch Zugang zum Heil bekommen sollten. Die Frage, ob die Nichtjuden das Heil erlangen konnten, war schon im Alten Testament positiv beantwortet worden, auch wenn sie dort nie ein Hauptthema war. Das Geheimnis bestand darin, dass es in Christus ei-nen ganz besonderen Zugang zum Heil und darüber hinaus zu größtmöglicher Gottesnähe gab.

Aber sagt Paulus nicht über das „Geheimnis des Christus": *„das in anderen Geschlechtern den Söhnen der Menschen nicht zu erkennen gegeben wurde, wie es jetzt seinen heiligen Aposteln und Propheten durch den Geist offenbart worden ist"* ? War es nicht ausschließlich Paulus, der diese Offenbarung be-kommen hatte? Doch, aber den Brief an die Epheser schrieb Paulus viele Jahre nach seinem Damaskuserlebnis und den anschließenden Jahren der Lehre. Den anderen Apostel war längst klar geworden, dass Paulus diese besondere Offenbarung bekommen hatte, weshalb sie sie auf der Apostelkonferenz in Je-rusalem anerkannt hatten. Aber das bedeutet noch lange nicht, dass sie diese Botschaft, wie Paulus es tat, verkündeten. Mochte Paulus seinen Auftrag be-kommen haben – und das hatte er -, so hatten die Jünger Jesu doch einen an-deren Auftrag bekommen, sonst hätte sich Jesus gleich an sie wenden können, anstatt den Christenverfolger Saulus anzurühren. Paulus wählt hier diese Aus-druckweise „… wie es jetzt seinen heiligen Aposteln und Propheten…", um wie-der einmal darauf hinzuweisen, dass das, was er zu sagen hatte, den Stempel der göttlichen Autorität hatte. Man muss sich immer wieder vor Augen halten, dass Paulus ein Sonderapostel war. Und darin war er oft ein einsamer Kämpfer, denn selbst jene, die es gut mit ihm meinten und seine Botschaft voll unterstützten, waren nicht immer in der Lage, diesen unsteten Lebensstil mit all seinen Gefahren, mit den fortgesetzten Anfeindungen und Härten des Reiselebens in einer selten freundlichen Umwelt durchzustehen. Daher war Paulus oft alleine. Warum berichtet weder das Neue Testament, noch außerbiblische Quellen, wenn man von den Legenden absieht, von großartigen Reiseabenteuern oder theologischen Errungenschaften der anderen Apostel? Weil es sie nicht von großer Relevanz gab. Die Kirchengemeinden aus dem Bereich der jüdischen Diaspora des ersten Jahrhunderts berufen sich auf Paulus und seine Nachfolger, nicht auf die anderen Apostel, wenn man einmal Petrus mit Rom und Johannes mit Ephesus ausnimmt. Dafür gibt es aber eine plausible Erklärung, die anderen Apostel waren kaum erfolgreich mit ihrer Mission unter den Juden, zu denen sie geschickt worden waren und die wenigen messianischen Juden, die es im Lande Israel gab, verschwanden mit der Vertreibung der Juden aus ihrem Land durch die Römer in den beiden jüdischen Kriegen. Andere Juden, die zum Glauben an den Messias gekommen waren, schlossen sich den Gemeinden in der Disapora an, in denen bald die Nichtjuden dominierten. Später gab es auch in diesen Gemeinden keine Juden mehr, weil sie von den Nichtjuden mit Aufkommen des Staatskirchentums nicht mehr geduldet waren. Doch damals hatte das Christentum bereits ein ganz anderes Gesicht als zur Zeit der Apostel.

Wenn Paulus vom „Geheimnis" des Christus redete, dachte er an all die Sonderlehren, die er von Christus gehört hatte. Die anderen Apostel kannten einige dieser Aussagen, die Paulus unter dieses „Geheimnis" subsumierte, nur von Paulus selber. Es ist kaum anzunehmen, dass sie sie in ihre eigenen Predigten übernahmen oder zu ihrem Hauptthema machten. Sie hatten ein kritischeres Publikum als Paulus. Warum? Weil sie hauptsächlich vor Juden sprachen. Ein

Nichtjude hatte kein Problem damit, wenn man ihm sagte, dass Gott auch sie retten würde. Ein Jude hatte gewöhnlich ein großes Problem damit, anzuerkennen, dass auch ein Nichtjude vor Gott annehmbar war. Denn jeder Nichtjude war so lange ein heidnischer Götzenanbeter, wie er nicht Jude war. So war die Haltung der Juden. Wäre sie anders gewesen, hätte Petrus bei Kornelius nicht so gestaunt und es hätte auch keiner Apostelkonferenz bedurft. Die Jünger Jesus sahen ihre Aufgaben darin, die Juden zu Messiasgläubigen zu berufen. Das hatte ihnen der Herr aufgetragen. Was Paulus machte, war seine Sache.

Jesus sprach gegenüber den Jüngern von dem „Geheimnis des Reiches Gottes" (Mt 13,11). Was er inhaltlich damit meinte, ergibt sich aus Mk 4,11, denn da bezieht Er das Geheimnis des Reiches Gottes auf die Gleichnisse, die Er über das Reich Gottes gegeben hat. Daraus wird klar, dass es um das kommende messianische Reich geht, in das die einen gelangen, um dort ein äonisches Leben von bisher nicht gekannter Qualität zu haben und die anderen draußen bleiben müssen mit Heulen und Zähneklappern (Lk 13,28). Für diejenigen, die Jesus glaubten, war es schon einmal kein Geheimnis mehr, wer denn der Messias war und wann er kommen würde. Paulus benutzt den Begriff „Geheimnis" aber auf etwas anderes. Bei Paulus gibt es

1. Das Geheimnis der Verstockung Israels und der Lösung der Verstockung zur Erlösung ganz Israels (Röm 11,25-26)
2. Das „Geheimnis", das von Paulus nicht spezifiziert wird, aber wegen seiner Bezugnahme auf „Mein Evangelium", sich auf das Erlösungskonzept Gottes für die Nationenbeziehen wird, welches im Alten Testament noch nicht bekannt war, sonst könnte Paulus nicht sagen: „das ewige Zeiten hindurch verschwiegen war." (Röm 16,25-27)

3. Das Geheimnis, das nicht alle entschlafen, aber alle verwandelt werden bei der Rückkehr Jesu (1 Kor 15,51). Dies war ein „Geheimnis", das leicht von den anderen Aposteln ebenso verkündet werden konnte, weil es ein aktuelles Thema der Gläubigen war.

4. Das „Geheimnis seines Willens" „alles zusammenzufassen in dem Christus, das, was in den Himmeln, und das, was auf der Erde ist". (Eph 1,9-10) Es gibt zwar Schriftstellen im Alten Testament, die vortrefflich zu dieser neuen Erkenntnis passen, es aber nicht so eindeutig zum Ausdruck bringen.

5. Das „Geheimnis des Christus" (Eph 4,3), welches auch erst „jetzt" offenbar gemacht wurde und sicherlich die Wahrheit enthält, die bisher noch nicht bekannt war. Jesus ist nicht nur der Messias für Israel und die Nationen, er ist auch als geopferter Sohn Gottes der Erlöser aller Menschen. (Eph 3,3-4). Er ist der *„unausforschliche Reichtum"* der Nationen (Eph 3,8). Paulus nennt aber ausdrücklich die Zugehörigkeit zum Leib Christi, die den Nationen offensteht (Eph 3,6) Und auch dieses *„Geheimnis"* war *„von den Zeitaltern her in Gott verborgen"* (Eph 3,9).

6. Das Geheimnis des Einsseins von Mann und Frau, das er auf Jesus und die Gemeinde bezieht (Eph 5,32). Hier handelt es sich aber nicht um ein von Gott offenbartes Geheimnis, denn es wird ja erst im Rückblick, nachdem es nun Christus und Seine Glieder gibt, zu einem Geheimnis erklärt.

7. Das *„Geheimnis des Evangeliums"* (Eph 6,19) Hier ist daran zu denken, wie sich Gott dem Paulus offenbart hat. Er tat es durch Jesus Christus. Für jeden Juden ist das große Erstaunen, wenn er feststellt, dass ausgerechnet dieser meist gehasste Jude, Jesus, ihr Messias ist. Aber während das noch die Juden auf ihre kleine Vor-

stellungswelt anwenden können, die einen Messias braucht, der irgendwann einmal kommen wird, ist es kaum zu glauben, dass dieser Messias auch noch die Nationen mit ins Rettungsboot aufnimmt und dass er mein eigenes, persönliches Lamm Gottes ist.

8. Das *„Geheimnis, das von den Weltzeiten und von den Geschlechtern her verborgen war"*, nämlich: *„Christus in euch"* (Kol 1,26-27). Paulus würde erläutern müssen, was er mit dem *„Christus in euch"* meinte. Es stand bei ihm für die enge Wesensverbundenheit, die bei Paulus aber auch bedeutete, dass die Torah abgelöst war, denn wer den Christus in sich hat, braucht keine Vorschriften über das äußere Sinnessystem (Gal 5,18).

9. Das *„Geheimnis Gottes"* ist identisch mit dem Geheimnis vom *„Christus in euch"* (Kol 2,2).

10. Das *„Geheimnis der Gesetzlosigkeit"* (2 Thes 2,7) hängt mit dem Gesetzlosen, mit Satan (2 Thes 2,8 und 9), mit *„jedem Betrug der Ungerechtigkeit"* (2 Thes 2,10), mit dem *„Mensch der Gesetzlosigkeit"*, der ein *„Sohn des Verderbens"* (2 Thes 2,3) ist, zusammen. Wenn jetzt schon dieses „Geheimnis" sich regt, das im Kern betrügerisch und gesetzlos ist, dann ist das eine deutliche Aussage von Paulus, dass bereits zu seiner Zeit eine Zurückdrängung, wenn nicht sogar eine Verfälschung des Glaubens stattfand durch „Lüge" (2 Thes 2,9) infolge von „Irrwahn" (2 Thes 2,11). Ein Geheimnis ist es deshalb, weil nur der es erkennen kann, der diesem Irrwahn nicht ausgesetzt ist. Es handelt sich um eine so noch nicht dagewesene Bewegung, weil ja auch das Evangelium von Paulus so noch nicht dagewesen ist.

11. Das „Geheimnis des Glaubens" (1 Tim 3,9) bzw. der „Gottseligkeit" oder „Gottesfurcht" (1 Tim 3,16). Auch der Glauben ist ein Geheimnis. Wer weiß, warum jemand glauben darf und der andere einem

Irrglauben aufsitzen muss? Warum hat jemand Gottesfurcht und der andere nicht? Warum ist jemand mit seinem Gott selig, während der andere sich immer nur um sich selber dreht und ihm dabei immer schwindeliger wird?

Im Judentum war es nie ganz klar geworden, dass es so etwas wie ein endloses Leben als Heil geben kann. Das Heil bezog sich zuerst einmal auf das diesseitige Leben. Die Sadduzäer verstanden es nicht anders. Dass das Heil tatsächlich im unauflöslichen Zusammenleben mit Gott bestehen könnte, wird erst aus jüdischen Schriften vollends klar, die das orthodoxe Judentum nicht anerkennt. Das sind die Bücher des Neuen Testaments. Warum die Unmöglichkeit der Scheidung über den Tod hinaus, nicht völlig klar sein konnte, lag auch daran, dass es in der Bibel den Begriff der Ewigkeit nicht gibt. Das hebräische Olam bedeutet eine von Menschen unbestimmbare Zeit, die Gott in der Hand hat und ausdehnt so lange, wie es Ihm beliebt.

Der Königsberger Immanuel Kant wies auf die praktische Notwendigkeit eines Lebens nach diesem Leben hin, das nicht enden könne. Dieses immer unvollendet bleiben müssende irdische Leben verlange danach. Es müsse eine Auflösung des Widerspruchs zwischen den menschlichen Lebensversuchen geben und dem, was wirklich das ideale Leben darstellt. Ideal ist es aber nur, wenn es ideal bleibt und nicht endet. Was ideal ist und nicht bleibt, ist nicht ideal. Zum Idealen gehört die Unaufhörlichkeit dazu. Eine unaufhörliche Hölle ist kein Ideal. Sie kann daher nie zu den Plänen Gottes dazugehören. Nimmt man noch Blochs Entdeckung von der naturnotwendigen Veranlagung des Menschen auf das Hoffen *104 das nie aufhört und damit ebenfalls auf das Jenseitige verweist, stellt man fest, dass die Hoffnung unbegründet wäre, wenn sie nicht darauf hinauslaufen würde, dass das ideale Leben erreicht wird.

Da nun aber jeder Mensch davon betroffen ist, jeder Mensch bleibt in diesem Leben etwas schuldig und schlägt fehl und jeder Mensch hofft und hofft und hofft, muss es auch für jeden Menschen eine Auflösung und Erlösung geben, andernfalls bliebe ein universaler Widerspruch in Zeit und Raum bestehen. Hoffnung muss begründet sein, sonst ist sie sinnlos. Der Mensch strebt durch seine Hoffnung auf das ideale Leben zugleich auf das ewige Leben hin, welches ganz seiner Bestimmung entspricht. Aber eigentlich wird er hingestrebt, noch ehe er anfängt, selber gezielt zu streben. Er scheint die Stadien des Suchens und Irrens durchlaufen zu müssen, um das Ideale vom Unvollkommenen und das Ziel von der Zielverfehlung unterscheiden zu lernen. Bei Augustin hört sich der noch unaufgelöste Widerspruch so an *„Ruhelos ist unser Herz, bis dass es seine Ruhe hat in Dir!"* *105 Daher lassen Christen auf ihre Gräber schreiben: Ruhe in Frieden! Aber den ewigen Schalom hat man nur in Christus. Das hat auch Augustin nicht verstanden. Und dieser Schalom fängt mit der Neugeburt, der Zeugung durch den Geist Christi an. So verstanden wird das Zeichen des Kreuzes das Zeichen der Beendigung des Widerspruchs, das Zeichen der begründeten Hoffnung und genau so wird es in der Bibel dargestellt. Christus hat den Tod mit Seiner Auferstehung nicht für sich selber überwunden, denn dann hätte Er gar nicht erst Mensch werden müssen. Deshalb sagte Er selber, dass Er alle zu sich ziehen werde. Christus ist der Anfänger der Schöpfung, Er ist auch der Vollender. Schöpfung und Erlösung gehören zusammen. *106

Philosophen haben ganz richtig erkannt, dass es dem Menschen nicht darum gehen kann, nur ewiges Leben zu haben, ohne zugleich eine Gewähr dafür, dass sich dieses ewige Leben lohnt und dass es sich überhaupt aushalten lässt. Ein ewiges Leben in einer Hölle beispielsweise will – anders als es manche Theologen glauben machen wollen – niemand. Aber ein ewiges Leben mit einer endlosen Aneinanderreihung von langweiligen Leben will auch niemand. Es kommt also darauf an, dass das ewige Leben auch göttliche Qualität hat. Da Gott das weiß, hat Er zwei Realitäten geschaffen:

- Irdische Verhältnisse, die nicht ewig dauern, sondern nur eine bestimmte Zeit. Dazu gehört auch das Leben des Menschen unter diesen irdischen Verhältnissen. Das erklärt den Tod.
- Außerirdische Verhältnisse, die das irdischerseits noch Unvollkommene der Vervollkommnung näher bringen. Das erklärt das Jenseitige, das nicht bei Gott ist.

Erst im Jenseitigen, das bei Gott ist, ist ein abwechslungsreiches, erlebenswertes, glückstrahlendes, erfüllendes, freudenerzeugendes Leben vollendungsgemäß, weil gottgemäß möglich. Und genau das erhält man in der größtmöglichen Gottesnähe. Da hin zu gelangen, ist wegen der Heiligkeit Gottes nicht einfach so zu machen, denn es erfordert eine Wesensänderung. Der alte Adam, den wir ererbt haben, muss abgelöst werden durch den neuen Adam Jesus Christus. Es bedarf also einer vollständigen Eingliederung in den Christusleib. Hinduismus, Buddhismus, Shintoismus, Katholizismus genügen nicht.

Das „Ob" des Heils und der Rettung war demzufolge auch nicht das Geheimnis, von dem Paulus sprach, sondern das „Wie". Ein Nichtjude musste nicht mehr zuerst in den Volkskörper Israels eingegliedert werden oder im messianischen Reich belehrt und geführt werden, wenn er zu der Vorauswahl des Leibes Jesu Christi dazugehörte. Das bedeutet einen heilsgeschichtlichen Quantensprung. Aber auch für die Auswahl aus dem Judentum galt, dass sie sich nicht über das Judentum, sondern auf dem direkten Weg zu Christus ins Heiligtum Gottes führen lassen konnten.

Im messianischen Reich würde es gewissermaßen eine Zweiklassengesellschaft geben, die Regenten und die regierten Nationenvölker. Die ersten stehen dem Messias nahe, die zweiten können Ihn nur von Ferne sehen. Im Christusleib dagegen sind Juden und Nichtjuden vereint. Sie befinden sich in nächster Nähe zu Gott. Und davon hatten die Propheten nichts gewusst. Darüber hatte auch Jesus als Menschensohn nicht gepredigt. Und die anderen Apostel hatten dazu auch nichts zu sagen, sondern nur Paulus, daher sagte er: *„Mir, dem allergeringsten von allen Heiligen, ist diese Gnade gegeben worden, den Nationen den unausforschlichen Reichtum des Christus zu verkündigen."* (Eph 3,9) Und warum predigten die anderen es nicht? Weil es nicht zu ihrer Haushaltung und damit nicht zu ihrer Aufgabe gehörte. Sie hatten das kommende Königreich zu verkündigen. Inwieweit sie die Lehen von Paulus kannten, ist unbekannt und irrelevant.

Paulus hatte seinen Auftrag von Christus persönlich erhalten. Die anderen Apostel haben das nicht angefochten. Sie hatten verstanden, dass sie weiter das den Juden mitzuteilen hatten, was Jesus ihnen aufgetragen hatte. Das war ein anderes Evangelium, das den gleichen Kern der Botschaft hatte. Sie überschütteten Paulus nicht mit Dankesworten, dass er eine neue Botschaft von Christus für sie hatte, die sie gleich mit in ihr Verkündungsprogramm aufnehmen würden. Weder dankten sie Paulus, noch übernahmen sie dessen Sondergut. Sie fragten sich vielleicht noch nicht einmal, warum Jesus ihnen diese Dinge vorenthalten und ausgerechnet diesen Christenverfolger Paulus dafür auserwählt hatte, solche wichtige Neuheiten verbreiten zu dürfen. Es ist anzunehmen, dass sie sich mit ganz anderen Dingen beschäftigten, denn jeder von ihnen hatte genug damit zu tun, seinen eigenen Mann zu stehen. Wie die Überlieferung wissen will, sind ja alle Apostel bis auf Johannes den Märtyrertod gestorben. Tatsache ist, dass man über ihre Erfolge oder Misserfolge nichts Nachweisliches hört, im Gegenteil, das messianische Judentum ist von der Bildfläche verschwunden, ebenso wie die Apostel, die ein solches Ausbreiten und Fördern sollten. Nein, in Paulus Angelegenheiten konnten und wollten sie sich nicht einmischen. Wenn man den Erfolg der Missionstätigkeit der Jünger Jesu daran misst, was bei der Wahrnehmung ihrer Aufgaben herauskam, nämlich das Evangelium zu allererst einmal den Juden nahezubringen, dann kommt man zu dem Schluss, dass ihre Mission ein einziger Fehlschlag war. Es blieben immer nur wenige Juden Anhänger des Glaubens an Jesus als den Messias.

Bei viel beschäftigten Evangelisten heutzutage ist das auch nicht viel anders als bei den Jüngern Jesu. Sie kümmern sich nicht sehr um das Wohl und Wehe anderer Kollegen. Sie seien Gott anbefohlen! Und sie haben meist kaum Zeit und Muse, die „neuen Erkenntnisse" und die neuen Sichtweisen anderer zur Kenntnis zu nehmen. Sie laufen seit Jahren, vielleicht auch „erfolgreich" – was immer das heißen mag -, mit ihrem Programm. Warum sollten sie etwas daran ändern? Interessanterweise widersprechen sie sich aber dann gegenseitig, denn wenn 20 Evangelisten 20 verschiedene Sichtweisen haben, können sie nicht alle richtig sein. Es wäre also tatsächlich sehr sinnvoll, die eigene Sichtweise immer wieder einer Überprüfung zu unterziehen und jedenfalls die Einstellung zu haben, dass man grundsätzlich bereit sein muss, sich korrigieren zu lassen. Aus meiner Erfahrung haben diese Einstellung so wenige, dass man zu dem Schluss kommt, dass die meisten Evangelisten eine ausgeprägte Resistenz gegen Änderungen haben. Statistisch gesehen sind sie unglaubwürdig.

Was die Jünger Jesu anbelangt, sie waren voll auf der Linie des Alten Testaments und konnten direkt an die Predigt der Propheten, von Johannes dem Täufer und von Jesus anknüpfen. Sie kamen dem Auftrag ihres Herrn nach und hielten sich daran. Es gibt einige wenige Theologen, die in der Lage sind, das zuzugeben. So schreibt Otto Pfleiderer, dass die urchristlichen Gemeinde in Jerusalem *„noch weit davon entfernt war, sich als besondere und neue Religionsgemeinschaft vom Judentum zu scheiden und gar unter den Heiden Anhänger zu werben. Sie wollte vielmehr nichts anderes sein als der messiasgläubige Kern des jüdischen Volkes, sie hoffte noch auf die Bekehrung des ganzen Volkes, dem die Verheißung gehöre, und sie fühlte sich gebunden an das mosaische Gesetz als die Grundlage des jüdischen Religionswesens."* ***107** Den einzigen Kommentar, den wir von Petrus dazu haben, ist in seinen Petrusbriefen erhalten: Manche verdrehen die Botschaft von Paulus, allerdings sei Paulus auch nicht immer leicht zu verstehen. Hatte Petrus ihn verstanden?

So ist es auch heute noch, manche studieren lange genug die Theologie ihrer Kirchen, bis sie weder die Botschaft von Paulus noch das Evangelium der Beschneidung richtig verstehen oder auseinanderhalten können, denn das würde das Verständnis der heilsgeschichtlichen Abläufe und ihre richtige Zuordnung voraussetzen. Das wird an keiner einzigen der Weltakademien gelehrt. Gott hat es ihnen nicht gegeben, damit beauftragt zu sein! Und folgerichtig hört man davon auch nichts in der Verkündigung. Man muss, wie Paulus und die anderen Apostel, bei Christus in die Lehre gehen.

Man kann Paulus nicht verstehen, wenn man den heilsgeschichtlichen Ansatz nicht hat. Es geht um kostbare Perlen, um den *„unausforschlichen Reichtum des Christus"* (Eph3,8) und um Geheimnisses, die *„von den Zeitaltern her verborgen"* sind (Eph 3,9). Und wo waren sie verborgen? Nicht etwa in der heiligen Schrift des Alten Testaments, sondern *„in Gott, der alle Dinge geschaffen hat."* So steht es geschrieben.

Statt das wörtlich zu nehmen, glauben die bei den Kirchen in Lohn stehenden Bibel-Ausleger an einen Gott, der nichts unmittelbar selber, sondern durch Evolution erschaffen gelassen hat und reduzieren den Reichtum Christi auf moralische Lehren, die von allen Religionen anerkannt werden können. Lediglich das wird noch als ein Geheimnis bezeichnet, warum es so törichte Menschen gibt, die an die Verbalinspiration des Wortes Gottes glauben. Hier regiert bereits der Unverstand.

In Eph 3,14 -17 wird deutlich, dass das biblische Beugen der Knie vor Gott zur Anbetung geschieht. Gott braucht unsere Ehrenbezeugungen vor Ihm nicht.

Aber wir brauchen es, dass wir Gott ehren. Genauso wie Gott bloße Lippenbekenntnisse hasst, lehnt Er auch bloßes formales Kniebeugen ab. Das ist so logisch, dass man den Kirchenlehrern schon groben Unverstand bescheinigen muss, wenn sie das nicht wahrhaben wollen. Ein bloß formales Kniebeugen ist ja auch eine Art Lippenbekenntnis, das nicht auf Wahrhaftigkeit beruht. Was man mit den Lippen macht, kann man auch mit den Knien tun, was man mit den Lippen vortäuscht, kann man auch mit den Knien vortäuschen. Es gab viele Märtyrer in der Anfangszeit des Christentums, die vor die Wahl gestellt worden sind, formal ein Bekenntnis zum Kaiser-Gott Roms abzugeben, um nicht hingerichtet zu werden, oder an ihren christlichen Glauben festzuhalten. Und für viele war es klar, dass hier Gott ein Bekenntnis der Wahrheit zur Wahrheit für das Richtige hielt. Sie lehnten also das formale Bekenntnis ab, dem römischen Kaiser zu huldigen, weil es eine Lüge gewesen wäre. Wäre so ein Bekenntnis wahrhaft abgeben worden, wäre es von einem Menschen abgegeben worden, der gar nicht wirklich gläubig gewesen wäre. Die Kirchen, die meinen, dass Gott von den Gottlosen ein Kniebeugen verlangt, vergleichen damit Gott mit einem hochmütigen Herrscher, dem es genügt, dass ihm das Volk die Stiefel leckt, auch wenn es ihn im Herzen verdammt.

Die Kirchen haben eine falsche Vorstellung von Gott, die Ihn nicht ehrt, denn sie wollen glauben, dass auch Atheisten und Gottlose unfreiwillig und erzwungenermaßen die Knie vor Gott beugen müssten, bevor sie in die Hölle gehen. Das wäre ebenso sinnlos wie ein erzwungenes Geständnis oder ein Glaubensbekenntnis unter Folter, weil es nicht auf Wahrheit, sondern auf Angst und Berechnung beruht. Die Kirchenlehrer haben aus ihrem Gott einen Primitivling gemacht, der Freude daran hat, wenn Menschen sich vor Ihm in den Staub werfen müssen, bevor Er sie endlos straft und quält. Vielleicht sind es die Menschen,

die eine Befriedigung erhalten, wenn sie andere demütigen und aburteilen können, dass sie nicht mehr froh werden in ihrem Leben. Das nennt man Sadismus.
Gott ist nicht so.

Wozu beugte Paulus die Knie? Zur Fürbitte aus ehrlichem Herzen: *„Deshalb
beuge ich meine Knie vor dem Vater, ...dass er euch Kraft gebe nach dem
Reichtum seiner Herrlichkeit, gestärkt zu werden durch seinen Geist an dem
inwendigen Menschen, dass Christus durch den Glauben in euren Herzen
wohne.“* (Eph 3,14-17) Da wird nicht darum gebeten, irgendwelche Feinde zu
vernichten oder in die Hölle stoßen zu dürfen. Paulus hat nur Interesse daran,
seine Schutzbefohlenen Christus unterzuordnen, denn das ist das Ziel Gottes.
Er steht in Gottes Dienst und deshalb spricht er in Vollmacht. Vielleicht täten
Kirchenleute gut daran, wenn sie ihre Knie beugen, weniger für die Vernichtung
ihrer Feinde zu beten, als für deren Kraftempfang für den inwendigen Christusmenschen. Aber sie kennen den inwendigen Christusmenschen gar nicht.

JCJCJCJCJCJCJCJCJC

Die ermutigenden Wesenzüge

Eph 3,16-19; 4,1-6

In Eph 3,16-19 stimmt Paulus in einen außergewöhnlichen Lobpreis ein, der,
von den Auslegern meist unbemerkt, eine nur unzureichend versteckte Kenn-
zeichnung dessen wiedergibt, was die Glieder am Leibe Christi anstreben und

zwar je mehr, desto länger sie in Gnade und Erkenntnis wachsen durften. Paulus wünscht den Ephesern hier das Maximum an Christuswerdung, Gott *„gebe euch nach dem Reichtum seiner Herrlichkeit, mit Kraft gestärkt zu werden durch seinen Geist an dem inneren Menschen; dass der Christus durch den Glauben in euren Herzen wohne und ihr in Liebe gewurzelt und gegründet seid, damit ihr imstande seid, mit allen Heiligen völlig zu erfassen, was die Breite und Länge und Höhe und Tiefe ist und zu erkennen die die Erkenntnis übersteigende Liebe des Christus, damit ihr erfüllt werdet zur ganzen Fülle Gottes."*

Wie leicht wird über diese inhaltsschweren Worte hinweg gelesen, dabei stecken sie voller Breite und Länge und Höhe und Tiefe der Erkenntnis Gottes. Was bedeutet dieser Satz?

Die Herrlichkeit Gottes wird durch den Geist Christi im Innern des Menschen, nicht in Äußerlichkeiten und auch nicht im Sichtbaren erlebbar, sondern genau da, wo der Mensch seine Mitte, sein Herz hat. Christus wohnt mit Seinem Geist genau dort, im Herzen, wo nicht nur die gewissesten Gedanken und Überzeugungen, sondern auch die seelischen Regungen sind. Wo beide eine Einheit bilden, die von Christi Geist gestiftet wurde, befindet man sich als in Kraft gesetztes Glied des Leibes Christi in einer Beziehung des Einsseins mit Christus. Hier bringt Paulus erstaunlicherweise gleich zwei Mal die Liebe, Agape, zur Sprache. Um zu beantworten, warum das so ist, muss zuerst etwas zur Liebe erklärt werden.

Gott hat alle Seine Wesensmerkmale in Vollkommenheit. Aber gegenüber uns Menschen stellt Er in Seinem Wort die Liebe als besonderes Wesensmerkmal vor, die wir uns am meisten von Ihm aneignen sollten, die wir am meisten vermissen lassen und die deshalb, auch wenn sie fehlt, die folgenschwerste Gottesferne erzeugt.

Folgende Punkte sprechen dafür:

1.   Der Grund warum Gott Seinen Sohn für die Menschen hingegeben hat, ist Seine große Liebe für die Menschen (Joh 3,16).

2.   Die gesamte Torah lässt sich in den zwei Geboten zusammenfassen: liebe deinen Nächsten wie dich selbst und liebe *„deinen Gott, … aus deinem ganzen Herzen und mit deiner ganzen Seele und mit deiner ganzen Kraft und mit deinem ganzen Verstand"* (Mk 12,31).

3.   Die Aussage „Gott ist Liebe!" (1 Joh 4,8) steht in der Bibel für sich, anders wie jede andere Aussage über Gottes Wesenheit.

4.   Ohne Liebe sind die Menschen unglücklich, auch wenn sie sonst alles haben. Wenn sie sonst nichts haben als nur die Liebe, vermögen sie dennoch zu spüren, was Glücklichsein bedeutet.

5.   Wenn Menschen sich lieben, entfalten sie alle anderen in der Bibel dargestellten positiven Wesenheiten, die im Bereich ihrer Möglichkeiten liegen: Güte, Barmherzigkeit, Versöhnlichkeit, Langmut, Freundlichkeit usw., ebenso wie diese Liebe umgekehrt die negativen Wesenheiten des Menschenmöglichen unterdrückt.

Nach allem, was die Bibel über die Liebe Gottes sagt, kann man sie so definieren, Liebe ist oder charakterisiert sich durch vollkommenes und bis in den tiefsten Grund des Bewusstseins reichendes bzw. dort wurzelndes Wohlwollen, Wohldenken, Wohlfühlen und Wohlwirken. Das Wollen und Denken gehört dem Geist, das Wohlfühlen der Seele und das Wohlwirken dem Leib.

Diese Definition lässt erkennen, warum Gottes Geschichte mit den Menschen eine Heilsgeschichte ist. Er will alle zum Heil bringen und das kann nirgendwo geschehen als bei Ihm. Der vollkommenste Ort ist der, wo der Vollkommene ist.

Vollkommenheit ist bei Gott.

Deshalb hat der Mensch Gott zum Ziel.

Für den Menschen ist das Ziel in Christus, denn Christus und der Vater sind eins. Gott hat den Menschen im Einssein, welches er im besten Fall mit einem anderen Menschen in Geist, Seele und Leib erfahren kann, einen Abglanz der Herrlichkeit gegeben, den man in Ihm haben kann. Wenn Mann und Frau in diesem – Geist, Seele, Leib - eins sind, dann empfinden sie einen Abglanz dieser göttlichen Liebe füreinander. Dann sind sie Gott am nächsten, wenn sie in Christi Geist verbunden sind und sich an Seine Liebe annähern lassen. Die Liebe Gottes steht in vollständiger Übereinstimmung mit Gottes Liebeswillen, Gottes Schöpfungswillen, Gottes Retterwillen, Gottes Heilungswillen, Gottes Aussöhnungswillen. Wer als Mensch diese Liebe haben will, muss Gottes Liebe zum Maßgeblichen machen. Gott ist der Maßgebliche. Ihm muss man sich annähern, dann nähert man sich vollkommenen Verhältnissen. Und je mehr man sich den vollkommenen Verhältnissen annähert, desto mehr versteht man ihre Vollkommenheit. Gottes Liebe zu erfahren, bedeutet, dass man liebt, was man von Gott erkennt und es bedeutet, Gott immer besser kennen zu lernen. Genau aus diesem Grund kann man an einer Theologie der Lieblosigkeit, die Gottes Liebe nicht absolut setzt, erkennen, dass sie nicht von Gott ist, sondern dass es sich um Menschenlehren handelt.

Der Mensch kann Gott von sich aus nicht erkennen, nicht wie Er ist, nicht was Er tut und warum Er es tut. Wäre es anders bräuchte der Mensch Gottes gnadenvolle Zuwendung nicht. An dieser Zuwendung hängt die ganze Erlösung und die ganze Beziehung zum Menschen. *108 Der Mensch will eigentlich wegen seines Mangels an Göttlichkeit zu Gott. Er will heil und vollständig werden, weil ihm bewusst wird, dass er weder das eine noch das andere ist. Er weiß, wenn er klug ist, dass er ein Nichts ist, das ein Jemand werden soll. Weil der Mensch aber mangelhaft ist, kann er auch nicht wissen, was Gottes Liebe und Gnade ausmacht. Was die Welt darunter versteht, weicht stark von der Liebe und

Gnade Gottes ab. Gott muss dem Menschen also zuerst Gnade und Liebe schenken, damit er sie - wie von innen betrachtet - verstehen lernen kann.

Paulus sagt hier, dass ein Christuszugehöriger in Liebe gewurzelt und gegründet sein wird. Aber nicht nur das. Er sagt auch, dass es sonst nicht möglich ist, zu erkennen, was *„die Breite und Länge und Höhe und Tiefe"* all dessen ist, was man über Gott je erfahren kann, und weiter noch *„die Erkenntnis übersteigende Liebe des Christus"* zu erkennen, was wiederum nötig ist, *„damit ihr erfüllt werdet zur ganzen Fülle Gottes."* (Eph 3,17-19)

So könnte erklärbar sein, warum über diesen Lobpreis darüber, was Gott Seinen geliebten Gliedern Christi zukommen lässt, viele Ausleger nicht viel zu sagen haben und warum die Christen der Kirchengeschichte nicht so sehr für ihre Liebeswerke bekannt geworden sind: man muss in der „Liebe in Christus" gewurzelt sein, sonst bleibt man ein Entwurzelter.

Paulus ermahnt die Epheser, ihrer Berufung würdig zu wandeln *„mit aller Demut und Sanftmut, mit Langmut, einander in Liebe ertragend"* (Eph 4,1-2) Vielen Christen fehlen diese Wesenszüge Christi. Christen, die es nur dem Namen nach sind, ohne eine lebendige Beziehung zu Christus zu haben, kennen die göttliche Demut gar nicht. Und auch die anderen „Mute" sind ihm fremd. Dabei beschreiben sie zusammengenommen gewissermaßen den Kern des Wesens Gottes, insoweit sich Gott dem Menschen annähert und sich ihm offenbart. Gott hat Demut, Langmut, Sanftmut und Liebe. Die Götzen haben nichts davon. Auch der Allah der Mohammedaner hat das nicht, weil es Satan nicht hat. Es sind die ermutigenden Wesenszüge Gottes. Warum? Weil hier die Menschen am vertrauensseligsten werden können, wenn sie mit Gott in Verbindung treten möchten.

Jeder dieser Wesenzüge von Eph 4,1-2 hat eine Besonderheit, die er mit den anderen gemeinsam hat: wenn er fehlt, wer also nicht tapeinophrosune oder prautés oder makrothumia hat, ist unversöhnlich und will die Feinde Gottes, aber vor allem seine eigenen Widersacher verdammen.

Das kann man in der Kirchengeschichte deutlich erkennen. Dort haben die Unsanftmütigen immer wieder von sich reden gemacht. Sie haben Andersgläubige verfolgt und drangsaliert. Auch der Islam hat sich nicht mit Sanftmut ausgebreitet, sondern durch das Schwert. Ein Sanftmütiger ist nicht hartherzig, er hat sein Herz immer für andere offen. So ist es bei Gott auch. Die Lehrer der Kirchen verneinen das. Sie geben Gottes Sanftmut eine Sanduhr, an die Gott sich halten soll. Wenn das letzte Sandkörnchen durch ist, verhärtet Gott Sein Herz und dann ist die Uhr für den Menschen abgelaufen. Doch so ist Gott nicht. Die Uhr jedes Menschen hat nämlich Gott aufgezogen und Er lässt sie exakt so lange laufen, wie Er will. Und Sein Wille steht in Einklang mit Seiner Sanftmut. Wer Gottes Liebe hat, ist sanftmütig, wer ihr fern ist, ist nicht sanftmütig.

Eng verwandt mit der Sanftmut ist die Langmut. Gott hat die göttliche Geduld, Er hat alle Zeit, Er ist der Schöpfer aller Äonen. In Seiner Weisheit hat Er genauso viele Äonen geplant, wie Er für das störrische Menschengeschlecht braucht. Der Mensch hingegen hat keine Zeit für Langmut, er muss schnell leben, damit er nichts verpasst. Ein Christ sollte sich durch Langmut auszeichnen, weil er nämlich auch alle seine noch nicht erledigten Aufgaben und all die guten Werke, die er noch gerne vollbringen möchte, aus Gottes Hand nimmt. Er vertraut also Gott, dass Er ihm Zeit und Gelegenheit und Vermögen gibt, und daher ist er langmütig. Gott kann es sich „leisten" langmütig zu sein. Der Mensch, der sich Gott anvertraut, kann es sich auch leisten, langmütig zu sein. Er vertraut Gott aber auch, wenn Er dem Menschen alles nimmt an Möglichkeiten, wissend, dass es dieser Möglichkeiten nicht bedarf, sonst hätte Gott sie ja gewährt.

Gott hält dem Menschen das Glück nicht vor,

sondern baut es auf!

Es wird aber in die Wirklichkeit Gottes hineingebaut, nicht in die vergängliche Wirklichkeit dieser Welt. Wer langmütig ist, kann es sich leisten, denn Gott kann es sich auch leisten. „Meine Zeit liegt in Gottes Händen" heißt es. Doch das bedeutet nicht einfach nur, dass die Lebenszeit ganz nach Gottes Willen ablaufen soll, sondern dass Gott dafür sorgt, dass der Mensch in die Gotteszeit hineinkommt, und erst da beginnt seine „Echt-Zeit", erst da beginnt sein Weg mit Gott. Und dieser Weg ist ein Heilsweg, der von Gott bestimmt wird. ***109**

Es ist bezeichnend, dass Gläubige, die meinen, sie müssten aus eigener Kraft und nach eigenem Vermögen gute Werke tun und einen Gottesdienst verrichten, damit sie erst noch heilig werden und schließlich zu ihrer Begnadigung beitragen, wenig Langmut haben. Es könnte ja nicht reichen, was sie geleistet haben. Diese Furcht treibt sie an und lässt ihnen keine Ruhe. Man muss sich die Gunst Gottes und das Paradies erarbeiten, da kann man keine Geduld mit sich und anderen haben. Und vielleicht muss man mit aller Macht, die zur Verfügung steht, seines vermeintlichen Glückes Schmied sein. Der in Christus ruhende Gläubige sucht aber gar nicht sein Glück. Er hat etwas viel Besseres, er ist sich seines Heils sicher und vertraut auf die Verheißungen Gottes.

Demut, der Begriff, den Paulus in Eph 4,1 als erstes nennt, ist die sich unterordnende Dienstbereitschaft, die zuerst Gott, dann aber auch dem dienstbedürftigen Nächsten gilt. Geduld oder Langmut ist eine abwartende, auf ihre Stunde wartende Liebe und Sanftmut ist die Liebe, die durch Güte tätig wird. Die altdeutsche Endung „mut" bedeutet Einstellung und Gesinnung. Um die rechte Einstellung oder Gesinnung zu haben und beizubehalten und zur Geltung bringen zu lassen gehört aber auch viel Mut, nach der neudeutschen Bedeutung.

Jesus sagte: *„Ich bin sanftmütig und von Herzen demütig; so werdet ihr Ruhe finden für eure Seelen."* (Mt 11,29) Wer im Geist Christi demütig ist, kann verstehen, dass kein Mensch vor Gott bestehen kann und deshalb jeder, ob er ein großer oder kleiner Sünder ist, ganz auf Gottes Gnade hoffen muss. Das erlaubt dem Demütigen, in allen Menschen den Nächsten sehen zu können und das Gebot der Nächstenliebe auch auf diejenigen anzuwenden, die für die Kirchen Verdammte und von Gottes Gnade Ausgeschlossene sind. Solche Demut sieht sich in Christus ganz zur Ruhe gebracht und muss sich nicht ereifern zu heuchlerischer Verurteilung oder Religionshass. Sie missioniert nicht mit Gift, noch Galle und nicht mit dem Schwert. Solche Demut vermag, was niemand ohne sie kann, das Böse durch das Gute zu überwinden, indem man unbeeindruckt vom Bösen das Gute lebt. Daran kann man sie erkennen.

Diese drei, Demut, Sanftmut und Langmut sind Wachstumsmarken reifer Christen. Wo sie fehlen bleiben, fehlt echte Nachfolge. Wenn Jesus sagt, dass Er von Herzen so ist, dann müssen die Herzen von Christusnachfolgern auch so aussehen. In ihnen darf jedes Pflänzlein, das Gott gepflanzt hat, wachsen, zuerst bis man es sieht, dann bis es ausgewachsen ist und reiche Früchte trägt.

Zum Ertrag der Liebe kommt noch die ertragende Liebe, denn oft ist es schwieriger die Liebe still sein zu lassen und passiv etwas auf sich zu nehmen, was sie Kraft kostet, als selber aktiv zu werden, wenn sie gerne eine Gelegenheit dazu ergreift. Das alles braucht man, um der Berufung würdig zu leben.

Wem es an Liebe, Demut, Sanftmut, Langmut fehlt,

dem fehlt auch Würde und Christusebenbildlichkeit.

Der über allem thronende Begriff, der engstens mit den anderen verbunden ist, steht bei Paulus hier an letzter Stelle, wie zum Höhepunkt.

Aber Paulus erwähnt noch etwas anderes: *„und seid darauf bedacht, zu wahren die Einigkeit im Geist"* (Eph 4,3) Das ist einer der Lieblingssätze der Ökumene. Die Kirchen meinen, sie müssen zu einem Konsens und zur Ökumene, wie sie die Vereinheitlichung ihres Weges bezeichnen, kommen. Das ist ihre Sache. Die Sache von Christus verschiedene Geister unter einen zu bringen, der nicht Seiner ist, ist es nicht! Das, was die Kirchen meinen, ist bei Paulus gar nicht gemeint. Er kennt überhaupt keine Christuswege oder Christusbewegungen, wenn sie nicht vom Geist geleitet und durchdrungen sind. Die *„Einigkeit im Geist"* kann nicht durch menschlichen Willen und Konzilbeschlüsse hergestellt werden, sondern nur „im Geist"! ***110**

Man muss im Geist Christi sein, nicht im Geist des Weines oder im Geist der Hure Babylon, die sich am Blut der Heiligen berauscht, anstatt das Blut Jesu in aller Demut in Anspruch genommen zu haben! Wenn man nicht im Geist Christi ist, weil der Geist nicht weht, wo der Mensch will, dann kann man noch so viel von Einigkeit reden, es ist keine des Geistes Christi. Darauf bedacht sein, die Einigkeit im Geist zu wahren, ist etwas anderes als die Macht zu haben, die Einigkeit herzustellen. Das Bedachtsein betrifft alles, was das Christuswesen ausmacht, ohne Gewähr für den speziellen Weg, den Gott dann mit den Menschen und Christus mit Seinen Gliedern geht. Wer bedacht ist, wird aufmerksam sein und aufmerken, sehen und verstehen.

Das ändert vielleicht – zum großen Bedauern der Betroffenen - nichts an den gerade vorherrschenden Verhältnissen, aber es lässt ihre Beurteilung zu und hat daher die richtige Orientierung zum Christus hin und weg vom Geist des Anti-Christus. Die Christen können das Kommen des Anti-Christen nicht verhindern, aber sie können ihn kommen sehen und vor ihm warnen und ein Zeugnis für die Wahrheit ablegen. Das alles gehört zur Berufung dazu. Und Paulus zählt auf, was dem Menschen, der von Gott berufen worden ist, dazu gegeben ist: *„ein Leib und ein Geist"*, weil er mit dem Leib in dieser Welt so wirkt wie es der Geist ihm eingibt; *„einer Hoffnung eurer Berufung"*, weil der Mensch die Zuversicht auf das, was er glaubt, braucht, um alles durchzustehen und vom Ziel her zu beurteilen; *„ein Herr, ein Glaube, eine Taufe"*, (Eph 4,5) und weil er durch sein Vertrauen in Christus, den Herrn über Leben und Tod, diese sterbliche Existenz überlässt; und dann aber noch zum Verstehen des Größten kommt: *„ein Gott und Vater aller, der da ist über allen und durch alle und in allen"*. (Eph 4,6)

Gott ist ein besonderer Gott. Er ist nämlich Vater. Von was ist er Vater? Von allem! Das unterscheidet ihn von den Götzen dieser Welt. Der Allah der Mohammedaner ist kein Vater. Er hat kein liebendes Vaterverhältnis zur Schöpfung sondern gewährt einigen Wenigen das Paradies, ohne selber im Paradies oder jemals nahbar zu sein. Aber weil Allah ein Götze ist, existiert das Paradies nur in der Vorstellung. Der Gott der Religionen hat stets eine Beschränkung, die ihn bestenfalls zu einem Vater für einige wenige macht. Und selbst das erweist sich als leere Versprechung. Der biblische Gott ist anders. Er ist Vater von allen. Er hat ein größtes Interesse für alle, weil Er alle liebt. Liebe ist Sein Wesen. Ebenso wie Heiligkeit, weshalb Er niemand zu sich lässt, der nicht durch Begnadigung und Heiligung nahbar gemacht worden ist. Das ist aber die gute Nachricht.

Niemand wird Gott genähert,

der in Gottes heiligem Feuer verbrennen müsste,

sondern alle müssen feuerfest gemacht werden.

Das geschieht in den Gliedern des Leibes Jesu Christi durch das inwändige Feuer des heiligen Geistes. Das Feuer kann aber noch viel schmerzlicher Brennen, wo mit Feuer in der Hölle gesalzen wird. Die „Hölle" ist ja ein Ort, wo nur noch das gewahrt wird, was einen von Gottes Wesen trennt. Das ist schon für Christusnachfolger nach ihrer Bekehrung ein schmerzhaftes Erkennen, das nicht zu ertragen wäre, wenn man nicht zugleich den Geist, der alles aufdeckt, als Tröster und Helfer hätte. Man erkennt immer deutlicher wie Gott ist und wie man selber ist. Das kann nur erschrecken. Aber es muss nicht beim Erschrecken bleiben, wenn man sich von Christus führen lässt. Aber unabhängig von Raum und Zeit ist immer Gott der Vater, der darauf hinzielt, dass alle Menschen sich Ihm geläutert und in Liebe zuwenden. ***111**

Dieser Gott der Bibel, der Vater aller ist, kann nur deshalb Vater aller genannt werden, weil Er auch Vater aller bleibt. Einmal Vater, immer Vater. Darin will Er selber Seine Größe erweisen! Als Vater ist Er „über allen", nicht nur über ein paar fleißigen Kirchgängern! Er ist auch „durch alle", weil nämlich alle sich als der Beweis Seiner Vaterschaft erweisen, sie sind das Kindeszeugnis. Indem Gott die Menschen Seine „alle" sein lässt, demonstriert Er Seine gütige und gnädige Vaterschaft. Es ist so wie wenn ein Vater über seine Kinder sagt: Dass ich Vater bin, zeigt sich erst durch meine Kinder. Hätte ich keine Kinder, wäre ich auch kein Vater. Und so gilt auch, wären nicht alle seine Kinder, wäre auch nicht der Vater aller!

Und schließlich ist Gott auch der Vater in allen. Das ist nur möglich, wenn Seine Erbanlagen sich in allen verwirklicht hat. Gott lebt durch Seinen Geist in den Menschen. Das zeigt, dass es tatsächlich nicht nur Sein Ziel ist, dass Sein Geist in allen Menschen wohnt, sondern dass Er dieses Ziel auch verwirklicht. Das aber durch Jesus Christus.

Was Paulus hier in Eph 4,6 sagt, ist gewaltig. Aber nicht jedem ist es gegeben, das zu erfassen. Die meisten Ausleger lassen Gott nur den Vater der Gläubigen sein, der Rest der Menschheit wird zur Masse der Vaterlosen. Wenn sie Recht hätten, würde ihr Gott sich nicht so sehr von der wenn auch irrigen Vorstellung der Religionen über Gott unterscheiden. Diese sieht vor, dass Gott seine Günstlinge belohnt und die Widerwilligen bestraft. Er hat nicht nur nicht die Macht etwas daran zum Guten zu ändern, sondern will es auch gar nicht, weil er in seinem gekränkten Zorn unversöhnlich bleibt. So glauben Mohammedaner, dass Allah die Ungläubigen für die Ewigkeit im Feuer quälen lässt. Diesen Glauben haben sie von einem Engel, der jedenfalls kein Engel Gottes war, denn der gleiche Engel sagte auch, dass Gott keinen Sohn habe. Mohammed kannte diesen Glauben bereits von den Christen, die er kennengelernt hatte.

Eine Einigkeit mit Baal ist in Eph 4,3 nicht gemeint, sondern „im Geist". Da kann man noch so oft an die Einigkeit gemahnen, wenn sie nicht im Geist Christi ist, ist sie auch nicht heilsam. Paulus spricht von derjenigen Einheit, die innerhalb des *„ein Leib und ein Geist"* (Eph 4,4) bereits vorhanden ist, aber immer wieder durch die aktiven Glieder des Leibes belebt werden muss. Gottes Initiative durch Seinen Geist soll nämlich komplementär aufgegriffen werden.

Paulus richtet seinen Blick aber weit über den Leib Christi hinaus, denn der ist ja nur der zum Erstgeborenen Christi zugehörige Leib, der an der Vollendung der Schöpfung teil hat, ohne sie zu sein. Daher folgt dem Ausblick auf das Eins-sein Gottes bis zum „alles in Gott": *„Ein Gott und Vater aller, der da ist über allen und durch alle und in allen.",* weil es um diejenigen geht, die noch alle zu Gott kommen. Paulus sagt, dass Gott der Vater aller ist, und dass Er jedem Menschen so nahe ist, dass Er „in" ihnen ist. Gott ist nicht nur „über" allem, in einer anderen Sphäre, im Außerirdischen, Überhimmlischen, Jenseitigen. Er ist auch jedem einzelnen Menschen näher als es für uns überhaupt denkbar ist. Er ist die Kraftwirkung, der „Ruach", der die gesamte Schöpfung in makrokosmischen und mikrokosmischen Ordnungen durchwaltet. Gott steckt gewissermaßen in jedem einzelnen Elementarteilchen.

Das ist eine Behauptung, die durch die Erkenntnisse der Naturwissenschaft gestützt wird. ***112** Da dies eine wichtige Feststellung mit einer weitgehenden Bedeutung ist, soll das weiter ausgeführt werden. Es zeigt sich, dass der Bericht im ersten Buch der Bibel dazu sehr aufschlussreich ist.

JCJCJCJCJCJCJCJCJC

Exkurs –

Genesis und Naturwissenschaft

Eph 4,8-10

Wenn es in Eph 4,8-10 heißt, dass Jesus Christus zu den Niederungen der Erde hinabgestiegen und dann in den Himmel aufgestiegen ist, ja sogar „über alle Himmel, damit er alles erfülle", dann ist das für Johannes und alle, die sein

Evangelium zur Kenntnis genommen haben, nicht überraschend, sondern folgerichtig. Nach Joh 1,1ff ist Jesus der Logos, der die Welt, mitsamt Himmel und Erde erschaffen hat. Warum sollte Er dann nicht in Himmel und Erde tun was Er will und sich zum Ziel gesetzt haben, alles zu erfüllen. Was zu erfüllen? Alles, was sich Gott vorgenommen hat! Und was hat Er sich vorgenommen? Ein bisschen Schöpfergott spielen, was in die Welt setzen und sich dann vom Staub machen, enttäuscht oder auch entsetzt, oder vielleicht sogar angewidert von dem, was bei Seiner Freizeitbeschäftigung herausgekommen ist? Nein, sondern die ganze Schöpfung zu Seiner Verherrlichung zu verherrlichen! Er bringt die Schöpfung zu Seinem und zugleich zu ihrem Schöpfungsziel. Sie kann ja nicht selber sich ein Ziel setzen. Sie kann nur jammern, solange sie noch nicht verherrlicht ist, berechtigterweise und vernünftigerweise. Und sie kann, so Gott will, jubeln, sobald sie von Gott zum Jubeln gebracht worden ist.

Der Bericht über die Entstehung unserer Welt, wie er in der Bibel nachzulesen ist, und die Erkenntnisse der Naturwissenschaften können zumindest zum Teil als komplementär bezeichnet werden. Aus Sicht der Naturwissenschaften erklärt die Bibel im ersten Buch Mose die Erschaffung der Himmel und der Erde in sechs Tagen sehr zutreffend. Andere Bibelstellen ergänzen das, was die Naturwissenschaftler nicht wissen, weil sie es nicht ermessen können. Die Naturwissenschaft braucht immer Messergebnisse und Deutungen, die auf sie angewendet werden können. Die entdeckten „Wahrheiten" und Tatsachen sind an sich immer nur relativ. Es ist eine Tatsache, dass Menschen nicht übers Wasser laufen können. Diese Welt ist so beschaffen, dass es so ist und nicht anders - meistens! Und doch gab es schon Menschen, die genau das, was als Wahrheit erkannt worden ist, Lügen straften. Eine bloß statistische Wahrheit ist keine uneingeschränkte Tatsache!

So besagen Joh1,1ff., Eph 3,11 und 1 Kor 8,6, dass Gott in und durch Jesus die Dinge erschaffen hat und dass das gesamte All, einschließlich des Menschen dem Ziel Christus zugeführt und untergeordnet werden soll. Das bedeutet, dass die physikalisch feststellbare Welt aus einer nicht feststellbaren Welt heraus entstanden ist und aus ihr heraus auch immer weiter verändert wird, bis sie dieses Ziel erreicht hat.

Die Schöpfungswoche fängt damit an, dass Gott sprach, es werde Licht. Das Sprechen Gottes ist nichts anderes als das Wirken Seines Geistes, der die Dinge, wie sie sein sollen, konstituiert. Sprechen bedeutet eine Information an einen Zuhörer weiterzugeben, der darauf reagieren soll, wenn das Sprechen in der Befehls- oder Ausführungsform geschieht. Je mehr Gott in die Welt hinein spricht, desto mehr auszuführende Information bekommt sie, gerade immer in den Quanten wie es geschehen soll. Das erklärt, warum Gott mit der Erschaffung von Materie, Raum und Zeit beginnt, ehe er dazu übergeht, die Materie in Raum und Zeit zu ordnen und schließlich durch eine Zugabe der entsprechenden Information hochkomplexe, funktionierende Gebilde schafft. Dieser schöpferische Vorgang wird in der Bibel in der Schöpfungswoche beschrieben (1 Mos 1,2-31).

Alle Lebewesen haben eine genetische Bauanleitung und Betriebsanleitung, in der das Sprechen Gottes, die Informationsgabe für Seine Geschöpfe, materialisiert und funktionalisiert wird. Die Erschaffung der Lebewesen stellt damit auch den letzten Schritt vor der Erschaffung des Menschen dar. Diese wird in der Schöpfungswoche am letzten Tag nicht nur durch die Formgebung von Materie erzielt, der „Leben" eingehaucht wird, sondern durch die Eingabe des Geistes, den der Mensch benötigt, um Mensch sein zu können. Er ist das Ebenbild Gottes, der Geist ist und Körperlichkeiten wählen kann wie Er will. Leben und Geist sind Sondergaben aus der jenseitigen Welt, deren Wirkungen zwar in dieser geschaffenen Welt wahrnehmbar und messbar sind, die aber an sich nicht dinglich oder herkunftsmäßig feststellbar sind, weil sie unmittelbar auf Gott zurückzuführen sind.

In der Schöpfungswoche schuf Gott zuerst Materie, Raum und Zeit, dann gab Er ihnen eine Ordnung, die wir als Naturgesetze wahrnehmen. Er bildete immer komplexere Phänomene unter den bereits geschaffenen Vorbedingungen und schließlich schuf er Lebendiges und geistige Wesen, mit denen er interagieren und kommunizieren konnte.

Die Naturwissenschaften wissen inzwischen, dass Materie, Raum und Zeit, die nach der Genesis von Gott zuerst geschaffen worden sind, eine für uns untrennbaren Zusammengehörigkeit haben. Sie sind von Gott für die gleiche Seinsebene in aufeinander abgestimmten Dimensionen erschaffen worden. Das geschah in 1 Mos 1,2-5 am ersten Schöpfungstag. Die Relativitätstheorien von Einstein, die atomarphysikalischen Erkenntnisse von Nils Bohr, vor allem aber die Ergebnisse der Forschung der Quantenphysik durch Max Planck, Werner Heisenberg und andere lassen keinen anderen Schluss zu, als dass es das Eine in unserer wahrnehmbaren Welt, nicht ohne das Andere gibt und dass die Dinge nichts Unendliches oder Absolutes an sich haben. Das hatte man früher immer angenommen, dass die Materie, Raum oder Zeit, jedes für sich, eine feste, unverrückbare Größe seien, auf die man sich, wenn alles andere zerbricht, immer noch verlassen könne. Die moderne Physik hat mit diesem Irrtum der Naturforscher (Newton) und Philosophen (Descartes, Kant) früherer Epochen aufgeräumt. Nur die Atheisten verharren in dieser Sichtweise wider die naturwissenschaftlichen Erkenntnisse. Sie stützen sich dann auf umfassende mathematische Formeln, die irgend etwas beweisen sollen, die aber niemand, außer dem Formulant richtig nachrechnen kann (Hawking), weil es nicht nur mathematischer Kompetenz, sondern auch Zeit und Mühe erfordert, die keiner aufbringen kann, wenn er solche Formeln nicht selber in die Welt setzt. Und irgendwann kommt dann doch wieder einer daher und weist einen Rechenfehler oder eine Irrelevanz in der Rechnung nach. Wer behauptet, dass M(aterie)+ Z= L(eben), aber irrtümlich M mit G(ott) verwechselt hat, mag auf ein richtiges Endergebnis kommen und dennoch die falschen Schlussfolgerungen gezogen haben.

Schon Mose, dem Verfasser des biblischen Genesisberichtes, war bekannt, dass nur Gott eine feste Größe sein kann (5 Mos 32,4). Die Materie an sich hat keine Festigkeit. Materie ist und hat keine Substanz, sie geschieht nur und das ist auch nicht zum Innersten hin beobachtbar. Man greift dabei jeweils immer nur eine Möglichkeit aus einer unbekannten Zahl von Möglichkeiten der ganzen Bandbreite ihres Erscheinungspotentials heraus. Im Innern der Materie findet man nichts, ebenso wie man im Innern der Lebewesen nur die Moleküle der DNA-Erbsubstanz findet, die auf geheimnisvolle Weise etwas steuern, was sie sich selber nicht ausgedacht haben können.

Alles was an einem Elementarteilchen messbar ist, ist immer nur relativ zu einer anderen Größe. Nur das (Plancksche) Wirkungsquantum ist unveränderlich und zeigt, dass es eine kleinste Wirkung gibt. Sie ist immer gleich. Wer hat sie so festgesetzt? Wer hat all die anderen Naturkonstanten festgesetzt? Als solche werden Größen bezeichnet, die genauso sein müssen, wie sie sind, damit der Mensch überhaupt in dieser geordneten Welt lebensfähig sein kann. Es gibt eine unüberschaubare Menge bekannter Naturkonstanten, die darauf hinweisen, dass nichts wirklich Zufall sein kann und die Schöpfung im Sinne von Röm 1,19-20 zu deuten ist. Gott hat sich nicht unbezeugt gelassen, denn es drängt sich der menschlichen Vernunft immer wieder auf: hinter den vielen relativen Größen, muss es eine initiative absolute Größe geben.

Festigkeit und Zuverlässigkeit in den letzten Dingen gibt es nur bei dem, der sich auch als feste Burg oder Fels bezeichnete (2 Sam 22,2; Ps 31,4; Jes 26,4: 44,8). Da Jesus Christus der Schöpfer war, ist es folgerichtig, dass Er als Fels bezeichnet wird (1 Kor 10,4). Er *„trägt alle Dinge mit seinem kräftigen Wort"* (Heb 1,3). Das lässt darauf schließen, dass das in der Schöpfungswoche gesprochene

Wort „*Es werde…*" auch weiterhin seine Informationen in die Schöpfung einflie-ßen lässt. Es entfaltet Seine Kraftwirkung (gr. Doxa, hebr. Kabod) dauerhaft vom Logos (hebr. Dabar) her aus dem Jenseitigen (gr. Epuranos, wörtlich „Über-himmlisches" bzw. hypsistos, hebr. Marom für „Höheres").

Zur Geburt des Logos als Menschenkind bezeugten die Engel das Kommen von dieser Kraftwirkung aus dem Bereich Gottes in einem Lobpreis: „*Doxa en hyp-sistois Theo"* - Herrlichkeit Gott in der Höhe (Lk 2,14). Das Erscheinen des Soh-nes Gottes ist eine Folge der Kraftwirkung Gottes aus der Höhe. Mit dieser Pro-klamation führen die Geistwesen aus dem Umkreis Gottes den Heiland in die Welt ein. Er ist gekommen, dass sich jeder dieser Kraftwirkung aus der Höhe anvertraut. Sie wird in Joh 15,26 auch als Tröster bezeichnet, der nach Jesu Himmelfahrt an Christi statt gekommen ist.

Diese physikalisch unergründliche Kraftwirkung wird vielfach in der Bibel ge-nannt. Sie füllt die ganze Erde aus, ***113** sie durchstrahlt den Sternenhimmel und die ganze Schöpfung ***114** und immer ist sie Jesus Christus zuzuordnen (Jud 25), durch alle Weltzeiten hindurch, denn sie ist unverweslich und unsicht-bar, weil sie von Gott selbst kommt (1 Tim 1,7).

Die Bibel lehrt, dass es neben Gott nichts Absolutes gibt. Gott, der Schöpfer steht für sich. Aber Er steht zugleich mitten in Seiner Schöpfung. Er kann sich jederzeit einmischen, Er hat jederzeit die Elemente im Griff, von Ihm sind sie ausgegangen, zu Ihm gehen Sie zurück, aber mehr noch, Er hat sie nie losge-lassen. Ihre Kraftwirkung kommt von Ihm. Bei Jesus klingt das an, wenn Er sagt, dass Gott jedes einzelne Haar von uns kennt (Lk 12,7). Er kennt es von innen heraus.

Psalm 104, 30-31 stellt den Zusammenhang zwischen dem Geist-Hauch, hebr. Ruach (fem.) her, mit dem Gott das Lebende im wahrsten Sinne des Wortes ins Leben ruft, als Abglanz seiner strahlkräftigen Herrlichkeit, hebr. Kabod (mask.).

Der göttliche Lebenshauch Ruach belebt den Menschen. Und wenn Gott Seinen Lebenshauch wieder wegnimmt, so wird es da beschrieben, vergeht der Mensch zum Staub der unbelebten Materie. Aber der Lebenshauch, weiß der Psalmist, ist auch der Schöpfergeist und ist ewig. Das Erschaffene ist jedoch in die Endlichkeit hineingestellt.

Heute wissen die Naturwissenschaftler, dass weder die Materie, noch Raum oder Zeit verlässliche Größen sind. Es gab aber noch etwas, worauf man anstelle Gott seine Hoffnung, die eigene Weltanschauung sei belastbar und durchtragend, setzte: der Determinismus, wonach jede physische Folge auch exakt nur eine zugehörige physische Verursachung hat. Auch der Determinismus, dem die Philosophen und Naturforscher vergangener Jahrhunderte große Wertschätzung entgegenbrachten (Hume, LaPlace), ist durch die Ergebnisse der Quantenphysik als ultima ratio der Welterklärung hinfällig geworden. In der Mikrowelt kann man bei keinem noch so kleinen Teilchen vorausberechnen, wie es sich definitiv verhalten wird. Es besteht nur eine Wahrscheinlichkeit. Und der Mensch weiß sehr wohl, dass nichts sicher ist, sonst hätten nicht schon ganze Völker Angst davor gehabt, dass die Sonne am nächsten Tag nicht wieder über dem Horizont aufgehen könnte. Und da kommt die Quantenphysik und behauptet, dass Dinge an sich nur existieren, sofern ein Subjekt mit ihnen in Beziehung tritt. Nicht bloß, dass ein Objekt sich verändert, wenn sich das Subjekt ihm auf irgend eine Weise nähert, beispielsweise durch einen Messvorgang, sondern auf eine geheimnisvolle Art und Weise konstituieren sich die Energie- und Elementarteilchenfelder erst dann zu einem Objekt, das sie darzustellen haben, wenn ein Subjekt eine Beziehung zu ihnen eingeht.

An jedem Ort, an dem ein Objekt vermutet wird, befinden sich, in dem Augenblick, da man sich ihm zuwendet, wie auch sonst im Universum, Kraftfelder und Energiequanten, die im innersten nichts Materielles mehr zum Messen anbieten, denn der Kern des Materiellen entzieht sich jeder Messung, ebenso wie die genaue Bestimmung der Örtlichkeit. Erst Subjekte stellen eine phänomenologisch existenzgründende Beziehung zu der Erscheinung her, und lassen es zu einem Objekt werden. Das ist nur möglich, wenn sie auf einer gemeinsamen Ebene miteinander in Verbindung stehen, die materiell-physikalisch nicht erfassbar ist, weil sie offenbar einer anderen Daseinsebene angehört. Es gibt keine unabhängigen Objekte. Objekte treten immer nur dann in Erscheinung, wenn vorher ein Subjekt da war.

Die Natur ist also durch und durch von den Willensentscheidungen dazu fähiger Wesen abhängig, wenn sie überhaupt in Erscheinung treten soll. Diese Einsicht kommt nicht etwa von Philosophen oder Theologen, von denen die meisten davon entweder nichts wissen oder es nicht anerkennen wollen, sondern von den Kernphysikern. Was sich in der Schöpfungswoche entfaltet hat, ist, mit den Gedanken der Quantenphysik gesprochen, die durch Gottes Schöpfergeist bewirkte Hineingabe dessen, was wir als Kosmos wahrnehmen, in die Möglichkeit des Erscheinens.

Wenn aber Determinismus ebenfalls ausscheidet als fester Grund, dem man anstelle von Gott huldigen könnte, was bleibt dann anderes als sich mit dem Faktum auseinanderzusetzen, dass es nur noch eine plausible Erklärung für die Existenz von Materie, Raum, Zeit, Naturgesetzen, Lebewesen, Menschen gibt? Wenn Objekte nicht ohne Subjekte denkbar sind, dann kann am Anfang der Schöpfung nichts Materielles gestanden haben, sondern ein personales Subjekt, das alles in Erscheinung treten ließ, muss gehandelt haben. Damit ist aber auch klar, der enge Zusammenhang der Schöpfung mit dem Schöpfer und den Menschen, wie er in der Genesis dargestellt wird, findet in der Quantenphysik eine erstaunliche Bestätigung.

Das was die Naturwissenschaft als Naturgesetz feststellt, sind natürlich nur Wirkungen, die als solches erkannt werden. Das Wirken der Naturgesetze schafft Ordnungen, die das Weltall im Makrokosmos und Mikrokosmos zusammenhält und es nicht zu einem bloßen Chaos werden lässt. *115

Gesetze an sich sind ein Abstraktum, das aber auch so existiert, dass es wahrnehmbare und messbare Wirkungen hinterlässt. Als ordnungschaffendes Abstraktum verweist es ebenfalls auf die nicht messbare, jenseitige Welt und damit auf Gott den Schöpfer. Das sagen auch zahlreiche Bibelstellen aus (1 Kor 14,33, Jak 3,17-18). Das Chaos in der Welt muss der Ordnung und dem Frieden Gottes weichen. In diesem Zusammenhang sei darauf hingewiesen, dass das griechische Eiränä ähnlich wie das hebräische Schalom mehr als nur einen äußeren Frieden bedeutet. Es gibt auch den inneren Frieden und damit ein Seinszustand der Harmonie, der nicht nur die belebte, sondern auch die unbelebte Welt betrifft (1 Kor 14,33). Dieser wird letzten Endes in der Unterordnung von allem unter Christus erreicht werden. *116 So lehrt es die Bibel.

Wenn aber alles in Gott verankert ist und selbst die kleinsten Wirkungen nicht an Ihm vorbei entstehen können, dann muss zwangsläufig jeder Versuch, eine heile Welt ohne Gott zu schaffen, im Chaos enden und die geringste Entfernung von Gott dem Wesen und Ziel der Schöpfung zuwiderlaufen. Das Universum ist kein Perpetuum mobile. Es ist noch nicht einmal ein vorübergehend, unabhängig existierendes mobile. Der Ausruf von Jesus im Vorausblick auf das Kreuz „Ich werde alle zu mir ziehen!" (Joh 12,32) ist demzufolge eine für jedermann ernst zu nehmende Verheißung, der man sich nur gegen die Vernunft verschließen kann.

Den Zerfall und das Chaos, die man im Makrokosmos feststellen kann, folgen in den von ihnen betroffenen mikrokosmischen Strukturen einer naturgesetzlichen Ordnung. Moleküle und Atome bilden keine Unordnung, nur weil ein Unwetter tobt. Und umgekehrt gilt auch, die Unberechenbarkeit und Undeterminiertheit der Elementarteilchen ändert gar nichts an der äußeren Gestalt der Dinge und den großen Abläufen in der Natur. Das wäre nur verwunderlich, wenn man dahinter keinen Sinn entdecken würde.

Dass Gott die Ordnungen in der Natur festgesetzt hat, ergibt sich z.B. auch aus Jer 33,25. Der Kontext zeigt, dass es bei Gott neben „Naturgesetzen" auch andere von Gott „gesetzte", zuverlässige Ordnungskonstanten gibt. Hier bei Jeremia wird der Fortbestand Israels genannt. So wie Gott bestimmt hat, dass Elektronen den Atomkern umkreisen und Planeten ein Zentralgestirn, so gewiss ist es, dass Israel nicht auslöschbar ist. Das gilt nicht für die Feinde Israels, wie man am Beispiel Babylons, Assyriens und anderer sieht, die als Volk und Staat nicht mehr existieren.

In Ps 148,6 heißt es, dass Gott der Schöpfung eine Ordnung gab, die sie nicht überschreiten kann. Alles Geschaffene ist endlich. Die Physik hat mit den Gesetzen der Thermodynamik entdeckt, dass das Prinzip der Entropie jeglicher Ordnung entgegensteht. Das Verhältnis von Materie, Raum und Zeit ist immer so, dass es dem Zustand des energieärmsten Stillstands zustrebt. Um eine Bewegung zu einer Entwicklung zu erreichen, muss man Energie verfügbar machen, die gezielt und geordnet eingesetzt wird. Jegliche Herstellung einer Ordnung verlangt ebenfalls wie schon jedes Da-sein oder So-sein Intelligenz und Willen, sind also personal vorausgesetzt. Alles hängt am Schöpfergott. Der Psalmist preist Ihn folgerichtig: *„Du hast die Erde fest gegründet und sie bleibt stehen. Sie steht noch heute nach deinen Ordnungen; denn es muss dir alles dienen"* (Ps 119,90-91).

Gottes Kabod und Gottes Ruach durchwalten die kleinsten Elementarteilchen und stellen die Möglichkeiten des Wählbaren in jeder Zeiteinheit bis hinunter zum kleinsten Wirkungsquantum bereit. Ohne Gott bricht sofort alles zusammen. Insofern gibt es keinen echten Dualismus. *117 Himmel und Hölle, Körper und Geister, Mensch und Maschine, Elementarteilchen und Kraftfeld, Schwingung und Schwankung, alles hängt in Gott und hört auf Sein Befehlswort. Er hat die Allmacht. Die Bibel gibt als Ziel Seiner Schöpfung das völlige Unterordnen unter Christus zur Verherrlichung Gottes an. Christus selbst bezeichnet sich wie schon im Alten Testament *118 auch in der Offenbarung der letzten Dinge als *„das Alpha und das Omega, der Erste und der Letzte, der Ursprung und das Ziel."* (Off 22,13) Die griechischen Begriffe „Arche" und „Telos" können auch mit „Anfang" und „Vollendung" übersetzt werden. Das was Gott durch Christus angefangen hat, wird Er auch zur Vollendung bringen. Das ist wahrlich eine gute Botschaft.

JCJCJCJCJCJCJCJC

Allmacht ernstgemacht

Eph 4,6-11

Wenn Naturwissenschaftler an den Gott der Bibel glauben, können sie sofort verstehen, dass die Ergebnisse der Quantenphysik den Worten von Paulus nicht widersprechen. Wenn man tief genug in die Materie eindringt, stößt man an die Grenzen des Messbaren, ebenso wenn man in der Geschichte des Universums ganz an den Ursprung zurückdenkt. Es ist Gott, der Materie, Raum und Zeit geschaffen hat. Insoweit sind sie aus Ihm hervorgegangen. Er ist der Anfang, nicht diese. Er ist auch das Ende und die Vollendung. Wenn Paulus sagt, dass Gott in allen ist und alles dem Sohn untergeordnet wird, um es dem Vater zu präsentieren, muss man darüber nicht rätseln oder auf kleinkarierte Beschränktheiten dessen verfallen, was man selber nicht als bloß eigenen Horizont des Erdenklichen verstehen kann.

Paulus spricht an dieser Stelle in Eph 4,6 vom Sein Gottes in allen, vor allem anderen die väterliche Herrschaft Gottes über Seine Menschenkinder an. Und dazu zitiert er Psalm 68. Den Kontext versteht man nur, wenn man weiß, dass das *„Gott in allen"* kein Ausdruck einer vorübergehenden Laune Gottes entspricht oder gar ein unbegründeter Euphemismus ist. Die Schöpfung hat keine Macht, dass Gott sich aus ihr zurückzöge, weil Er sich dazu aus sich selber zurückziehen müsste. Damit ist kein Pandeismus gemeint. Es sollte nur dem Irrtum begegnet werden, dass das biblische *„Gott alles in allen"* verkürzt wird. Gott ist jederzeit in Seiner Schöpfung in der Entfernung null. Das besagt auch sein Name. JHWH ist der Daseiende, der, der war und ist und wird. Was bedeutet das? Das ist nicht nur zeitlich zu verstehen, denn sonst wäre Gott ja nur eine Funktion wie die Zeit. Die Zeit hängt in der Schöpfung aber am Raum und an der Materie. Das bedeutet auf den Namen Gottes bezogen, dass Gott auch der Omnipräsente und Omnipotente ist, denn wenn Er nicht nur zeitlich uneingeschränkt ist, ist Er auch örtlich uneingeschränkt. Und wenn Er allmächtig ist, muss Er jederzeit und allenorts in der Materie walten können. Kein einziges Elementarteilchen bewegt sich außerhalb Seiner Willensgewalt. Er lässt einzelne Eigenbewegungen zu, aber schaut man auf die größeren Dimensionen, erkennt man, dass dennoch Sein Willen erfüllt wird. Die Sonne bleibt ein energiespendendes Gestirn, obwohl jedes Elementarteilchen seine eigenen Wege geht. In der großen Masse gehorchen sie doch irgend einer Idee, die Sonne zu bilden. Ein Vogel in einem Vogelschwarm kann hinfliegen, wohin er will, und ein einzelner tut es auch hie und da, und doch fliegt der ganze Schwarm unbeirrbar in die Richtung, die der Schwarm will, als gäbe es ein gemeinsames Steuerungszentrum. Eine Menschenmenge strebt einem Veranstaltungsort zu. Jeder einzelne von ihnen hat seine Freiheit, dahin zu gehen, wohin er will und sich plötzlich umzubesinnen. Und manche tun es. Es ist voraussehbar, dass die Masse das tut, was zu erwarten ist. Für jeden Einzelnen gibt es nur die Wahrscheinlichkeit und es bleibt die Unsicherheit. Und so kann man auch nicht voraussagen, ob jemand, der sich umbesinnt, sich nicht wieder umbesinnen kann. Er läuft vielleicht zurück zu seinem Auto und dort angekommen, fällt ihm ein, dass er zwar die Haustür vergessen hat abzuschließen, aber bis er zu Hause ankommt, ist inzwischen längst seine Frau dort eingetroffen. Das zeigt, dass der Wille des Menschen immer an Einsichten hängt, die er hat oder nicht hat und bereits mathematisch jederzeit damit zu rechnen ist, dass er sein Handeln auf die gewonnenen Einsichten abstimmt und daher die Umsinnung zu den grundsätzlichen Fähigkeiten von Menschen gehört.

Da Gott allwissend ist, kann Er sich etwas zum Ziel setzen, wovon Er nicht abrücken muss. Und da Er allmächtig ist, wird Er es erreichen. Sein Wille steht also fest und muss nicht schwanken, während sich der Willen des Menschen durch Einsicht und Erfahrung dem Willen Gottes annähern kann. Er wird es, wenn Gott die Macht hat, Sein Vorhaben zu verwirklichen. Aber genau das bezeugt die Bibel. Wenn Menschen über andere Menschen bestimmen und herrschen wollen, stoßen sie schnell an die Grenzen. Wenn ihre erste Priorität ihre uneingeschränkte Machtausübung und nicht die Befindlichkeit der Bemächtigten ist, werden sie die Menschen unterdrücken müssen und gegen deren Willen handeln. Bei Gott ist das anders. Er hat kein Interesse an Unterdrückung und gewalttätiger Machtausübung. Er muss nicht Regimekritiker ins Gefängnis werfen und dort foltern lassen. Er ist kein Despot. Er ist kein Menschenschinder. Er ist kein menschenverachtender Diktator. Gottes Methoden die absolute Herrschaft über alles auszuüben ist eine andere. Er beteiligt alle, die in Seinem Machtbereich sind, Er macht sie zu Teilhabern, Erben, Mitregenten. Einsicht und Erfahrung brauchen Seine Bemächtigten und die verschafft Gott ihnen. Das mag Äonen dauern und in verschiedenen Räumen auf verschiedenen Seins-ebenen, aber Gott beherrscht Materie, Raum und Zeit. Hätte Er davon nicht ge-nug, würde Er noch mehr davon schaffen. Er verschafft Seiner Schöpfung Ein-sicht und Erfahrung. Sie wird Gott freiwillig zum Herrscher ausrufen, sie wird dem zustimmen, was Gott vorhat. Was Gott vorhat, ist tatsächlich das Beste, was für die Schöpfung überhaupt sein kann. Die Unterordnung unter das Haupt Jesus Christus ist bei Gott beschlossene Sache. Jeder, der sich diesem Christus anvertraut, ist dabei, sich unterzuordnen und mitzuwirken, dass der Beschluss einstimmig wird. Darum geht es. Das geschieht in der Heilsgeschichte Gottes.

Wie kann man dann aber noch darauf kommen, dass Gott Seine Macht auf-gibt und auf ewig verdammt, für immer von dieser Unterordnung ausschließt und damit die Schöpfung unvollendet und Gottes Ratschluss vereitelt sein lässt? Warum sollte der Vater, der in allem ist, etwas aufgeben, wenn Er es so deutlich gemacht hat, dass Er es nicht will? Gott ist Perfektionist. Er will alles. Man hat zurecht darauf hinzuweisen, dass in der Bibel immer wieder von Gerichten ge-sprochen wird. Ihre Schwere und Dauer erklärt sich aber eben gerade aus der Schwierigkeit des Unterfangens, die Menschen zur Raison zu bringen *und* dabei einen Erkenntnisprozess durchleben zu lassen, den die Schöpfung insgesamt braucht. Das „und" ist hier ganz wichtig. Es geht bei Gott weniger um die Süh-nung der Missetat, nachdem sie durch Jesus Christus bewirkt worden ist. Das kann also nicht mehr das Hauptproblem bei der Vollendung des Schöpfungs-planes sein. Es geht bei Gott viel mehr um die Heiligung, die eine Christuswer-dung ist. Vereinfacht gesagt, will Gott die Vielfalt, aber so, dass sie Seinesglei-chen ist! Bestimmte Lektionen müssen gelernt sein, bestimmte Charakterzüge gehören zur Grundausstattung.

Paulus knüpft hier an Psalm 68 an: *„Darum heißt es: „Hinaufgestiegen in die Höhe, hat er Gefangene gefangen geführt und den Menschen Gaben gegeben." Das Hinaufgestiegen aber, was besagt es anderes, als dass er auch hinabgestiegen ist in die unteren Teile der Erde? Der hinabgestiegen ist, ist derselbe, der auch hinaufgestiegen ist über alle Himmel, damit er alles erfüllte."* (Eph 4,8-11) Das Heer der Kirchentheologen hat sich den Kopf über die Bedeutung dieser Worte zerbrochen. Sie kennen Gottes Heilsanliegen nicht, weil ihre Kirchen sowohl den totalen Dualismus zwischen Gott und Seiner Schöpfung vertreten als auch den zweifachen Ausgang der menschlichen Existenz, die einen gehen in die endlose Verdammnis, die anderen in die endlose Herrlichkeit bei Gott. Es ist ein zweifacher Irrtum. Auch hier gilt nämlich, Gott ist einer! Gott ist mehr als einzigartig, Er ist sogar einer! Und weil Gott einer ist, bleibt Er es auch. Er „duldet" neben sich keine Mitherrscher über Raum und Zeit des Nichträumlichen und Nichtzeitlichen oder über das Nachweltliche, das Unterweltliche oder Überweltliche. Wie immer man das nennen will, was kommt, es wird einig gemacht mit Gott, weil es sonst uneinig bliebe und für immer Gott einschränken würde, sei es auch nur hinsichtlich des Möglichen Seiner Herrlichkeit.

Paulus sagt hier in Eph 4,8-11 etwas anderes als das, was die Kirchen gemeinhin verstehen. Als Christus hinaufgestiegen ist, hat Er das Recht erworben, alle Menschen mit sich hinaufzuführen. Zuvorderst wurde Er als Messias Israels und der Nationen inthronisiert. Er hat aber Sein Leben für die Sünden aller Menschen hingegeben. Er hat den Sieg über den Tod, die Strafe für die Sünde, errungen. Alle Menschen sind Gefangene dieser Sünden und Christus ist ihr Befreier. Und genau deshalb hat Er auch für alle, die jemals gestorben sind, das Recht erworben, sie hinaufzuführen. Man muss sich das verdeutlichen, Menschen, die gestorben sind, bevor Jesus gelebt haben, können nur etwas von

Jesus als Retter erfahren, wenn sie „nach" ihrem Tod von Ihm hören. Ihre Gefangenschaft in der Sünde hat sie bis in den Tod begleitet. Aber auch für sie ist Jesus gestorben. Wie gesagt, Gott ist Herr über gestern, heute und morgen. Wenn ein Mensch gestern war und heute nicht mehr ist, so hat doch Gott die Allgewalt, um ihn überall und jederzeit zu erreichen, denn Er ist Herr des Hier und Jetzt und des Dort und Dann.

Paulus sagt, wozu der Christus auf diese Weise hinaufgestiegen ist über alle Himmel *„damit er alles erfüllte."* Wieder dieses *„alles".* Wenn man *„alles"* nur auf das Alte Testament, das zur Zeit Jesu bekannt war, bezieht, kommt man auch nicht um die Feststellung herum, dass Gott schon lange vor Paulus die Propheten und damit auch das Volk wissen ließ, dass Gott das Heil für Israel und alle Nationen geplant hat. Wenn mit *„alles erfüllte"* gemeint ist, was Gott sich schon zur Zeit der Propheten des Alten Testaments vorgenommen hat, dann ist es weit mehr als nur ein paar Kirchenchristen ins Paradies zu versetzen. Und Psalm 68 verdeutlicht dies. Paulus hat nur dies eine zitiert, aber liest man dort die Verse 19-21 ergibt sich ein vollständigeres Bild: *„Du bist hinaufgestiegen zur Höhe, du hast Gefangene weggeführt, hast Gaben empfangen bei den Menschen; und sogar Widerspenstige sind bereit, sich Jah, Gott, zu unterwerfen. Gepriesen sei der Herr Tag für Tag! Er trägt für uns Last, Gott ist unsere Rettung. Gott ist uns ein Gott der Rettungen, und in der Macht des HERRN, des Herrn, stehen die Auswege vom Tod."* ***119**

Da sind also sogar Widerspenstige bereit, sich Gott zu unterwerfen. Aber jeder Mensch ist widerspenstig, bis Er sich Christus anvertraut hat, denn *„Gott ist unsere Rettung!"* Rettung steht sogar in der Mehrzahl, weil jeder einen anderen Weg zu Gott durch Jesus Christus hat. Und manch einer führt über den Tod und aus dem Tod heraus, denn dazu heißt es ausdrücklich, *„in der Macht des JHWH, Adonai, stehen die Auswege vom Tod."* Gottes Macht reicht definitiv ins Totenreich und auch dort herrscht kein strenger Dualismus. Gott bestimmt, wer wann ins Totenreich kommt, Er bestimmt auch, wer wann wieder heraus kommt. Und Er bestimmt, wer wann mit der Botschaft vom Überwinder des Todes bekannt gemacht wird.

JCJCJCJCJCJCJCJCJC

Auferbauendes

Eph 4,11-18.23-27.32; 5,1-9.14.17

Wenn Paulus in Eph 4,11-13 davon spricht, dass Gott viele berufen hat *„als Apostel und andere als Propheten und andere als Evangelisten und andere als Hirten und Lehrer"*, und er hinzufügt *„zur Vollendung der Heiligen, für das Werk des Dienstes, für die Auferbauung des Leibes Christi"*, dann sagt er auch zugleich, dass es dem dient, dass *„wir alle hingelangen zu der Einheit des Glaubens"*. *120 Aber es wird nicht klar, ob er damit auch die Propheten des Alten Bundes meint. Abgesehen davon ist zur Auferbauung des Leibes Christi jedes geschriebene Wort der Bibel nütze und somit auch alles, was die Propheten des Alten Testaments gesagt haben. Die Leibesgemeinde stellt zwar eine besondere Körperschaft dar, aber sie ist in enger Abhängigkeit zu Christus. Das gilt aber auch für die Braut Israel. Der Christus ist aber in jedem Wort der Bibel, es ist ja durch Ihn gesprochen.

In diesem Zusammenhang weist Paulus drauf hin, dass die Menschen planmäßig dem Irrtum unterworfen sind, solange sie nicht in Christus sind (Eph 4,14). Wahrheit, Reifung und wahre Liebe, sind auf der Richtung des In-Christus-seins für Leibesglieder geradezu ein Kennzeichen der richtigen Ausrichtung. Oder anders gesagt, wer in Christus ist, hat das wahrhafte Erkennen, er kennt seinen Platz, sein Ziel und weiß zu unterscheiden, wo Unterscheidung notwendig ist (Eph 4,15).

Eine Auferbauung geschieht aber in Liebe. Diese Feststellung als kleines Anhängsel in Eph 4,16 wird meist überlesen und die Tragweite der Worte unterschätzt. Eine christliche Glaubensgemeinschaft kann noch so erkenntnisreich und „schrifttreu" sein, sie wird sehr schnell auf gesetzliche Abwege geraten, wenn sie sich nicht durch den Geist Christi in die Liebe Christi einführen lässt. Dann missrät die Schrifttreue zu einer Buchstabentreue.

Schon Satan war ein Meister in der Formel: *„Es steht geschrieben."* In der Geschichte über die Ehebrecherin in Joh 8,3ff wird das sehr deutlich. Man bringt diese Frau zu Jesus. Ihre Ankläger wollen die Frau steinigen, weil das angeblich die von Gott geforderte Strafe ist. So steht es in der Torah, dem Gesetz des Mose, so ist es im Bund Israels mit Gott beschlossen worden. Aber in ihren Herzen sind die Pharisäer selber Ehebrecher. Indem sie die Frau anklagen, heucheln sie selber fromm zu sein, denn wenn sie der Meinung wären, nicht fromm zu sein, müssten sie sich selber neben die Frau stellen und ebenfalls anklagen lassen oder von Vorneherein auf die Anklage verzichten. Die Anklage würde lauten: Untreue zu Gott. Der Treuebruch zu Gott ist größer als der Treuebruch zu einem Menschen. Die Pharisäer heucheln also Treue, wo gar keine Treue ist.

Und die Pharisäer heucheln, die Wahrheit zu kennen und nach ihr zu handeln und recht zu tun. Doch was ist hier Wahrheit und rechtes Tun? Genügt es wirklich am Buchstaben des Wortes und der Überlieferung festzuhalten? Die Tatsache, dass die Autoren des Neuen Testaments ca. 400 Mal die griechische Septuaginta als Quelle für ihre Zitate aus dem Alten Testament benutzen, beweist, dass es Gott nicht immer auf die wörtliche Übersetzung ankommt. Warum nicht?

Indem die Septuaginta zitiert wird, wird auf eine Übersetzung der hebräischen und aramäischen Originaltextlichkeit verzichtet und eine neue Textlichkeit als wahres Gotteswort benutzt. Gott war also so tolerant, durch Seinen Geist die Autoren des Neuen Testaments mit einer menschlichen Übertragung seiner Worte zu inspirieren. Auch wenn Er vorher schon die Übersetzer der Septuaginta bei ihrer Übersetzungsarbeit inspiriert hat, so bleibt doch, dass ein beliebiger Satz in einer beliebigen Sprache meist nicht bedeutungsidentisch in eine andere Sprache übertragen werden kann. Sprachen sind immer an Konventionen einer bestimmten Gruppe von Menschen gebunden und haben an sich keinen Aussagewert. Gott ist so tolerant, dass Er Seine Botschaft sprachlich variiert, wenn es Ihm um die Aussage an sich geht, weniger um die Wort-für-Wort-Bedeutung, weshalb Übersetzungen, die sich um die Wörtlichkeit bemühen, leicht Gefahr laufen, das Wesentliche zu verpassen.

Damit soll an dieser Stelle gesagt sein, dass ein Buchstabenglauben im engeren Sinn abzulehnen ist. Da man aber Satzaussagen nicht in ihr Gegenteil kehren soll, bleibt ein Satzaussagen-Glauben bestehen, der nicht aufzulösen ist. Die Satzaussage. „Du sollst nicht ehebrechen!" kann sprachlich zwar auch als „Du wirst nicht ehebrechen!" gedeutet werden, aber es kann kein Zweifel darangeben, dass Gott im Alten Testament ein unmissverständliches Nein zum Ehebruch sagt. Das schon deshalb, weil Er auch die Strafe dafür ausspricht. Wie kann jetzt aber Jesus diesen Teil des Bündnisses vom Sinai in gewisser Weise außer Kraft setzen? Weil die Buchstabentreue von einer anderen Treue überlagert wird. Dabei handelt es sich um die Treue zur Gnade und Barmherzigkeit Gottes. Ja, die Frau hat, wenn sie Ehebruch begangen hat, nach der Rechtsordnung des Bundes vom Sinai die Todesstrafe verdient, Jesus, der Gesetzgeber vom Sinai, verurteilt sie aber nicht, weil Er sie begnadigen möchte. Und genau das hat Er mit jedem Menschen getan.

Und immer da, wo Er es getan hat, zählt die Rechtsfolge der Strafe, die dem Buchstaben des Gesetzes folgt, nicht mehr. Da hat der Buchstabenglauben, wenn man an ihm festhält, kein „Recht" mehr, obwohl es formal danach aussieht. Gottes Liebe, Gottes Gnade, Gottes Barmherzigkeit, Gottes Treue zu Seinem Wesen kann man nicht in Buchstaben und Worte fassen. Sie müssen erlebt und geistig ergriffen werden, sonst hat man gar nichts von Gott verstanden. Und genau deshalb ist Jesus auch der Herr über die Torah, über den Sabbat und über jegliche Gesetze und Traditionen der Menschen. Die Torah ist nur ein Ausfluss des Willens Gottes, Seine Wesenseigenschaften fließen aber aus Seinem Wesen!

Für alle, die sich so gerne sich auf die Bibel berufen und sagen, hier in der Torah steht doch deutlich, was Gott für recht hält, ist hier eine Warnung ausgesprochen. In der Torah steht deutlich, dass man Ehebrecher mit der Steinigung bestrafen soll (5 Mos 22). **121** Der Sohn Gottes hält sich hier an Sein eigenes Gebot nicht, welches Er als JHWH dem Volk Israel am Berg Sinai gegeben hat, denn Er begnadigt die Frau. Er schenkt ihr das Leben, damit sie die Möglichkeit hat, nicht mehr in der Sünde weiter zu leben.

Daraus sollte zu lernen sein, dass Gott von Seinen Geboten wie sie dem Buchstaben nach lauten, zugunsten des Waltenlassens seiner Liebe und Barmherzigkeit, Seiner Gnade und Gunst abweicht. Pharisäer können das nicht verstehen, dass Gott vom geschriebenen Buchstaben abweicht. Und daher gehört der Satz „Es steht geschrieben" zu den am meisten missbrauchten Sätzen der Bibel. Juristen wissen sehr wohl, dass Gesetze nicht jeden Einzelfall gerecht regeln können.

Auch die Torah der Juden, auch die Zehn Gebote, auch die Regelungen, die Paulus für seine neutestamentlichen Gemeinden erlassen hat, hatten niemals den Sinn, allen Einzelfällen gerecht zu werden. Das können sie schon deshalb nicht, weil sie nicht Gott sind. Und auch die Bergpredigt hat für uns nicht den Hauptsinn, dass wir genau das tun, was dort beschrieben steht, sondern dass wir erkennen, dass wir das niemals aus eigener Kraft schaffen können und uns deshalb ganz in die Arme Jesu begeben müssen. Das ist bei der Bergpredigt der Beginn des rechten Verständnisses und der Beginn, die Gebote der Bergpredigt einhalten zu können, weil wir sie dann nicht mehr einhalten müssen, sondern weil der Geist Christi die Reifung zu mehr Gottgefälligkeit und Gotteswesensmäßigkeit übernommen hat. Und deshalb braucht der Mensch das In-Christus-sein. Das „In-der-Kirche-sein", reicht nicht!

Wo keine „Auferbauung in Liebe" geschieht, verarmen die Glieder am Leibe Christi. Fremdling der Verheißung zu sein ist für Paulus im Grunde nichts anderes als *dem Leben Gottes [gegenüber] Fremde"* zu sein, wie Paulus in Eph 4,18 die verfinsterte Denkart und Verstockung des Herzens der Nationen bezeichnet. Wer das Verheißene bereit ist, anzunehmen, stimmt ja bereits im Denksinn mit Christus, dem König Israels und aller Nationen überein. Von einem unbekehrten Heiden zu einem messiasgläubigen Nichtjuden ist es ein weiter Weg. Aber wer würde sich anmaßen, zu behaupten, ein Glied am Leibe Christi zu sein, wenn es ihm Christus nicht persönlich mitgeteilt hätte? Wer sich eine solche intime Leibesbeziehung nicht vorstellen kann, ist höchstwahrscheinlich auch nicht für diese Nähe bestimmt.

Paulus führt den Ephesern vor Augen, dass das die zwei Alternativen sind, die sie haben. So bleiben wie die heidnischen Epheser in der Umgebung der Gemeinde, oder sich im *„Geist eures Denksinns"* zu verjüngen. *„und die neue Mensch[heit] anzieht, die Gott gemäß erschaffen wird in Gerechtigkeit und huld[voller Heiligkeit] der Wahrheit."* (Eph 4,23.24) ***122**

Und dazu gibt Paulus noch ein paar Moralweisheiten. So hochgewachsen scheinen die Epheser dann doch nicht gewesen zu sein. Der Unterschied zwischen einem Leibesglied Christi und einem unmoralischen Heiden scheint groß zu sein, vielleicht auch zu groß, als das man alle Christusgläubigen zu diesen Leibesgliedern dazuzählen könnte. Denn gibt es nicht einen gewaltigen Unterschied zwischen einem, der eben erst seinem Erlöser begegnet ist und die Folge davon zunächst einmal mehr in der Theorie als in einer alles sofort verändernden Beherrschung des sündigen Natur zu erkennen gibt, und einem anderen, der über viele Jahre sein Kreuz getragen und noch dazu das anderer getragen hat? Manche sagen, in einer Familie mit vielen Kindern, gehören doch alle Kinder dazu, unabhängig wie erwachsen und unreif sie sind. Manche Kinder machen mehr Mühen als andere. Dieser Analogie wird aber genügt, wenn dieses Prinzip, dass der Vater einst alle bis zum Erwachsenenalter gebracht haben wird, irgendwann einmal, nämlich wenn unzweifelhaft die rechte Zeit gekommen sein wird, sich bewahrheitet haben wird. Bis dahin gibt es die äonischen, heilsgeschichtlichen Ordnungen Gottes. Etwa so, dass, wenn der Vater außer Haus ist, er dem ältesten Sohn das Kommando überträgt, weil abzusehen ist, dass der Säugling noch nicht alleine gelassen werden kann. Er braucht noch die Aufsicht, die Gebote, die Maßregelung und vielleicht auch den Laufstall und die laue Milch aus der Flasche. Der älteste Sohn gibt sie ihm gerne und wickelt ihn, aber er würde nicht auf die Idee kommen, mit ihm die schwierigsten Kapitel der Bibel zu lesen.

Eph 4,25 muss auch Gliedern am Leibe Christi immer wieder in Erinnerung gerufen werden. Das ist das erste in der Aufzählung von dem, was den zuvor genannten *„neuen Menschen" (Eph 4,23)*, nämlich den Christusmenschen, an den fruchtbaren Werken erkennbar machen soll. *„Darum legt die Lüge ab und redet die Wahrheit, ein jeder mit seinem Nächsten, weil wir untereinander Glieder* *sind."*

Man soll überhaupt nie falsch Zeugnis ablegen. Aber gerade innerhalb des Leibes Christi ist das Wesensmerkmal Jesu Christi, dessen, der den Weg der Wahrheit auch mit Seinen Gliedern gehen will, unverzichtbar: die Wahrhaftigkeit. Das gilt einmal in Bezug auf das Wort der Wahrheit und die rechte Lehre. Dann aber gibt es einen großen Missstand, der weit verbreitet ist im Christentum, vielleicht mehr als in jeder anderen Religion und zwar deshalb, weil jemand, der die Wahrheit als Lebensweg Gottes mit den Menschen preist und selber nicht danach lebt, im Widerspruch zu dem, was er zu glauben vorgibt, lebt. Das nennt man Heuchelei. Die bekanntesten Vertreter dieser Religionsausübung etwas zu lehren und für lebenswichtig zu bezeichnen und es auf der anderen Seite nicht zu praktizieren, aber so zu tun, als würde man es tun, waren die Pharisäer.

Gerade Christen sind von diesem Pharisäertum bedroht. Die Heuchelei der Pharisäer ist nichts anderes, als ein Vorgeben von Frömmigkeit und Wahrheit, wo in Wirklichkeit nur zum Schein Frömmigkeit und nur zum Schein so gelebt wird, als wäre es die Wahrheit.

In der Geschichte über die Ehebrecherin in Joh 8,3ff wird nicht nur deutlich, wie heuchlerisch man sein kann, wenn man andere verurteilen will. Zugleich kann man auch erkennen, dass kein Mensch in einer Position ist, die es erlauben würde, überhaupt irgend jemanden wegen irgend etwas zu verurteilen, weil jeder schuldig ist und es kaum eine Sünde gibt, die ein Mensch begangen hat, die jeder andere Mensch nicht zumindest ansatzweise begangen hat, sofern er das Erwachsenenalter erreicht hat.

Die Pharisäer bei Jesus beanspruchten die Wahrheit Gottes zu kennen und zu praktizieren. Beides war nicht zutreffend. Sie kannten weder die Wahrheit, weil sie Gott gar nicht richtig verstanden hatten, noch praktizierten sie das, was vor Gott recht und gut war, denn wenn man die Wahrheit nicht kennt und nach seiner eigenen Wahrheit oder dem Augenschein handelt, handelt man unrecht und wird dadurch zu einem Vertreter von Unwahrheit, Lüge, Irrtum und Unrecht. *123

Heuchelei ist eine Art Schauspielerei, denn man zeigt ein Gesicht, das nicht authentisch ist. Das Gegenteil von Heuchelei ist Wahrhaftigkeit und Authentizität. Aufrichtig zu sein, verlangt auch oft Mut, denn die Wahrheit ist oft unbequem und schmerzlich. Sie fordert andere heraus, die es mit der Wahrheit nicht so ernst nehmen. Jesus war eine ständige Herausforderung für die Pharisäer, weil er die gelebte Wahrheit war. Wer wahrhafter Christi ist, ist ebenso eine Herausforderung und ein Ärgernis für andere. Es gehört Mut dazu, so zu leben, aber es gibt keine Alternative, die nicht unheilsam wäre.

Die Ehebrecherin schickt Jesus unter der Vergebung ihrer Sünden weg, die anderen gehen ohne Sündenvergebung weg. Die Ehebrecherin schickt er mit den Worten weg, *„ich verurteile dich nicht!"* Er hat sie begnadigt. Die Ankläger schickt er weg mit einem in den Sand geschriebenen Rat: *„richtet nicht, damit ihr nicht gerichtet werdet!"*

Jesus setzte sich nicht zu den Pharisäern, sondern immer zu den Zöllnern und Sünder! *124 Wird man im Himmel Pharisäer finden?

In der Geschichte hat es der aufmerksame Leser mit einer wirklichen Ehebrecherin zu tun. Um wie viel mehr müssten wir uns davor hüten, Menschen zu verurteilen, von denen wir nur annehmen, dass sie etwas Ungehöriges getan haben? Auch Jesus war davon betroffen. Er wurde vor Gericht gefragt, ob Er der Sohn Gottes sei. Er bestätigte. Darauf rief man, *„was brauchen wir noch Beweise, er sagt es ja selber. Er ist schuldig der Gotteslästerung."* Wie man sich irren kann! Und so tun es auch wir. Wir vorverurteilen. Das ist typisch für Pharisäer.

Das Christentum wird in der nichtchristlichen Welt an seiner Heuchelei wahrgenommen. Das scheint eine Übertreibung zu sein. Christen wollen doch wegen ihrer Nächstenliebe, ihrer Opferbereitschaft, dem Einsatz für das Gute und Rechte, ihrer Hilfsbereitschaft und Spendenwilligkeit, ihrer mildtätigen Werke und ihrer Missionstätigkeit bekannt sein. Aber all das kennt man auch von Nichtchristen. Und auch wenn es stimmt, dass sehr vieles davon von Christen bekannt ist und dass es nicht geleugnet werden kann, dass das Christentum sehr viele positive Entwicklungen in der Menschheitsgeschichte begonnen hat und viele nützliche Institutionen geschaffen hat, so ist die Wahrnehmung bei Nichtchristen, ob fair oder nicht, überwiegend so, dass man Christen für Heuchler hält. Das haben umfangreiche Befragungen, die in Nordamerika bei Nichtchristen durchgeführt wurden, ergeben. *125 Bei Andersgläubigen, insbesondere bei den Generationen ab Geburtsjahr 1965, ist das Bild des Christentums so ungünstig, weil sie die Erfahrung gemacht haben, dass es nicht echt ist. Reines Wasser predigen und unreines einschenken.

In der Kirchenchristenheit hat die Heuchelei eine lange Tradition, wenn man bedenkt, dass die Amtskirche eigentlich so begonnen hat und ihren entscheidenden Zuwachs ab dem vierten Jahrhundert bekommen hat. Das ist leicht erklärt und historisch gut nachvollziehbar. Seit Kaiser Konstantin und erst recht bei seinen Nachfolgern, wurde es leichter ein staatliches Amt zu bekommen, wenn man Christ war. Es ist erklärbar, dass dann viele ganz menschlich entdeckten, dass sie ja eigentlich Christen waren, insbesondere unter diesen neuen Voraussetzungen. *126

Übrigens ist es unglaubhaft, wenn man annimmt, dass dieses Kirchenvolk bei seinen Köpfen in Konzilien klaren Kopf gezeigt hätte. Meist fängt ja beim Fisch der Kopf zu stinken an. Warum sollte das beim Christenvolksfisch anders sein? In jener Zeit wurden in Konzilen wichtige dogmatische Weichenstellungen gestellt. Ob da der heilige Geist der Hauptredner war, kann mit gleichem spekulativen Recht behauptet werden wie wenn man sagt, dass er überstimmt worden ist. Besonders verdächtig ist, dass Andersgläubige, auch mit Unterstützung der staatlichen Gewalt, bereits verfolgt wurden. Und Verfolgung bedeutete Ausschluss aus der Gesellschaft, Verlust der Lebensgrundlage, Hinrichtung, je nach Lust und Laune der Machthaber und die waren meist schlecht gelaunt. Man muss sich fragen, warum der heilige Geist so lange brauchte, um die Kirche von dem zu überzeugen, was sie letzten Endes in den Konzilien beschlossen hat. Diese und die ihnen vorhergehenden Streitfragen dauerten immer sehr lange. Aber diese Frage macht ungefähr genauso Sinn, wie wenn man jemand fragt, warum er nicht gekommen sei, wenn man ihn gar nicht eingeladen hat. Dem heiligen Geist sollte man nur dann etwas anhängen, wenn man sich Seiner Schuld sicher ist!

Der heilige Geist ist immer da nicht, wo gelogen oder geheuchelt wird. Christen sollten untereinander jede Form von Heuchelei lassen, weil sie der Wahrheit verpflichtet sind und nur so ein Bild von Christus abgeben können. Notlügen, oder Lügen, um Gutes vermeintlich zu bewirken, oder ein geringeres Übel zu wählen, sind vergleichbar mit weißer Magie. Bei der weißen Magie lässt man sich mit dem Satan ein, um etwas vermeintlich Gutes zu bewirken. Satan ist aber auch der Vater der Lüge. In seinen Herrschaftsbereich sollte man sich niemals begeben, weil dabei nichts Gutes herauskommen kann, was nicht teuer bezahlt werden müsste. Wer viel lügt, bezeugt jedes Mal, dass Satan sein Herr ist. Ist man erst einmal in den Herrschaftsbereich von Satan gekommen, kommt man nur schwer wieder heraus. Daher sollte man sich lieber gleich Christus und Seinem Wahrheitsweg zuwenden.

Prompt sagt Paulus in Eph 4,27: *„Gebt nicht Raum dem Teufel."* Paulus würde das nicht sagen, wenn es nicht möglich wäre, dass Glieder am Leibe Christi dem Teufel Raum geben würde. Ihr Herz gehört nicht ihm, aber vielleicht kann man ihm ja mal den kleinen Finger hinstrecken.

Am Ende seiner Belehrung sagt Paulus den Ephesern: *„Vergebt einer dem andern, wie auch Gott euch vergeben hat in Christus."* (Eph 4,32) Eigentlich eine Selbstverständlichkeit für reife Christusmenschen. Aber auch das ist weit verbreitet in der Christenheit. Innerhalb des Leibes Christi darf es Unversöhnlichkeit nicht geben. Sie dürfte einer der Hauptgründe für die Betrübung des heiligen Geistes und das verminderte geistliche Wachstum von Menschen sein. Man bedenke, Gott hat durch Jesus Christus die Welt mit sich versöhnt. Seine Rettungstat besteht in der Vergebung, die nicht zustande gekommen wäre, wenn er nicht schon vergebungsbereit gewesen wäre, als alle Menschen noch rettungslos sündig waren. Deshalb muss gerade die Versöhnlichkeit unbedingt in den Gliedern Jesu Christi angelegt und ausgeprägt sein. Der Christ soll immer der erste sein, der den ersten Schritt auf den anderen zu macht und ihm die Hand reicht. Der Findungsreichtum des Geistes Christi ist dabei groß, Gelegenheiten zu kreieren und wahrzunehmen, dem anderen Frieden anzubieten und dabei selber die heilvolle innere Ruhe wiederzugewinnen.

Gleich im nächsten Vers hängt Paulus das an, woraus man einerseits die Vergebungsbereitschaft gewinnt und wozu sie andererseits führt. Man *„ahmt Gott nach"* (Eph 5,1). Man handelt wie Gott, weil man durch Christi Geist handelt. Und man *„wandelt in der Liebe, wie auch Christus uns geliebt hat"* (Eph 5,2). Das ist angewandte Nächsten- und Geschwisterliebe, wenn man auf Versöhnung aus ist und versöhnungsbereit bleibt, auch wenn der andere keine Versöhnungsbereitschaft hat. „Nächstenliebe" ist ein Oberbegriff. Wenn ein Fremder und ein Glaubensbruder nebeneinander stehen, steht einem der Glaubensbruder näher. Zwar können einem eigene Familienmitglieder, dem Fleische, also der Abstammung nach, ferner stehen als Glaubensgeschwister, aber für Familienmitglieder bleibt immer eine besondere Verantwortung, die nicht unbegrenzt ist. Das zeigt das Beispiel, das Jesus selber gegeben hat (Mt 12,46-50). Sogar Seine „Mutter" verleugnet Er da. Man hat Ihn darauf aufmerksam gemacht, dass Seine Mutter und Seine Brüder „draußen stehen". Er antwortet, dass Seine Mutter und Seine Brüder diejenigen sind, die den Willen des Vaters im Himmel tun. Er verweist also auf die himmlische Abstammung und Erbgleichheit. Weil Jesus die „Mutter und Brüder" der Bittsteller wiederholt, wird deutlich, dass dabei das Prinzip gemeint ist, dass jeder, der familiär verbunden ist, sogar die eigene Mutter, gegenüber denen, die Gott nahe stehen, zurückgestuft wird. Das wären dann auch die eigenen Kinder und der Ehepartner, sofern diese nicht dem Willen des himmlischen Vaters nachkommen.

Christi Liebe hat sich darin gezeigt, dass Er *„sich selbst für uns als Gabe und Opfer hingegeben hat".* Opferwillige Hingebungsbereitschaft schließt auch die Versöhnungsbereitschaft mit ein, weil sie ja in erster Linie im Dienst Gottes steht, der bereits Seinen Willen, sich mit allen zu versöhnen, kund getan hat. Als Glied am Leibe Christi muss man früher oder später, besser früher, hierin übereinstimmen, denn sonst kann man kein Mitglied sein. Es kann kein Zweifel sein, dass die Verdammungstheologie der Kirchen ein erhebliches Hemmnis auf dem Weg ist, sich mit Gott vollends zu versöhnen.

Die Versöhnungsbereitschaft und - willigkeit entspricht dem Wandel im Licht, den Paulus in Eph 5,8-9 anspricht, denn nur in Christus ist man ganz im Licht. Wer nur in der Torah oder in der Menschlichkeit wandelt, ist noch nicht ganz im Licht. Sie sind nur ein Schatten davon. *„Wandelt als Kinder des Lichts; die Frucht des Lichts ist lauter Güte und Gerechtigkeit und Wahrheit."* Der weltliche Spruch *„Wo viel Licht ist, ist auch viel Schatten"* meint eine erfahrene Lebenswirklichkeit, die jedoch nur für Menschen gilt. Bei Christus gibt es keine Schatten.

Wo Sein Licht ist, sind die Güte, die Gerechtigkeit und die Wahrheit so vollkommen, dass diese keine Schatten, keine Einschränkung, keine Abstriche haben. Deshalb werden sie zurecht *„lauter"* genannt. Also auch hier wieder wird die Wahrheit hervorgehoben.

Im Licht Gottes wird die Güte dann als lauter erkannt, wenn sie die Freigiebigkeit des arglosen Herzens anzeigt. Im Lichte Gottes wird aber auch die lautere Gerechtigkeit erkannt, weil sie mit den Augen Gottes geschaut und mit dem Geist Christi geurteilt hat. Diese drei, Güte, Gerechtigkeit und Wahrheit bilden ein Lichtdreieck, das stark in die Welt hineinstrahlt durch jeden, der es bei sich verleiblicht und verinnerlicht hat. Glieder Christi, die das Gegenteil ausstrahlen, Geiz, Ungerechtigkeit und Unwahrheit werfen die gleichen Schatten wie die gottlosen Weltmenschen. Und deshalb sollen Christen sich besonders in Güte, Gerechtigkeit und Wahrheit ermahnt sein lassen.

Wenn man in einer Gemeinde nur gnädig und liebevoll mit denen umgeht, die einem selber Gutes erweisen können und erwiesen haben, ist das keine große Kunst. Leider gibt es in vielen Gemeinden ein auffälliges Missverhältnis zwischen den sich gegenseitig liebenden, die sich im Gunsterweisen gegenseitig leicht aushelfen können und denen, die sich den Schwachen und Problemkindern annehmen. Da tut der eine Gemeindeleiter, der einen Mercedes fährt und sein eigenes Haus abbezahlt hat, seinem Stellvertreter etwas Gutes und darf dabei das gute Gefühl haben, dass er sich darauf verlassen kann, das es umgekehrt ebenso sein würde. Aber ob er es übers Herz bringen würde, den asozialen, verarmten, suchtkranken in der Ecke der Kirche kauernden Penner zum Essen einzuladen, ist eine ganz andere Frage. Oder noch mutiger: würde er auf einen Geächteten, einen augenscheinlichen Sünder auch herzlich zugehen? Man darf sich einmal fragen, ob das was Jesus tat, als er zu den Zöllnern und Sündern ging nicht das Gegenteil ist von dem, was wir allzu oft praktizieren.

Vielleicht suchen wir nur unseresgleichen, was nur zu verständlich ist. Wenn wir wie die Pharisäer sind, wollen wir natürlich auch nur mit den Pharisäern zusammensitzen. Gut tut uns das nicht!

In Lk 18,10 wird uns von einem Pharisäer berichtet, der im Haus Gottes einen Zöllner sieht und zu Gott betet, *„Danke Gott, dass ich nicht so bin wie dieser Zöllner"*. Zu beachten ist, dass der Pharisäer nicht die Worte des Zöllners hört, die jener zu Gott spricht: *„Gott sei mir armer Sünder gnädig!"* Der Pharisäer hat verstanden, dass er ein Mitglied des auserwählten Volks Gottes ist, er glaubt an den Gott der Bibel, denn es ist der Gott Israels und er glaubt, dass er auferstehen wird und ein Kind Gottes sein wird. Er hat heilsgeschichtlich den Überblick. Er weiß auch, dass die Torah ein Geschenk Gottes ist.

Aber er kennt sein eigenes Herz und das Herz des Zöllners nicht. Er beurteilt sein eigenes Herz gar nicht und den Zöllner beurteilt er nach dem Augenschein. Wie bei Jesus, da sagten sie: *„aus Nazareth kann kein Prophet Gottes kommen"*, und beim Zöllner: *„wer Zöllner ist, kann ja nicht in Ordnung sein."*

Wer diese Geschichte liest, soll sich immer gerne mit dem Zöllner gleichsetzen. Wir sagen Gott *„Danke, dass wir nicht so sind wie der Pharisäer!"* Doch in Wirklichkeit sind wir wie der Pharisäer. Wir sind immer dann so wie der Pharisäer, wenn wir auf andere herabschauen und sie verurteilen, obwohl wir nicht in ihr Herz geschaut haben.

Ich sagte, der Pharisäer kannte sein eigenes Herz nicht. Das eigene Herz neigt immer dazu, das Ich in den Vordergrund zu stellen und zwar auch auf Kosten und zu Lasten anderer. Und deshalb freut es sich, wenn es jemand findet, der augenscheinlich etwas darstellt oder tut, was mindestens annähernd so ichhaft oder zu verurteilen ist.

Dass es eine Eigenschaft vieler Pharisäer war, auf andere herabzuschauen, war auch unter den Pharisäern als Übel erkannt worden. Aber sinnigerweise versagten sie weniger am Erkennen des Rechten im Allgemeinen – sie hatten ja die Torah, als am Klassifizieren des Rechten, also in der praktischen Umsetzung. So konnte einer der bedeutendsten pharisäischen Gelehrten aus der Zeit vor Jesu, ein gewisser Hillel, sagen: *„Ein Am-haarez kann kein Chasid sein"*, also einer aus dem gemeinen Volk (wörtlich „Armer") könnte kein Heiliger sein. Das ist der typische Pharisäer. ***127** So befleißigen sich die heutigen Ultra-Orthodoxen Israels auch damit, möglichst nicht zum gemeinen Volk zu gehören, das hart arbeitet, damit es die nicht arbeitenden, ganz dem Torah-Studium zugewandten Ultra-Orthodoxen und ihre vielen Kinder durchfüttern kann.

Auch in Eph 5,5, spricht Paulus nicht vom Leib Christi ausdrücklich, sondern von der „Königsherrschaft Christi und Gottes". Für die Gemeinde des Leibes Christi ist Jesus Christus nicht zu allererst der König, denn sie stehen Ihm näher, sie sind selber Königlich als Christi Glieder. Hingegen für Israel und die Nationen wird der Messias Yeschua im kommenden Reich sehr wohl der König aller sein. Dazu passt die Aussage von Paulus, dass unter diese Königsherrschaft *„kein Hurer, Unreiner oder Habgieriger ([er] ist [ja ein] Götzendiener) Anteil haben wird."* (Eph 5,5) ***128**

Das stimmt mit der Lehre Jesu überein, die einen kommen ins Reich und haben äonisches Leben, die andern gehen ein ins äonische Gericht. Anderer Ort, andere Zeit.

Das muss man nicht durcheinanderbringen. Paulus schrieb an die Epheser, eine Gemeinde von unbekannter Kopfzahl. Aber in dieser Gemeinde und den anderen, in denen der Brief gelesen würde, gab es naturgemäß solche mit viel Verständnis, solche mit viel guten Werken und andere mit wenig Verständnis und wieder andere mit strohernen Werken und schändlichen Untaten. Es war alles vertreten. Allerdings schließt tiefe Gotteserkenntnis nicht tief empfundene Sündhaftigkeit aus. Und dann gilt auch für diese begnadeten Gotteserkenner: *„Wandelt wie Kinder [des] Lichts (denn die Frucht des Lichts [besteht] in aller Gutheit, Gerechtigkeit und Wahrheit)"* (Eph 5,9)

Paulus stellt das Werden von einem Nur-Sünder zu einem Lichtträger und Christusmenschen dar als ein Auferstehen aus den Toten, nämlich der in der Sündenschuld getöteten, um sich dann von Christus nicht nur erwecken, sondern immer mehr erleuchten zu lassen (Eph 5,14). Was bis dahin geschieht und wieweit diese Erleuchtung bei jedem einzelnen gehen kann, ist eine eigene Sache. Aber es ist unzweifelhaft, dass es nicht nur ein schwarz und weiß, eine totale Finsternis und völlige Verdammnis auf der einen Seite und ein einziges Lichtbündel im endgültigen allumfassenden Heil auf der anderen Seite gibt, denn es wird, bevor das von Gott gesprochene Vermächtnis „Es werde Licht!" ganz durchgebrochen sein wird, auch noch ein Strom des Lebens und ein Baum des Lebens im Reich Gottes geben (Of 2,7; 22, 1.14.19).

Bis dahin bleibt jedem die Aufgabe, *„nicht unbesonnen"* zu werden, *„sondern zu verstehen, was der Wille des Herrn [ist]"*. (Eph 5,17) Der mag von Mensch zu Mensch verschieden ins Leben hineinreichen. Den einen schickt der Wille des Herrn in die Wüste zu den Klapperschlangen, den anderen an den heimischen Herd, um dort ein Feuer auszulöschen oder anzuzünden - je nachdem. Paulus fordert dazu auf, zu verstehen, was der Wille des Herrn Jesus Christus ist. Das ist ein Rat, eine Empfehlung, eine Anweisung. Um zu verstehen, was Gott will, muss man sich darum bemüht sein lassen. Man muss forschen, man muss sich für Gottes Willen interessieren. Man kann nicht das Leben über sich ergehen lassen und abwarten, was daraus wird. Man muss immer nach Gottes Willen fragen, um sich immer danach ausrichten zu können. Die Passivität vieler Christen ist dem nicht zuträglich. Das Ergebnis davon ist, dass man den Willen Gottes nicht kennt und daran vorbeilebt und auch die Sinne verlieren an Schärfe, man stumpft ab für das Wort Gottes, ob es ins Ohr geflüstert ist, oder gelesen werden könnte. Daraus resultiert in zunehmendem Maße die Unbesonnenheit. Wer sich nie besinnt, verunsinnt sich.

JCJCJCJCJCJCJCJCJCJC

Eheratgeber

Eph 5,21-24.30-33

Zu den Gemeindeanweisungen von Paulus, die am meisten missbraucht werden, gehören die Verse Eph 5,21ff. Sie werden oft zitiert, wenn man Männern und Frauen sagen will, wie sie sich in der Ehe verhalten sollen gegenüber dem anderen. Dabei wird aber oft übersehen, dass hier Paulus ausschließlich solche Ehen anspricht, bei denen beide gläubig sind, denn dem *„Ihr Frauen"* lässt er ein *„Ihr Männer"* folgen. Dennoch ist, wie oft in Gottes Wort, die Analogiehaftigkeit zu prüfen, denn es ist klar, wenn Paulus sagt, dass die gläubigen Männer ihre gläubigen Frauen lieben sollen (Eph 5,25), sagt er ihnen nicht, dass sie ihre ungläubigen Frauen nicht lieben sollen. Der Unterschied ist aber dennoch groß, denn in einer gläubigen Ehe sind beide Christus verpflichtet und in Christus einverleibt. Sie gehören Ihm und haben einen besonderen Stand Ihm gegenüber. Sie sind ja auch noch Glied am Leibe Christi, dem man allermeist Gutes tun soll (Gal 6,10). Wenn ein Partner ungläubig ist, ist die Spannweite und Bandbreite seiner möglichen Einstellungen und Handlungsweisen groß. Daher ist auch die

Duldfähigkeit und Verantwortlichkeit des Gläubigen anders gefordert. Deshalb sagt Paulus beispielsweise auch, dass man es zulassen darf, wenn der ungläubige Partner sich scheiden lassen will, obwohl man das selber vielleicht gar nicht will, weil man ihn lieb gewonnen hat. Der ungläubige Teil ist kein Glied am Leibe Christi, eine eheliche Vereinigung mit ihm kann daher nicht so verpflichtend sein wie bei Zweien, die beide Glieder am Leibe Christi sind. Hier kann sogar eine Loslösung segensreich sein, wenn der ungläubige Partner einem das Leben als Christ nur schwer macht. Die Berufung eines Christen ist nicht, Sklave oder missbrauchter Ehepartner zu sein, sondern in die Ebenbildlichkeit Jesu Christi hineinzuwachsen. Die Ehe endet mit dem Tod spätestens, die Ebenbildlichkeit Jesu Christi geht in die Unendlichkeit. Daher sagt auch Paulus „zur Freiheit seid ihr berufen" (Gal 5,13) und dass diese Freiheit keiner Fleischlichkeit dienen soll, so wie der Ungläubige es will, sondern noch mehr zur Christuswerdung. Die Freiheit ist in Jesus Christus, die Freiheit ist das Gliedsein am Leibe Christi, das Einssein mit Ihm, nicht mit einem anderen Menschen in einer Ehe, obwohl diese ein kleines Abbild davon sein kann, denn Liebe zu einem Gegenüber kann auch sehr befreiend und beglückend wirken. Aber es bleibt dennoch, auch im besten Falle, immer nur ein Abbild der bleibenden Wirklichkeit in der Vollendung bei Christus.

Die gläubigen Frauen, sagt Paulus in Gal 5, 24, sollen sich den gläubigen Männern unterordnen. Auch hier gilt, sie sollen sich auch den ungläubigen Männern unterordnen, aber nur insoweit ihre Würde, die sie von Gott und in besonderem Maße durch ihren Stand in Christus bekommen haben, nicht angetastet wird und sie ihrer Berufung folgen können. *129

Wenn beispielsweise eine Frau, die zur Versammlung der Gemeinde Christi gehen will, von ihrem Mann daran gehindert wird, kann sie das nicht auf immer gelten lassen. Die Unterordnung ist ihr erschwert und kann Ausmaße annehmen, die Gott nicht will. Man hat hier bei Paulus also ein Gebot, das nur bedingt gültig ist. Man kann einer Frau nicht zumuten, sich einem gewalttätigen Mann bedingungslos unterzuordnen, damit der seinen Mutwillen noch intensiver betreiben kann. Ich hatte in der Seelsorge eine gläubige Frau, die von ihrem angeblich gläubigen Mann über Jahre schlecht behandelt wurde. Er war Trinker und hat außerdem seine kleinen drei Töchter regelmäßig geschlagen und verängstigt. Ich habe ihr geraten, sich von ihm zu trennen, um sich selbst und die Kinder zu schützen. In der Trennung hätte der Mann die Chance gehabt, sein familienuntaugliches Leben zu überdenken und damit anzufangen sich zu bessern. Der leidgeplagten Familie war das nicht zuzumuten. Dieser Mann hat durch sein schändliches Verhalten immer weiter Sünde erzeugt und Schaden verursacht und dadurch die eheliche Gemeinschaft, die auf gegenseitigem Vertrauen und Fürsorge aufgebaut sein sollte gebrochen. Von diesen Fällen redet Paulus nicht, weil es klar ist, dass jeder Christ sich dem Übel entziehen muss, weil er sich sonst mitverantwortlich macht, wenn das Übel weiter um sich greift und triumphiert. Wenn eine Frau sagt, dass sie bei ihrem gewalttätigen Mann bleibt, weil sie dabei Gelegenheit hätte, Demut zu lernen und sich zu verleugnen, übersieht dabei, dass sie dem Löwen weiter Futter gibt. So geht es dem Löwen gut, er wächst und gedeiht und wird ermutigt seine Opfer zu reißen.

Paulus sieht in der Unterordnung der Frau unter den Mann eine Analogie zum Verhältnis von Christus und der Gemeinde Seines Leibes. Verständlicherweise sehen viele darin den Beweis, dass Christus also der Bräutigam und die Kirche die Braut sei. Aber in der Bibel wird sehr häufig JHWH nicht einfach nur bildhaft als Bräutigam von Israel bezeichnet, sondern Er ist es! Da Paulus selber ausdrücklich darauf hinweist, dass Gott sich an Seine Verheißungen für Israel hält und Israel die Treue hält, kann die Gemeinde nicht auch die Braut sein. Sie gehört zum Bräutigam! Warum verstößt hier nicht auch die ehebrecherische Braut? Weil Gott im Unterschied zu uns Menschen Mittel und Wege kennt, die Braut rein und untadelig zu machen. Und weil Er selber rein und untadelig und dazu allmächtig ist, von vollendeter Güte und Liebe und Duldsamkeit. Und es schadet Ihm nicht. Menschen haben nur begrenzte Fähigkeiten und Gott will nicht, dass die Menschen daran zerbrechen.

Ich kenne einen Fall, wo der Mann trotz ständig starker Belastung durch seine Frau seit Jahrzehnten ihr fürsorglicher Beistand geblieben ist. Er sieht sich aus guten Gründen nicht gebunden, hat sich aber die Freiheit genommen, weiterhin Versorgung, Güte und Beistand walten zu lassen. Die Freiheit ist eben auch die Freiheit nicht nur auf die eine Art und Weise von ihr Gebrauch zu machen. Grundsätzlich steht es aber niemand Außenstehendem zu, Dinge mit dem Anspruch der Abschließlichkeit zu beurteilen, die zwei Menschen und ihr Innenverhältnis betreffen.

Hier in Eph 5 geht es Paulus vordergründig um etwas anderes als das Verhältnis vom Bräutigam Jesus zu Seinem Leib als Ganzem. Hier geht es um das Innenverhältnis der Glieder des Leibes untereinander. Hier geht es um das Unterordnungsverhältnis von Mann und Frau. Im Idealfall ist eine Ehe eine Verbindung zweier Menschen, die sich gegenseitig ergänzen zu einer Einheit auf drei Ebenen, geistig, bzw. geistlich, seelisch und körperlich. Es ist klar, dass alle drei Bereiche nur in einer Ehe zwischen zwei Menschen, die Glieder am Leibe Christi sind, vorkommen, denn nur in Christus gibt es die geistliche Verbindung, die weltliche Menschen nicht haben können. Wenn ein Mensch, der ein Glied am Leibe Christi ist, mit einem Menschen eine Ehe eingegangen ist, der die geistliche Ausrichtung auf Christus nicht hat, dann fehlt der Ehe das Wesentliche, auch wenn das zunächst vielleicht nicht als Mangel empfunden wird und die Ehe ansonsten „glücklich" ist. In den meisten Fällen wird sie das nicht bleiben, denn die geistige Welt schläft nicht und hat ihre Freiräume, weil es bei Gott immer um das geistliche Wachstum seiner Auserwählten geht. Ob eine Ehe glücklich ist, hat bei Gott nicht die erste Priorität, sondern die Vollendung der Glieder des Leibes Christi.

Für Paulus ist die Unterordnung aber nichts Anstößiges, denn jeder, der sich Christus unterordnet, hat die beste Lebensform und Lebenssituation gewählt, die es überhaupt geben kann. Auch in der idealen Ehe wäre die Frau dem Mann untergeordnet und umgekehrt der Mann der Frau in hingebungsvoller Liebe zugetan. Und auch hier wäre die Unterordnung für die Frau die ideale eheliche Lebensform und Lebenssituation, aber eben nur wenn die drei Bereiche der ehelichen Verbundenheit sich bei den beiden Verbundenenergänzen würden. Das Wort „Unterordnung" hat einen negativen Beiklang in weltlichen Ohren. Im Zeitalter des Feminismus und der Emanzipation meinen viele, dass Paulus einer vergangenen Kultur angehört hat und ihr Tribut zollen musste. Aber Gott gehört keiner vergangenen Kultur an und zollt niemand Tribut. Das gilt auch für Sein Wort.

Die Briefe von Paulus enthalten kaum Ergänzungen, wie Paulus seine Aussagen gemeint hat. Er hatte die Möglichkeit alles mündlich den Gemeinden zu erläutern, wenn er seine Predigten bis Mitternacht ausdehnte. Und so sind seine Briefe kurz und bündig, seine Lehrsätze sind Lehrspitzen, Grundsätze, Überschriften. Ohne Leitung durch den Geist Christi hat kein Mensch die geringste Chance zu verstehen, wie Paulus gedacht hat und was die Bedeutung seiner Worte ist. Das muss auch gerade im Zusammenhang mit seinen Aussagen zur Ehe bedacht werden. Das Sola Scriptura wird nur dann richtig angewandt, wenn derjenige, der das Wort Gottes liest oder hört, auch den dazu passenden Geist hat. Es ist der christus-kompatible Geist, weil es der Geist Christi ist. Insofern hat die Kirche Roms Recht, wenn sie sagt, dass das Wort an sich tot ist und es der rechten Auslegung bedarf. Aber für die katholische Tradition gilt das gleiche wie für die protestantische Tradition, wem es gegeben ist, der kann es fassen, wem es nicht gegeben ist, der verfasst etwas anderes. *130

Es sollte aber nicht übersehen werden, dass Paulus den Abschnitt über die Unterordnung damit anfängt, dass man sich in der Gemeinde einander unterordnen soll (Eph 5,21): *„Ordnet euch einander unter in der Furcht Christi".* Das „einander" zeigt an, dass es nicht um Hierarchien, Rangfolgen und Privilegierungen geht. Genau genommen bedeutet bei Paulus Unterordnung nicht, dass der eine zu bestimmen hat, wo es lang geht und der andere gehorsam nachzufolgen hat, sondern dass jeder den Platz einnimmt, der im Leib Christi seiner Bestimmung entspricht. Aus diesem Einordnen ergibt sich zwanglos ein Über- oder Unterordnen um der Aufgabenerfüllung willen. Das ist dann geistgewirkt. Das ist in der Erdenzeit nichts Endgültiges und spiegelt nicht die himmlischen Realitäten wieder, sondern geschieht infolge der heilsgeschichtlichen Haushaltung. Die Kirchen mit ihren Ämtern und Karriereleitern haben ihre eigene Haushaltung. Es heißt, selig sind die Armen im Geiste, nicht heißt es, selig sind die Reichen im Geiste. Aber alle sollen, ganz gleich in welcher Ordnung sie sich wiederfinden, ihre Geistesgaben ausschöpfen.

Der Moralkatalog in Eph 5 und 6 mit der ausdrücklichen Nennung einiger Gebote der Torah scheint die Verfechter der Gültigkeit der Torah zu bestätigen. Die meisten Theologen sehen bei Paulus eine Fortführung der Morallehre von Jesus. ***131**

Paulus kam es aber nicht darauf an, eine spezifisch christliche Morallehre zu entwickeln oder hervorzuheben, weil er wusste, dass es einzig und allein darauf ankam, in Christi Geist zu sein. Aber Paulus wusste sehr wohl, dass es unterschiedliche Entwicklungs- und Wachstumsstufen in der Gemeinde zu Ephesus und den anderen Gemeinden, die den Brief zu lesen bekamen, gab. So ist es auch in den christlichen Gemeinden heutzutage. Es gibt Gemeinden, in denen von Predigern ausgeführt wird, wie die Heilsgeschichte Gottes mit dem Leib Christi und dem Volk Israel in der Endzeit zusammenläuft. Und am Ende der Predigt fragt jemand den Prediger, ob es gegen das zweite Gebot verstößt, wenn man sich ein Bild einer Landschaft im Wohnzimmer aufhängt. Manche brauchen die Milch und selbst die erweist sich bei manchen noch als schwer verträglich. Das besagt nichts darüber, welchen Endzustand das Milchkind einst erreichen wird. Ein Prediger muss ebenso wie ein Seelsorger die Schafe so weiden wie es am besten für sie ist. Auch der Epheserbrief ist für alle, die an Christus glauben, gedacht. Wo und ob sie sich im Leib Christi wiederfinden, das weiß nur Gott. In Christus wachsen bedeutet, immer mehr in die Wahrheitsaufnahme hineinzuwachsen. Und je mehr man in diesem Prozess drin ist, desto weiter öffnet sich der Geist dem Geist Gottes, so dass dieser immer mehr Platz greifen kann. ***132**

Es gilt der Grundsatz, dass sich die Frauen den eigenen Männern unterzuordnen haben, weil der Mann das Haupt der Frau ist wie Christus das Haupt der herausgerufenen Gemeinde ist. Aber dieser Grundsatz kann sich nicht immer in der Praxis bewähren. Paulus regelt mit ihm nicht alle Einzelfälle. Jeder Einzelfall ist von den Betroffenen *„nicht unbesonnen"*, sondern im Verständnis *„was der Wille des Herrn ist"* zu regeln. Was ist in der Christenheit, vor allem in bibeleifrigen Kreisen, wie ich sie einmal als Unterschied zu den bibeltreuen Kreisen nennen will, mit diesen Versen schon Schindluder getrieben worden und wird es immer noch. Diese Verse sind nicht gedacht als Keulen, mit denen der Mann seine Frau prügeln kann, bis ihr Glaube an die Güte, Barmherzigkeit und Liebe Gottes totgeschlagen ist oder bis endlich die Ehe kaputt ist, weil die Frau physisch oder psychisch erledigt ist und dazu alle Achtung vor ihrem Mann verloren hat. Wie viele Frauen haben in einer Ehe ausgehalten, die eher eine Hölle war, als etwas, was man Ehe nennen kann und haben dabei ihre ganzen Kräfte erlahmen lassen, die sie für so viel Nützliches, z. B. im Dienst für Gott oder die Gemeinde, hätten einsetzen können.

Im Rahmen einer Abhandlung über die göttliche Heilsgeschichte muss an dieser Stelle gesagt werden, dass jedes Glied am Leibe Christi dem anderen Rücksichtnahme, Respekt, Liebe bis zur Hingabe zollen darf, soweit es ihm gegeben ist. Umso mehr gilt das, wenn man es mit dem Ehepartner zu tun hat. Jedoch ist dabei sehr wohl zu beachten, ob man einen bekehrten oder unbekehrten Ehepartner hat, der seine unchristlichen Ansprüche geltend machen will. Hier gilt klar, dass der Gehorsam gegenüber Gott höher einzustufen ist, als der Gehorsam gegenüber dem ungläubigen Ehepartner oder untreuen Ehepartner, denn jeder, der seine Stellung missbraucht, ist weder in der Treue noch in der Liebe Gottes.

Jesus hat klar zum Ausdruck gebracht, dass schon für das Kommen ins messianische Reich und für die Beschenkung mit äonischem Leben die Liebe zum Messias größer sein muss als zu den eigenen Familienangehörigen (Mt 10,37). Das gilt für die Liebe ebenso wie für die Unterordnung. Man muss Gott mehr lieben wollen und sich Ihm mehr unterordnen wollen als Menschen. Diese größere Liebe zum Messias wird niemals von Gott so eingefordert, dass sie sich in einer Gegnerschaft oder im Ungehorsam äußern muss, wenn die Familienangehörigen dem Wege des Christen mit Christus nicht im Wege stehen. Wenn die Familienangehörigen nämlich Frieden halten, gehört dazu, dass sie sich nicht wegen der größeren Liebe, die der andere zum Christus hat, zu Haltungen bringen lassen, die eine Gegnerschaft unvermeidlich macht und offenlegt. Dann aber kann der Gläubige ungestört seinem Glauben nachgehen. So hat die Unterordnung einer Ehefrau unter das Haupt Christus immer Vorrang unter das Haupt des Mannes. Es liegt also am Mann, ob er das akzeptiert oder nicht. Akzeptiert er es, stört er die Frau bei Ausübung ihres geistlichen Lebens nicht. Akzeptiert er es nicht, stellt er sich gegen Christus und muss mit den Folgen des Ungehorsams seiner Frau leben. Lässt er sich scheiden, ist die Frau frei von weiteren Verpflichtungen. Wer etwas anderes behauptet, setzt den Mann über Christus. Heilsgeschichtlich denken heißt: Christus ist das Haupt, dem sich alle in Liebe und Hingabe unterordnen. Zuerst die Leibesglieder, dann die Nichtgläubigen. Ehen aus gläubigen und ungläubigen Teilen sind geheiligt durch den gläubigen Teil. Der Heiligung entsprechend muss aber die Ehe auch gelebt werden. Das bedeutet, dass Christus das Haupt des gläubigen Teils bleibt und nicht durch den ungläubigen Teil ersetzt wird. Der ungläubige Teil tritt deutlich zurück gegenüber Christus und hat keinen Anspruch, gegen Christus eine Forderung an den gläubigen Teil stellen zu dürfen. Gemischte Ehen werden daher nie „Normalehen" bleiben können. Auch vor Eheschließungen mit Ungläubigen muss daran gedacht werden, wenn schon die Weisung, dass man nur innerhalb des Herrn mit jemand anderem sich zusammentun soll, nicht beachtet worden ist, weil man sich doch „liebt", oder weil doch Gott (vermeintlich) einem „gezeigt" hat, dass es so in Ordnung wäre. Solche Mischehen werden immer besonderen Belastungen ausgesetzt und die Hoffnung, dass der andere sich bekehrt, wird meist zunichte. Im Gegenteil, das Beispiel im Alten Testament zeigt, dass Gott ausdrücklich vor Mischehen warnt, weil dadurch fast zwangsläufig der Abfall kommt oder schädliche Kompromisse geschlossen werden. Und wie sich auch heute immer wieder zeigt, besteht meist eher eine Tendenz, dass der Gläubige sich dem Ungläubigen anpasst, als umgekehrt.

Es gibt christliche Frauen, die nicht die Versammlungen der Gemeinde besuchen, weil es ihnen ihr Mann verbietet. Sie sollten sich das nicht verbieten lassen, sondern dem Mann, zumal wenn er ein Alternativprogramm für die Familie anbietet, Gegenvorschläge machen. Bei solchen Vorschlägen geht es nicht ums Ganze, sondern um den Grundsatz, dass auch ein Christ nicht alles mit der Begründung, er müsse unbedingt sämtliche Versammlungen besuchen, abtun kann. Es gibt auch Frauen, für die es eine Qual ist, so oft wie es der Ehemann fordert, ihren (sicherlich von Männern so genannten) „ehelichen Pflichten" nachkommen zu müssen. Das kommt, zur Schande der Männer sei es gesagt, auch gerade in christlichen Familien vor. Wenn ein Mann solche Forderungen stellt, spricht aus ihm sicher nicht der Geist Christi. Er stellt damit eher unter Beweis, dass ihm an der Liebe seiner Frau wenig liegt. Solche Männer benehmen sich schlimmer als Heiden. Sie bringen damit den christlichen Glauben in Verruf. Sollte die Frau ungläubig sein, wird sie das auch bleiben.

Es gibt auch christliche Männer, die der Frau die ganze Arbeit der Kindererziehung überlassen, obwohl diese damit überlastet ist und sie die Möglichkeit hätten, etwas für die Kinder zu tun. Das ist ein Akt der Untreue und Lieblosigkeit der Frau gegenüber. Frauen, die von ihren Männern wirklich mit Respekt und Liebe behandelt werden, werden eher kein Problem mit einer Unterordnung haben. Dabei ist aber zu beachten, dass nicht der Mann vorzuschreiben hat, was Respekt und Liebe ist. Wenn er nicht bereit ist hören und verstehen zu wollen wie die Frau respektiert und geliebt werden möchte, kündigt er damit die Ehe, denn eine Ehe ist eine Lebensgemeinschaft in Geist, Seele und Leib. Und auf jeder dieser Ebenen ist ein Bankrott möglich.

Das Neue Testament sagt deutlich, dass Gott kein Freund von Scheidung ist, sondern von Zusammenschluss. Er meint damit aber gewiss nicht den Zusammenschluss von Licht und Finsternis. Im Gegenteil soll man sich von der Finsternis fern halten und gewiss nicht mit ihr eins werden. Seltsamerweise verlangen viele christlichen Verkündiger, dass man als christliche Frau sich mit dem fremden Joch, dem Ehepartner, der irdisch gesinnt ist, immer bereitwillig vereinen lassen sollte. Als ob das fleischliche Einswerden nicht auch für die Seele Folgen hätte. Wenn Paulus davon spricht, dass man es dem ungläubigen Partner überlassen soll, ob er in der Ehe bleiben will, ist er gewiss davon ausgegangen, dass sich beide seelisch so nahe stehen, dass es auch für den gläubigen Partner ein ungewollter Verlust bedeuten würde. Er begegnete der Befürchtung, dass man sich von dem ungläubigen Partner auf jeden Fall trennen müsste, weil er ja ein fremdes Joch darstellte. Er sagt das, was viele Kirchen nicht wahrhaben wollen: „Ihr müsst euch nicht scheiden, nur weil der andere nicht gläubig ist. Aber ihr solltet auch nicht an dem Ungläubigen festhalten, wenn der unbedingt euch verlassen will." Reisende soll man nicht aufhalten, heißt es. Dass auch zwei Gläubige nicht miteinander auskommen können, daran denkt Paulus an der Stelle nicht. Da zwei Gläubige im Normalfall immer im Wachstum begriffen sind und die Liebe und Güte somit nicht weniger werden kann, sollte es, denkt man, keine Eheprobleme geben können. Aber das ist zu kurz gedacht, denn im Leben eines jeden Menschen können schwerwiegende Geschehnisse den Lebenslauf und die Lebenssituation grundlegend verändern. Auch und gerade Gläubige sündigen und versagen, unter Umständen erst, wenn sie im Laufe ihres Lebens besondere Herausforderungen meistern müssen. Versagen und Kampf und abermaliges Scheitern können nicht nur für den einen Teil der Ehe, sondern auch für den anderen zu einer großen Belastung führen. Und auch hier ist mit großer Gewissenhaftigkeit zu prüfen, ob man sich das Leben zur Hölle macht, oder die Freiheit in Christus ergreift, die darin besteht sich von Christus leiten zu lassen, nachdem man diese Leitung erbeten hat. Die getroffenen Entscheidungen gehen die beiden und Jesus was an, sonst niemand.

Die gesetzestreuen Juden hatten entsprechend der Torah jede Vermengung mit Nichtjuden vermieden. Sie vertraten in den Gemeinden folgerichtig die Meinung, dass nun auch zu überlegen war, wie sich das mit einem zum Glauben an Jesus gekommenen verhielt, der einen ungläubigen Partner hatte, der nun plötzlich ein fremdes Joch geworden war. Paulus setzte diesem althergebrachten gesetzlichen Denken das Prinzip dagegen, dass man zur Freiheit berufen sei. Freiheit bedeutet aber gerade auch, die Liebe walten zu lassen. Leider wurde das in den Kirchen nicht immer verstanden. Sie binden den Gläubigen Lasten auf, die nicht nur der menschlichen Vernunft Hohn spricht, sondern sie machen sich zum Anwalt von Ehen, die für den schwächeren Teil zu einer lebenslangen Qual werden und für die Kinder die Grundlage für eine unglückliche Kindheit mit lebenslang nicht mehr zu bewältigenden Folgeerscheinungen. Der letzte Kommentar der

Vertreter dieser schrecklichen Geistes-Haltung, die auch noch von ihnen als biblisch bezeichnet wird, lautet „Gott will es so!"

Gott hasst Scheidung. Aber noch mehr hasst er Zwang, Vergewaltigung, Lieblosigkeit, Seelenversklavung, Unterdrückung, seelische Ausbeutung... Sein Ziel, alles unter dem Haupt Christi zu vereinen, wird Er unfehlbar erreichen. Er trennt aber auch auf dem Weg dahin Finsternis und Licht. Das ist Seine Heilsgeschichte. Ein Ehepartner, der sich ständig der Finsternis des anderen Ehepartners aussetzt, muss sich deshalb fragen, ob in seinem Fall eine Trennung nicht eher dem Willen Gottes entspricht, als sich seelisch und körperlich zugrunde richten zu lassen. Er muss das selber entscheiden, ein anderer kann ihm die Entscheidung nicht abnehmen. Auch kein Pfarrer.

Ein Mann bricht nicht nur die Ehe, indem er sich mit einer anderen als der eigenen Frau körperlich vereint. Er bricht auch die Ehe, wenn er seine Ehefrau bzw. den Bund der Ehe, den er mit ihr geschlossen hat, mit Füßen tritt und auf nachhaltige Art treulos wird. Es gibt auch ein Betrug im Voraus. Wenn z.B. Ehen aufgrund von Vorspiegelung falscher Tatsachen geschlossen worden sind, ist die Ehe gar nicht in beidseitigem Einvernehmen geschlossen worden. Niemals kann Gott so etwas gutheißen, denn er steht für die Wahrheit und nicht für den Betrug. Gerade deshalb ist es unabdingbar, dass man, bevor man heiratet, dem anderen reinen Wein einschenkt. Wo nicht, hat man ihn darum betrogen, nach dem möglichst besten Wissen und Gewissen zu handeln, wenn er die Ehe eingeht. Gott ist der Gott des Lichts und der Wahrheit und man soll sich nicht einbilden, dass man Gott ins Boot und zu seinem Ja und Amen bringt, wenn man seine Braut mit betrügerischen Mitteln vor den Traualtar gebracht hat.

Der Grund für eine Scheidung ist nicht immer nur, weil der eine aus der Ehe ausschert und man sich „auseinander lebt". Oft ist der Grund ein Verborgener, weil man etwas begonnen hat, wie es sich nicht gehört. Wenn der Ehebund heilig ist, dann muss man ihn auch heilig beginnen, sonst braucht man sich nicht wundern, wenn man irgendwann meint, die Quittung bekommen zu haben. Die kirchliche Tradition meint allen Ernstes, dass es reicht, wenn zwei sich von einem Kirchenvertreter die Ehe zusprechen lassen, um ab sofort das Wohlgefallen Gottes auf ihrer Seite zu haben. *133 Das ist geradezu absurd. Gott lässt sich niemals vereinnahmen. Er schaut in die Herzen, Er kennt das Verheimlichte, Er kennt die Absichten.

Die meisten Bibelausleger missachten auch den zeitgeschichtlichen Kontext. *134 Einerseits waren Frauen damals von den Männern abhängig und waren im Fall einer Scheidung oder einer Verstoßung der Gefährdung ausgesetzt, in wirtschaftliche Not zu stürzen. Andererseits wurde gerade die Ehe als wirtschaftliche Verbindung gesehen, die den Betrieb einer Familie garantieren sollte. Es gab daher von einer auf die andere Generation ein Ehezwang, der dazu führte, dass es für Frauen auch eine Erleichterung sein konnte, nicht, nach einer Scheidung oder im Falle der Witwenschaft, eine erneute Verbindung eingehen zu müssen. Für Paulus war wichtig, dass es weder in die eine noch in die andere Richtung zu unerträglichen Härten kam, denn zu Freiheit ist man berufen durch Christus. Wer aus Not frei sein wollte, sollte die Möglichkeit dazu haben. Wer sich binden wollte oder die Bindung aufrechterhalten wollte, um eben gerade Not zu verhindern, sollte ebenfalls die Möglichkeit dazu haben. Ob eine Ehe ein Fluch ist oder ein Segen, das zu beurteilen, steht allein Gott und den betroffenen Eheleuten zu, niemand sonst.

Wenn die Ehe heilig sein soll, dann müssen sich die Eheleute auch gerade in der Ehe heiligen lassen. Und bereits vor der Eheschließung muss diese Heiligung begonnen haben. Man kann nicht in Sünde und in Lüge gelebt haben, um dann mit der Eheschließung ein anderer Mensch zu werden. Das funktioniert nicht. Man muss vor allem vorher schon das Treusein angezogen haben. Es muss wie eine innere Haut werden.

Die Treue zum Ehepartner schließt mit ein, dass man sich um ihn wohlwollend und wohlsinnend kümmert. Liebe kann man nicht erzwingen, aber man kann durch das rechte Wollen vermeiden, dass es für den anderen zu untragbaren Härten infolge des eigenen Verhaltens kommt. Wo eine solche Untreue vorliegt, die trennend wirkt, liegt sie auch deutlich vor. Das heißt, der Mangel an Wohlwollen und Wohlsinnen ist für den Ehepartner immer wieder und dauerhaft spürbar und für andere in und außerhalb der Familie bemerkbar, weil die Haltungen und Handlungen des untreuen Ehepartners ein Zusammenleben in Unterordnung und Liebe unmöglich machen.

Wer von ehelicher Unterordnung spricht, muss zuvor Liebe praktiziert haben und Untreue unterlassen haben. Gerade Männer sind im Grunde dauerhaft in der „Bringschuld", sie müssten, um es einmal überspitzt auszudrücken, so sehr mit ihrer „Bringschuld" beschäftigt sein, dass sie kaum den Atem finden, Unterordnung einzufordern. Umgekehrt gilt das überhaupt nicht, weil die Ehefrau, die nicht mit Aufmerksamkeit und Liebe beschenkt wird, sondern tyrannisiert wird, sich dem Bösen nicht aussetzen muss und auch nicht unterordnen soll. Es sind sicherlich mehr Frauen in Ehen zugrunde gerichtet worden als Männer. Frauen leiden mehr unter der Lieblosigkeit ihrer Männer als Männer unter dem Mangel an Unterordnung ihrer Frauen. In der christlichen Seelsorge sind es aber fast ausschließlich Männer, die einer hilfesuchenden Frau, die unter ihrem Mann seit vielen Jahren leidet, mit dem Rat nach Hause schicken, sie solle ihrem Mann mit der christlichen Liebe begegnen und alles erdulden, Gott werde sie im Himmel dafür belohnen und dadurch werde der Mann vielleicht doch noch auf den rechten Pfad gebracht. Vielleicht aber auch nicht! Wie seltsam: Kaum ein Seelsorger traut sich hingegen, dem Ehemann klar aufzuzeigen, was ihm droht, wenn er sich nicht wirklich bemüht, und was zurecht seine Frau erwarten darf in der Ehe und was für Entscheidungen sie zurecht treffen kann, wenn sie will.

Stattdessen wird der Frau ihre angebliche Ausweglosigkeit noch anhand von Bibelversen eingeschärft.

Wer Ehebruch oder Untreue nur auf Körperliches reduziert, läuft Gefahr, dem Körperlichen den gleichen Stellenwert zu geben wie der, welcher, um sein körperliches Wohlbefinden zu verbessern (oder auch aus anderen Gründen), treulos wird. Gerade Männer sollten auch daran denken, dass Jesus in der Bergpredigt den Treuebruch bereits im Wandernlassen der Augen sieht, weil hier bereits eine treulose Gesinnung vorhanden ist. Paulus hätte sicherlich niemals einer Frau, deren Mann die Kinder misshandelt, zugeraten, bei ihrem Mann zu bleiben und sich ihm unterzuordnen und dabei in Kauf zu nehmen, dass man selber und die Kinder Schaden nehmen. Wer infolge einer solchen Aufkündigung der Unterordnung geschieden wird, muss sich nicht mehr gebunden fühlen. Zur Freiheit hat Christus uns berufen (Gal 5,1). Er nimmt uns dabei nicht aus der Verantwortung. Es ist auch die Verantwortung, recht zu entscheiden und jederzeit wohlwollend, wohlmeinend und wohlsinnend zu sein. Das kann uns niemand abnehmen. Und das dürfen wir uns nicht abnehmen lassen.

In Eph 5,30 bestätigt Paulus, dass die Gemeindemitglieder Glieder von Jesu Körperschaft sind. Und in Vers 32 bezeichnet er die Ehe von Mann und Frau (und nicht die gleichgeschlechtliche Ehe!) als ein Geheimnis. Er löst das Geheimnis gleich im selben Vers auf: *„Dieses Geheimnis ist groß, ich aber deute [es] auf Christus und auf die herausgerufene [Gemeinde]."*

Da die Gemeinde mit Christus nur eins werden kann, wenn sie sich im Geiste einig sind und da dieses Einswerden durch die Leitung von Christus als dem Haupt und seinen Wachstum gebenden Impulsen bis zum vollendeten Einssein geschieht, bedeutet das aber auch, das in der idealen Ehe auf allen Ebenen, wie beim Christus mit Seiner Gemeinde, das gleiche geschieht. Wo das nicht geschieht, liegt im Grunde nur ein Eheversuch vor. Daher weist Paulus die Epheser abschließend an: *„Indessen auch ihr (einzeln [gesehen]): jeder soll seine Frau so wie sich selbst lieben, die Frau aber, dass sie [vor] dem Mann [Ehr]furcht [hab]e."* (Eph 5,33)

Der Unterschied zu einer menschlichen Ehe zwischen Mann und Frau liegt offensichtlich darin, dass sie nicht zum Ziel kommt und auch zeitlich begrenzt wird, während das Verhältnis zwischen dem Haupt Jesus und dem Leib Seiner Gemeinde vollendet wird und, da es vollendet ist, auch ewig bleibt.

Aber zieht sich nicht durch die ganze Bibel das Bild von JHWH als dem Bräutigam und Israel als der Braut? Hier hat man sicherlich ein starkes Argument dafür zu sagen, dass es sich jedenfalls um ein Bild handelt, das sowohl zwischen Gott und Israel als auch zwischen Christus und der Gemeinde ein inniglisches Verhältnis darstellen soll, wenn in beiden Fällen die Ehe als menschliches Gegenstück vorgezeigt wird. Aber gerade bei Paulus steht die Gemeinde immer wieder im Blickpunkt und die biblische Wahrheit bleibt unbenommen, dass Gott Seinem Volk die Treue hält und es zur ersten Nation unter den Nationen machen wird, wie es gerade ja auch Paulus feststellte (Röm 11,26) und dass auch die Gemeinde des Leibes Jesu in Treue vollendet und dann entrückt wird (1 Thes 4,17).

Die Mehrheit Gottes

Gott Vater und Gott Sohn sind eine Einheit

Die Mehrheit von Christus

Christus und sein Leib sind auch eine Einheit

Die Mehrheit von Mann und Frau

Ehemann und Ehefrau sollen eine Einheit sein

Mit Israel als Volk hat Gott JHWH diese Einheit nicht, wie Er es mit der Gemeinde hat. Bei der Gemeinde ist jeder einzelne auserwählt, da ist wahre Individualität, denn wenn nicht jeder einzelne von Gott vollkommen gemacht wäre, gäbe es auch keine echte Individualität. Niemand ist eine fertige und vollendete Person, der nicht von Gott individualisiert und fertig gemacht worden ist! Bei Israel ist das Volk als Ganzes auserwählt und als Ganzes wird es auch zur Führung der Nationen eingesetzt. Diese beiden, Israel und die Gemeinde Christi muss man auseinanderhalten.

JCJCJCJCJCJCJCJCJCJCJCJCJC

Ordnung und Stärke

Eph 6,1-10

Paulus gemahnt die Kinder ihren Eltern zu gehorchen und umgekehrt die Väter ihre Kinder nicht zum Zorn zu reizen. (Eph 6,1-4) So ist der Grundsatz. So soll es sein. An anderer Stelle weiß aber Paulus: *„Dies aber wisse, dass in den letzten Tagen schwere Zeiten eintreten werden; denn die Menschen werden ... den Eltern ungehorsam, undankbar, unheilig, lieblos... das Gute nicht liebend..."* (2 Tim 3,1-3).

Es ist klar, schon damals hätten viele dem Paulus entgegnen können: „Aha! Dann sind wir schon in den letzten Tagen!" Aber wenn man sieht, wie im 21. Jahrhundert gerade in den ehemals christlichen Ländern den Kindern geradezu beigebracht wird, den Eltern ungehorsam zu sein, wenn man nicht sogar dazu übergegangen ist, sie möglichst frühzeitig den Eltern wegzunehmen, damit erst gar keine enge, wie auch immer verpflichtende Beziehung zu den Eltern, viel lieber zum Staat, entstehen kann. Der neue Mensch soll gleichgeschaltet, umgeschaltet und leicht führbar sein. Durch den antiautoritären Erziehungsstil soll sich angeblich der Mensch frei und ungezwungen nach seinen Fähigkeiten und Neigungen entwickeln können, ohne von den egoistischen und irreführenden Vorstellungen der Eltern geprägt und fehlgeleitet zu werden. Von der Bibel her weiß man, was die menschlichen Neigungen eines unbekehrten Herzens sind. Kinder sind unbekehrt, daher bedürfen sie gerade als Kinder einer geistlichen, erzieherischen und fürsorglichen Leitung, sonst werden alle zu Herren der Fliege, die um einen Misthaufen herumfliegen. Und tatsächlich, wenn Gott nicht eingreift, verkommt die Welt zu einem Misthaufen, der nach Chaos, Fäulnis und selbstbestimmten Fäkalienerträgen stinkt. Das humanistische Weltbild der Liberalen, Neomarxisten und atheistischen Gutmenschen glaubt aber an die reine

Rohform des menschlichen Herzens, ohne selber zu wissen, was denn diese Herzen zu edlem Menschentum verhelfen soll. Bisherige Versuche den autonomen Menschen zu verwirklichen, scheiterten kläglich unter Bergen von Leichen. Ein Mensch, der auf Egoismus und radikalen Individualismus einerseits und andererseits auf den radikalen Sozialismus getrimmt wird („die Partei ist alles!", „das Volk ist alles!", „das Gemeinwesen ist alles", der „Multikulturalismus ist alles", „die Glaubensgemeinschaft ist alles!") verkümmert und entartet seelisch und verliert das Menschsein völlig. Er wird zur Bestie, denn das wahre Menschsein, das sich segensvoll auf alle anderen auswirken kann, gewinnt man nur durch die Hinwendung zu Christus. Wer die Person des Christus nicht kennt, kennt vielleicht Wesenszüge oder Gebote von Ihm, an denen er sich orientiert. Die Menschenrechte der UN, das Grundgesetz der Bundesrepublik Deutschland, der Kirchenkatechismus, sie alle enthalten Ideen und Vorschriften und Empfehlungen, die sich aus Vernunftgründen und Menschheitserfahrung als gut, erstrebenswürdig und richtig erwiesen haben und sich zugleich mit dem Willen Gottes, ob bewusst oder unbewusst, ob beabsichtigt oder nicht, im Gleichklang befinden, jedenfalls zum Teil.

Aber auch diese Grundordnungen werden nach und nach umgestürzt oder abgewandelt durch die neuen Generationen, denen immer mehr die Orientierung an der göttlichen Ordnung abhanden kommt. Die fehlerhafte Erziehung der Kinder, die sich unweigerlich in einer Verweigerungshaltung der neuen Generationen gegenüber der Elterngeneration Bahn bricht, erbringen „schwere Zeiten" im Ungehorsam, in der Undankbarkeit, im Lieben des Unguten und im Hassen des Guten. Zuerst relativierte man die Werte in der Moderne, dann entwertete man die Werte in der Postmoderne und schließlich wertet man die Werte um. Der Teufel ist der neue Gott, der eigentlich schon immer der heimliche Gott der Massen war, der Liebling der bösen Herzen. Und die Kirchen machen bei diesem Teufelsreigen mit, sie wandeln sich immer mehr zu anti-christlichen Kirchen. Vor dem Tempel des Teufels, dem Felsendom der Muslime auf dem Tempelberg, von den Muslimen auch Al-Aqsha-Moschee genannt, *135 nehmen ihre geweihten Vertreter ihre Kreuze ab. Das völlig zu Recht, denn jeder soll ja wissen, dass sie sich im Schulterschluss mit dem anti-christlichen Islam befinden und das Kreuz nur als Symbol für ihre Heuchelei tragen. Und die Kinder werden, ebenfalls im Einverständnis der Kirchen zur Toleranz gegenüber einer Geschlechtlichkeitsverflüchtigung erzogen, die in Wirklichkeit ein Spott Satans auf Gottes Schöpfungsordnung ist (Röm 1,21-24.26-27) und die Paulus mehrfach deutlich als Gräuel kennzeichnet. Genderierung ist Degenerierung.

Das zeigt aber auch, dass jedes Kind, das sich gegen eine Vergewaltigung seiner Seele durch zeitgeistverdorbene Eltern, auflehnt, recht tut. Der Gehorsam hat seine Grenzen. Wäre der zum Glauben an Jesus Christus konvertierte Muslim seinen Eltern gefolgt, wäre er Muslim geblieben und hätte sich – und seinen Eltern - viel Ärger erspart. Bezeichnenderweise unterstützt die katholische Kirche, die ihren Gott mit dem Gott der Muslime gleichsetzt, solche Konvertierungen nicht – es sei denn es findet ein Wechsel zur Kirche Roms statt. Es soll auch Katholiken geben, die zum Christentum konvertieren, weil sie Christus aus einer Kirche herausführt, die nur ein Gegenentwurf zur Kirche Gottes darstellt.

Das gleiche Prinzip gilt für das Unterordnungsverhältnis zwischen dem Sklaven oder Knecht und dem Herrn, oder jeglicher Form des Dienens unter eine Obrigkeit (Eph 6,5-9). Unterordnung ist ein göttliches Prinzip. Unterordnung ist gut, sich Gott unterzuordnen ist besser! Wer die Macht hat, darf bestimmen, aber nur bis zum jeweiligen „bis hierher, und nicht weiter!" Wo sich das befindet, entscheidet jeder selber. So wie in der Ehe auch, wo es diese von Gott gestiftete Unterordnung auch gibt, wenn man sein ergreift. Die Frau ordnet sich unter, der Mann liebt die Frau. Wenn das nicht harmoniert, entsteht ein Ungleichgewicht und wo ein Ungleichgewicht entsteht, gerät auch die göttliche Ordnung durcheinander. Wenn ein Herr seinen Sklaven nur ausbeutet und misshandelt, ist der

Sklave berechtigt, den Gehorsam zu verweigern und sich dem Zugriff der Ungerechtigkeit zu entziehen (ob er es kann, ist eine andere Frage).

Natürlich darf ein Christ kein Sklavenhalter sein. Und daher darf ein Christ auch kein Ehemann sein, der seine Frau in allem bevormundet und vorschreibt, was sie zu tun oder zu lassen hat. Die Sklavenhalter unserer Zeit sind die muslimischen Scheichs im arabischen Raum, deren Gott ohnehin die ganze Menschheit versklaven würde, und die christlichen (eigentlich „unchristlichen") Männer, die noch nicht verstanden haben, dass sie von ihrer Frau nur die Unterordnung erwarten (nicht verlangen!) dürfen, wenn sie sie vorher geliebt haben. Eine Frau erwartet zurecht, dass der Mann sie liebt. Tut er es nicht, gerät jeder Akt der Unterordnung zu einer unfreiwilligen Tortur oder zu einer freiwilligen Qual. Daher lässt sie es lieber gleich. Ein Mann, der nicht liebt, eignet sich nicht als „Herr", er muss selber noch in die Schule der Unterordnung gehen. Ein Mann, der seine Frau als Sklavin hält, hat sich selber noch nicht Gott untergeordnet. Solche Männer gibt es viele gerade auch unter Christen. Aber es soll auch nicht verschwiegen werden, dass es Frauen gibt, die es unter ihrer Würde ist, sich dem Mann, der sie liebevoll und anständig behandelt, unterordnet. Und in diesem Klima wachsen die Kinder auf. Da muss man sich nicht wundern, wenn sie dann ihrerseits den Aufstand proben und die Eltern nicht ernst nehmen mit ihren undurchsichtigen und fragwürdigen Erziehungsvorbildern. Leider gibt es viele Männer, die sich zur „Liebe" bekennen und dabei an Sex denken. Sie sagen dann vielleicht auch, ich will ja meine Frau lieben, aber sie verweigert sich. Er redet dann so wie ein Scheich, der eine Sexsklavin hält, die sich ihm nicht freiwillig hingibt.

Auch dem Staat schuldet man Unterordnung und Gehorsam. Wie Jesus schon sagte, gibt man dem Staat, was ihm rechtens zusteht. Aber es gibt auch unrechtmäßige Ansprüche des Staates, denen man sich verweigern darf und manchmal auch soll. Wann und ob das der Fall ist, das muss jeder selber für sich entscheiden, denn jeder muss seine eigene Verantwortung tragen.

Viele Christen schleichen durchs Leben als seien sie schon halber tot, erschöpft, niedergeschlagen oder sogar wie paralysiert und tatsächlich kann man in schwere Bedrängnis geraten sein, unter psychischem Druck, unter physischer Verfolgung, in Krankheit und in alle erdenkliche oder unausdenkliche Not. Und doch darf man sich immer wieder von Paulus sagen lassen, wie zum Trotz: *„Werdet stark im HERRN und in der Macht Seiner Stärke!"* (Eph 6,10) Auch zum Sterben, auch zum „Schwachsein" bedarf es innerer Stärke, weil man die Hoffnung nicht aufgibt. Weil man an der gelebten Gewissheit, dass einem alle Dinge zum Guten wirken, festhält. Dieses zuversichtliche Festhalten braucht Stärke. Dieser Vers ist der Schlüsselvers zum Text, der folgt! Gottes Stärke für uns ist Christus. Wer versucht, die Kraft aus sich selbst herauszuholen, wird früher oder später an seine Grenzen kommen. Mit Christus gibt es nur vermeintliche Grenzen, oder solche Grenzen, die Er gesetzt hat, weil wir sie noch nicht überschreiten sollen. Sich nach Seiner Stärke ausstrecken, bedeutet, nach dem zu sinnen, was droben ist, nicht auf das, was auf der Erde ist! (2 Kol 3, 1 – 4). Ebenso gut kann man sagen, nach dem zu sinnen, was in Christus ist (Johannes 14, 20; 17, 21.23). Deshalb sagt Jesus auch, dass wir nichts tun können, ohne Ihn (Joh 15,5), nichts Christusgemäßes jedenfalls, aber da wir das Nichtchristusleben aufgegeben haben und nur noch Christus leben sollen, kann es auch keinen anderen Maßstab für uns geben. Das Christusgemäße ist christusmaßstäblich. *136

Noch etwas besagt das Gebot, die Waffenrüstung Gottes anzulegen. Dass überhaupt ein Kampf zu kämpfen ist. Wer davonrennt, wirft seine Rüstung ab, oder legt sie erst gar nicht an. Solche Soldaten braucht niemand. Man sollte also seinen Ängsten zum Gemeinwohl nicht folgen. Man muss die inneren Widerstände überwinden. Je sündiger die Menschen sind, desto mehr haben sie innere Ängste. *137

Nicht nur Sünden, sondern auch Ängste sollen überwunden werden, denn nur so kann man immer tüchtiger werden im Kampf gegen die gottfeindlichen Mächte drinnen und draußen.

Gottesstreiter brauchen Mut. Sie bekommen ihre Stärke ebenso wie ihren Mut von Christus, denn in geistlichen Kämpfen helfen nur die Eigenschaften von Christus, mit den eigenen erreicht man schnell das Ende des Möglichen. Es geht ja nach Eph 6,13 darum, an *„dem bösen Tage widerstehen"* zu können. Im Grunde sind die bösen Tage alle die Tage, an denen man nicht vollständig in Christus geborgen ist, weil man dann den feindlichen Mächten ausgeliefert ist und ihnen deshalb standhalten muss. „Widerstehen" bedeutet Standhalten, sich nicht umwerfen, nicht besiegen lassen. Das Standhalten ist vielleicht noch nicht der völlige Sieg, denn der wird von Christus persönlich besorgt, dem Haupt, das noch in ganz besonderer Weise in die Menschheitsgeschichte und zugleich in unsere persönliche Lebensgeschichte eingreifen wird.

Was heißt das: *„Werdet stark im Herrn und in der Macht seiner Stärke!"* (Eph 6,10)? Man soll nicht stark werden in den Dingen, die die Welt bewegen. Man soll stark werden in den Dingen, die Christus das Tun und Denken und alle sonstigen Lebensregungen bei einem selbst übernehmen lassen. Dazu muss man sich dem Geist Christi öffnen. Der ruht solange nicht, wie der Mensch noch nicht zur Vollendung gebracht worden ist. Da beginnt Christi Geist zu reden und zu leiten und führt einen immer weiter fort, immer stetig zum Ziel hin. Je mehr Er übernimmt, desto stärker wird Er im Verhältnis zum Menschengeist mit seinen Eigenheiten.

Wer sagen kann, „dein Wille geschehe", muss ja schon seinen Eigenwillen aufgegeben haben, meint man, aber richtiger ist, dass man den Eigenwillen in den Willen Gottes hineingelöst hat. Es ist wie bei einem Schmelzprozess, wo zwei Bestandteile eine Verbindung eingehen, bei der eine nicht einfach nur dominant bleibt, sondern auf wunderbare Weise eine Ergänzung ergeben hat, die nicht mehr von dem, was zugeflossen ist, unterscheidbar ist. Und der Eigenwille, der danach immer noch da ist, ist nur verwandelt, denn er spricht, „Ich will jetzt nicht mehr so, sondern wie Gott will." Auf die Frage, „Warum?" antwortet er nicht: „Weil Gott es will!", ebenso gut kann er nämlich antworten, „Weil es das einzig Richtige ist!"

JCJCJCJCJCJCJC

Aufrüstung!

Eph 6,11-19

Gegen Ende seines Briefes an die Epheser, gibt Paulus ihnen noch eine „geballte Ladung" praktischer Lebenshilfe und gelebten Glaubens mit. Er nennt es „Waffenrüstung Gottes".

Wenn Paulus dazu auffordert, *„die ganze Waffenrüstung Gottes"* anzuziehen (Eph 6,11), dann bringt er damit zum Ausdruck, dass sie bereits vorliegt, dass man selber aber auch aktiv werden muss. Damit können sich die Epheser selber prüfen, zu welcher Art Christuszugehörige sie zählen. Muss man sie noch überzeugen? Akzeptieren sie nur einen Teil der Botschaft?

Die Waffenrüstung hat einen ganz praktischen Wert, denn so wie Jesus vielen Angriffen ausgesetzt war, so ist es auch bei Seinen Jüngern. Ihre Fähigkeiten sollen, nach dem Wollen des Widerwirkers, falsch eingesetzt oder missbraucht werden. Mit ihnen findet eine geistliche Verwandlung statt, aber sie sollen dazu gebracht werden, dass sie die Welt verändern (Mt 4,3). Sie sollen Brotmacher werden, damit sie den Hungernden der Erde zu essen geben können. Das ist das soziale „Evangelium"! Dabei geht es für Gott darum, dass sie zuerst selber fertig-gestellt werden, bevor sie dazu über gehen können, bei der Fertigstellung anderer mitzuwirken. Geld ist Macht, aber auch Fähigkeiten verhelfen zu Macht und wer seine Fähigkeiten nicht in den Dienst Gottes stellt, der missbraucht auch seine Macht.

Umgürtung mit Wahrheit

Wenn man annimmt, dass Paulus in diesem Bildnis von der Waffenrüstung daran dachte, jedem Teil der Waffenrüstung ganz bewusst einen bestimmten Körperteil zuzuordnen, schwächt man möglicherweise die Gesamtaussage ab. Man soll ja nicht nur die Lenden mit Wahrheit umgürten, wie es Paulus zuerst beschreibt (Eph 6,14), sondern soll gänzlich in Wahrheit getaucht sein. Wichtiger als die „Lende" ist die Umgürtung. Für einen Soldaten bedeutete das Abgürten immer Gefechts-pause oder Ende des Kampfes. Da für einen Christen in der Welt der geistliche Kampf nie aufhört, soll er ständig in der Wahrheit stehen. Die Wahrheit ist Christus. Immer in Christus stehen, bedeutet immer mit Wahrheit umgürtet zu sein. Die Wahrheit soll man nie ablegen. Da niemand mit der Wahrheit geboren wird, muss man zuerst sich Wahrheit verschaffen. Dazu wäre es sinnvoll, wenn man Gottes Wort studiert, damit der Geist Gottes zu einem sprechen kann. Wer das nie tut, braucht sich nicht wundern, wenn er die Lehren, die in seinen Ohren gut klingen, nicht mehr von der Wahrheit, die manchmal schon beim Zuhören schmerzt, unter-scheiden kann. In keinem Berufsstand wird wohl so viel Unwahres verbreitet und als Wahrheit deklariert wie bei den staatlich geprüften Theologen. Wenn ein Doktor der Theologie den Mund aufmacht, ist Vorsicht geboten!

Von vielen Kirchenchristen und ihren Amtsvertretern wird ja die Notlüge, oder die Lüge für die angeblich gute Sache, für nützlich gehalten. Aber das ist vergleichbar mit der weißen Magie. Es ist ein Pakt mit dem Teufel, dem Vater der Lüge, denn merke! - nicht Gott ist der Vater der Lüge, der jedem zuflüstert, dass für eine gute

Sache auch einmal gemordet, betrogen und belogen werden kann. Und das hat ja die Kirche Roms mit ihren Ablegern durch die Jahrhunderte so regelmäßig unter Beweis gestellt, dass es leicht fällt, ihren Herrn dabei zu identifizieren.

Wer an den Lenden gegürtet ist, ist auch bereit zum Aufbruch (2 Mos 12,11). Aufbruch zu was? Zum Kampf, ja, aber da dieser Kampf dauern wird, bis ans Lebensende, ist es auch der Aufbruch zu Christus, der jeden bei der Auferstehung oder der Entrückung in Empfang nimmt. Der Christ führt einen Kampf bis zum Ende. Für alle bedeutet der Aufbruch auch, das was war, hinter sich zu lassen, alles das, was kein Christusweg war. Nun geht es auf dem Wege der biblischen Wahrheit weiter in der Nachfolge Christi. Dabei gilt es *„jeden Gedanken gefangen zu nehmen unter den Gehorsam Christi"* (2 Kor 10,5). Die Gedankenstrukturen haben sich über die Jahre verfestigt, sie müssen zum Teil aufgebrochen werden und durch die Gedanken für Christus ersetzt werden. Auch das ist ein innerer Kampf.

Nach Joh 17,17 ist das Wort Gottes die Wahrheit. Wer also die Wahrheit vertreten will, muss das Wort Gottes kennen. Sich mit Wahrheit umgürten, bedeutet daher auch, dass man sich viel mit dem Wort Gottes beschäftigen soll, um weiter darin zu wachsen, sich mit ihr und demzufolge auch mit dem Wahrheitsträger Christus vertraut und bekannt zu machen. Wer noch nicht einmal das Interesse für das Wort Gottes in sich verspürt, hat vielleicht auch den Christus noch nicht in sich und ist kein Glied an Seinem Leibe. Die Masse der Kirchenchristen liest die Bibel nicht, studiert sie nicht, geht nicht zu Bibelstunden oder Bibelseminaren, weil es sie einfach nicht wirklich interessiert. In katholischen Messen dreht sich alles um die Messe, die Bibel wird nur vereinzelt zitiert, meist in theologischem Missverständnis. Es ist immer wieder die selbe Auswahl liturgischer Verse. Die Lehren von Paulus kommen nicht in der Messe vor. Das ist vernünftig, denn was man nicht versteht, darüber soll man schweigen. Es kommt zu dem absurden Schauspiel, dass jene, die sich intensiv mit Gottes Wort beschäftigen, von denen, die die kirchliche und damit menschliche Tradition betonen, nicht nur belächelt, sondern auch kritisiert werden.

Wer die Wahrheit des Wortes Gottes nicht kennt, ist auch nicht geeignet und nicht beauftragt, für Gott zu kämpfen und ein Streiter Jesu Christi zu sein. Er hat dann vielleicht einen Auftrag von einer Kirchenorganisation oder handelt gemäß den Wünschen des Widerwirkers und seiner antichristlichen Absichten, aber nicht nach dem Willen Christi.

Auch Petrus spricht von der Umgürtung in einem bildhaften Sinn in 1 Pet 1,13. Möglicherweise handelt es sich um eine bekannte Redefigur, die jedenfalls eine ständige Kampfbereitschaft und Wachsamkeit in der Sache anzeigt. *„Deshalb umgürtet die Lenden eurer Gesinnung, seid nüchtern und hofft völlig auf die Gnade"*. Im Kontext geht es bei Petrus, der an die messianischen Juden in der Diaspora schreibt, darum, dass diese gegen zwei Hauptströmungen und, „geistlich" gesehen, „Feinde" bestehen müssen. Das sind einmal die orthodoxen Juden, die ihnen den gotteslästerlichen Irrglauben an diesen Jesus von Nazareth ausreden wollen. Und da sind die üblichen judenfeindlichen Angriffe aus der hellenistisch-heidnischen Umwelt. Da braucht man *Lenden der Gesinnung"*, die nüchtern sind und sich völlig auf Gottes Gnade verlassen. Das gleiche Prinzip der geistlichen „Kriegsführung", die man ebenso gut als geistliche „Friedensführung" bezeichnen könnte, denn man muss immer zuerst den Frieden in Christus in sich haben, bevor man den Frieden nach außen erzeugen kann, gilt auch heute noch bei jedem, gleich ob er messianischer Jude ist oder messianischer Nichtjude oder Glied am Leibe Jesu Christi.

Das zeichnet wahre Christen aus, Kampf für die Wahrheit, Kampf ohne Gewalt, jedoch gesinnungsgemäß und dabei kompromisslos. Es gibt bei Christus keine Kompromisse mit der Lüge. Daher ist eine Ökumene mit dem Haus Satans und seinen Hohepriestern völlig ausgeschlossen. Christus hat sich immer gegen das Böse gestellt und sich von ihm deutlich abgegrenzt. Er ist niemals faule Kompromisse eingegangen, Er hat keine Eingeständnisse oder Zugeständnisse gemacht um des lieben (Schein-) Friedens willen. Die Wahrheit ist und bleibt nur Wahrheit, wenn sie nicht von einer Unwahrheit befleckt wird. Sie verträgt auch nicht den kleinsten Flecken. Ganz so ist es mit der Heiligkeit Gottes. Deshalb heißt es, dass Christus die Wahrheit ist und dass konsequent logisch wir sowohl die Heiligkeit Gottes als auch die Wahrheit Christi nur in Christus haben können, niemals außerhalb. Man mag sich Gott noch so weit nähern können, man bleibt dennoch immer ein „Außenstehender", wenn man nicht in Christus angekommen ist. Deshalb ist es auch theologisch unrichtig, wenn man behauptet, es gebe verschiedene Wege zum Heil, die ohne Christus sind. Mohammedaner, Hindus, Buddhisten, Humanisten können sich bemühen wie sie wollen, nur wenn sie ihren alten Religions- und Gesinnungsmenschen ablegen und den neuen Menschen in Christus anziehen, können sie erlöst werden. So lehrt es die Bibel.

Einem Weltmenschen kann man nichts von der Wahrheit erzählen. Sie ist zu erhaben für ihn. Sein Denken ist durchsetzt von Flecken der Unwahrheit. Er kann auf sie nur mit Unwillen und Spott reagieren. Dabei bleibt es, solange Gott nicht gnädig eingreift. Und daher ist Nüchternheit wichtig im Umgang mit der kostbaren, reinen Wahrheit. Statt Nüchternheit, kann man auch Keuschheit setzen. Man setzt Bluthunde auch nicht an eine Tafel mit einem fünf Gänge Menü einer Fünf-Sterne-Köchin. Gottes Wahrheit und der Umgang mit ihr hat eine innere und äußere Ästhetik. Die innere Ästhetik besteht darin, dass man seine Gedankenwelt auf das Ehrbare und Christusgemäße konzentriert. So ist es beispielsweise nicht ehrbar, wenn man sich vorstellt, wie die Feinde, die man sich so mühevoll im Leben angereichert hat, in der Hölle doch endlich noch gequält werden. Manche Druckerzeugnisse, kirchliche Abhandlungen, künstlerische Beschmückungen von Kircheninnereien mangeln hier der Ehrbarkeit und lassen die Ästhetik der Wahrheit vermissen. Unkeusche Gedanken haben zu diesen Verirrungen geführt, die die Wahrheit verfälschen und damit auch die Vorstellung, was gut und schön ist. *138 Der Mangel an innerer Ästhetik führt dann zu solchen Auswüchsen der Offenbarung des beschämenden Zustandes der äußerlichen Sichtbarmachung. Da wo die

Ästhetik äußerlich sichtbar werden soll, entsteht Schädliches und Schändliches, Peinliches und Gräuliches. Wenn man alte katholische Kirchen betritt, findet man meist sehr viele Beispiele dafür. Die Wahrheit ist in Ansätzen und Bruchstücken vorhanden und so findet sich auch Gutes und Schönes, Ehrbares und Anständiges. Doch es hat sich auch die Unwahrheit in die Sichtbarkeit eingedrängt, die immer auch unkeusch, schamlos, hässlich dargestellt werden muss, weil das ihr Wesen ist. Da werden Knochen von sogenannten Heiligen in Vitrinen aufgestellt, Christus und die Märtyrer werden mit ihren Wunden und Hinrichtungen dargestellt, dazu Tod und Teufel, mitsamt der Meute der Höllenhunde und Dämonen.*139 Und immer ist es düster, bedrohlich, man riecht in diesen Tempeln der Unlust am Leben den Tod und die ständige Gefahr des Verderbens. Licht braucht man nur, damit man das Böse und Verfluchte besser sehen kann und wie das schwache und weinerliche Heilige nur mit Müh` und Not daneben übersteht.

Beim Menschen wirkt sich das äußerliche Unästhetische unmittelbar in seinen sichtbaren Haltungen und Handlungen aus. Man kann auch im stillen Kämmerlein auf die Knie gehen, ohne darauf herumrutschen zu müssen, dazu muss man sich nicht von den Menschen bewundern lassen. Die Zurschaustellung von Scheinheiligkeit liegt der alten heuchlerischen Adamsnatur im Blut. Mit einer Christus nachfolgenden Geisteshaltung hat es nichts zu tun. Bei Gott geht es um das Erlangen des Christuswesens und das ist demütig, still und keusch. Das ist nichts für die Massen, denen es immer nach Brot und Spielen verlangt. *140 Die Begegnung mit dem echten Christus ist eine persönliche zwischen mir und Ihm, der Widersacher möchte eine Massenveranstaltung in einer Massenkirche dagegen setzen. Äußerlicher Prunk und Selbstbeweihräucherung, anstatt innere Einkehr und Zwiesprache, die von Gott initiiert ist und daher echt ist und nicht eine meditative Öffnung für fremde Geister, die euphorisieren und mobilisieren, für alles, nur nicht für den rechten Gottesdienst.

Die Lenden sind die Mitte des Menschen. Die Wahrheit sollte in der Mitte des Menschen sein. Sie sollte keine Randerscheinung sein.

Beachtenswert ist die menschliche Anatomie dennoch. Da mag auffallen, dass die Fortpflanzung, örtlich nahe, der Ausscheidung entgegengesetzt ist. In der Körpermitte. Christus weist Seine Jünger an, Frucht zu bringen, immer wieder aufs Neue sollen sie durch den Geist ihr eigenes Wachstum generieren (Joh 15,4). Zugleich gilt es, geistliches Gift und Unrat auszuscheiden, was dieses notwendige Wachstum in Christus hinein behindern könnte. Auffälligerweise ist das, was die einen Kirchen als geistlich bezeichnen, wie z.B. die Messe der Katholiken, bei den anderen ein Sakrileg, an dem man keinesfalls beteiligt sein dürfe. Für den Menschen liegen Erfolg und Irrtum, Ernte und Misserfolg nahe beieinander. Daher braucht er in geistlichen Dingen die Leitung des Geistes Christi (1 Th 5,19-21). Der unterscheidet messerscharf zwischen Gut und Böse. Der Mensch kann das nicht. Und weil er es nicht kann, lässt er es sich gerne vorschreiben von einer höheren Instanz. Wer in Christus ist, braucht sich nicht nach kirchlichen Dogmen richten, er hat den Unterscheider und Beurteiler in sich.

„So stehet nun!" sagt Paulus (Eph 6,14). Nicht einmal sitzenbleiben ist erlaubt. Jemand der sich im Kampf weiß, will kampfbereit bleiben, um nicht überwältigt werden zu können. Im Stehen lässt sich auch schlecht schlafen! Geistig darf man nicht verschlafen sein, sondern muss hellwach sein, weil man sonst überwältigt wird.

Brustpanzer der Gerechtigkeit

Nachfolger Jesu sollten auch mit dem *„Brustpanzer der Gerechtigkeit"* bekleidet sein. Der Brustpanzer schützt die lebenswichtigen Körperteile. Wenn hier ein Angriff erfolgreich ist, folgt die sofortige Niederlage. Aber was bedeutet für Paulus die *„Gerechtigkeit"*? Für die Juden, die zu seinen theologischen Gegnern gehörten, lag die Gerechtigkeit im Halten der Gebote der Torah. Gerecht ist nur einer, das ist der Heilige, das ist Gott. Da Er in einem unzugänglichen Licht wohnt, das nie vom Menschen erreicht werden kann, weil er nicht an einem Lichtstrahl zu Gott emporklettern kann, muss er dennoch alles daran setzen, um Gott möglichst nahe zu kommen, denn nur dort ist eine Weiterexistenz möglich. Gott ist die Quelle des Lebens. Gott hatte dem Volk Israel einen Weg vorgegeben, wie es maximal gerecht werden konnte: Im Halten der Torah, weil sie dem Willen Gottes entsprach. Eine andere Möglichkeit wenigstens annähernd so gerecht zu werden wie Gott, gab es nicht. Jetzt war aber Paulus gekommen und hatte behauptet, die Gerechtigkeit sei nicht auf dem alten Weg über die Torah zu erreichen, sondern in der Person des Erlösers Jesus Christus. Da Christus sündlos gestorben ist, war Er der einzige Gerechte. Gott stellt nun diese Gerechtigkeit Jesu jedem Menschen zur Verfügung, der sie für sich in Anspruch nimmt. Dieses Inanspruchnehmen ist hier bei Paulus gemeint. Es ist aber nicht ein einmaliges Bekenntnis, sondern es ist ein sich fortgesetzt von Christus für sich Inanspruchnehmenlassen. Nach dem Bekenntnis zu Christus, kommt nun Christus in das Leben des Bekenners. Dieses Leben stellt man Ihm ganz zur Verfügung und Christus benutzt es dann auch ganz im Sinne des neuen Weges. *141

Es ist also nicht „unsere eigene Gerechtigkeit", wie man sie etwa durch Werke hervorzubringen denken könnte. Genau so haben es aber die Kirchen verstanden. Für einen Katholiken ist es selbstverständlich, dass er fromme Werke verrichten soll, die Gott dazu bewegen können, sich ihm gnädig zu erweisen, obwohl Paulus deutlich sagt, dass dies nicht funktioniert (Röm 3,28). Im tiefsten Herzensgrund ist das Streben nach selbstgemachter und selbstbewirkter Gerechtigkeit nur ein Haschen nach Selbstgerechtigkeit, die völlig nutzlos ist. Angenommen ein Atheist beschließt, sein Leben mit guten Taten anzufüllen und nun beginnt er nach bestem Vermögen „gerechte" Werke zu vollbringen. Er könnte dennoch nur darauf hoffen, wenn ihn dann die Tatsache erfasst, dass es doch einen „gerechten" Gott gibt, dass dieser Gott ihm gnädig ist. Das bedeutet, dass nichts, was der Mensch jemals tun kann, ihm das Siegel der rettenden Gerechtigkeit geben kann, weil es niemals ausreicht, völlig gerecht gewesen zu sein. Das wäre sogar dann der Fall, wenn es tatsächlich einem Menschen gelänge, so wie es Jesus gelungen ist, völlig sündlos zu sein. Bei Kindern, die wenige Tage nach der Geburt gestorben sind, muss man das sogar annehmen. Sie haben sich nichts zu Schulden kommen lassen. Aber was sollte Gott dazu bewegen, sich für einen bestimmten Menschen zu entscheiden, dass Er ihm ewiges Leben von göttlicher Qualität schenkt? Warum sollte Gott überhaupt das Handeln oder Nichthandeln der Menschen zum Maßstab Seiner Entscheidung machen? Die Bibel sagt, dass der Maßstab Gott selbst ist. In Seinem Sohn Jesus Christus, der eins mit Gott, dem Vater, ist, liegt die göttliche Heiligkeit und Gerechtigkeit. Und daher ist auch nur in Ihm die Gerechtigkeit, die sich zum Heil des Menschen auswirkt. Gott hat nicht gesagt, „ich werde schauen, was Jesus wirkt, dann entscheide ich, ob ich Ihn zu meinem Sohn mache." Und mit den Menschen verfährt Er genauso. Bei Jesus waren die Werke, die Er wirkte, die logische Folge Seiner Verbundenheit mit dem Vater. Und ebenso sind die Werke, die ein Glied Seines Leibes vollbringt, eine logische Folge seiner Verbundenheit mit Christus, dem Haupt des Leibes. Wo aber keine Verbundenheit ist, gibt es auch keine tadellosen Werke. Die Verbundenheit ist die Rettung und die kommt vor den Werken. Die Werke sind nur eine Folgeerscheinung. Die Weltreligionen lehren das genaue Gegenteil. Sie sagen „Tu` was – dann kann dir – vielleicht – geholfen werden!"

Und nur darin liegt der Brustpanzer der Gerechtigkeit, dass man dieser selbstfabrizierten halbseidenen Gerechtigkeit absagt und sich der Gerechtigkeit zuwendet, die in Christus ist. Dass Glieder am Leibe Christi mit ihren Mitmenschen gerecht umgehen, liegt nicht daran, weil sie in den Himmel kommen wollen, sondern allein daran, dass durch sie der Geist Christi wirkt und gar nicht anders wirken kann. Wer so gesinnt ist, ist wie Christus gesinnt und hat dadurch einen Schutz für sein Leben, wie er besser nicht sein kann. Wer die Gerechtigkeit Jesu erworben hat, ist gewissermaßen „unsterblich" geworden. Die „Erwerbung" war eine Vererbung, denn man bestätigt durch diesen Glauben seine Erwählung. Glied am Leibe Christi zu sein, bedeutet, diese Gerechtigkeit und Heiligkeit, die das Haupt bereits hat und nie weggegeben hat, für sich durch die Vererbung von Gott her, übernommen zu haben.

Der Brustpanzer schützt auch das Herz des Menschen, die Lebenszentrale, das Zentrum seines Willens und seines Gewissens. Das darf nicht angreifbar sein, denn Ziel eines jeden Menschen muss sein, zu wollen wie Gott will und sein Gewissen gereinigt zu haben durch das Befolgen von Gottes Willen in der Annahme der Vergebung durch Jesus Christus. Gerade der Teufel, der große Verkläger (Of 12,10), versucht immer wieder, den Christusgläubigen ein schlechtes Gewissen einzureden, als ob das Bekenntnis zu Christus und die Lebensübergabe nicht ausreichen würden. Das schlechte Gewissen kann daher kommen, dass es Satan gelingt, einen davon zu überzeugen, dass diese beschämende Vergangenheit mit all den Sünden doch nicht ganz von Gott vergeben sein kann oder dass man noch unter einem Fluch stünde. Sind Christen häufigste Kunden bei Dämonenaustreibern, weil sie es erkannt haben, dass sie es nötig haben oder weil ihnen glauben gemacht worden ist, dass mit ihnen deshalb etwas nicht stimmt, weil sie etwas in sich haben, was nicht eigentlich von ihnen kommt? Fakt ist, es muss immer hin zu Christus gehen, denn wann immer es hin zu Christus geht, im Bekenntnis zu Ihm, im Hören und Befolgen auf Sein Reden, in der treuen Hingabe der Fähigkeiten zu Seinem Dienst, dann bedeutet das immer weg von der Finsternis, weg von der Belastung, hinaus aus dem Machtbereich Satans. Christus befreit uns nicht nur von der Sünde, wenn wir uns Ihm zuwenden, sondern auch von Gebundenheiten und Abhängigkeiten, denn zur Freiheit sind wir berufen (Gal 5,1.13).

Wir müssen sie aber auch ergreifen, am besten mit beiden Händen, nicht zögerlich, nicht zaghaft, nicht ängstlich, sondern ganz entschieden und kompromisslos. Nicht jeder vermag es, deshalb gibt es Seelsorger, an die man sich wenden soll. Es müssen aber Seelsorger sein, die im Wort Gottes verwurzelt sind und eine lebendige Beziehung zu Christus haben. Und eine Maßgabe dafür ist, ob ein solcher Seelsorger eine klare Rechtfertigungslehre vertritt, wonach es zwischen Gott und dem Menschen nur einen Heiland gibt, der aber ganz und völlig heilen kann, wenn man sich Ihm anvertraut. Jesus heilt, nicht der Seelsorger! *142 Gott ist größer als unser böses Herz, mit allem was drin stecken oder sonst noch davon Besitz ergreifen kann (1 Joh 3,19-20).

Schuhe der Bereitschaft zur Verkündigung

Paulus sagt außerdem, man solle auch *„beschuht an den Füßen mit der Bereitschaft zur Verkündigung des Evangeliums des Friedens!" (Eph 6,15)* sein. Das sind Schuhe, die für viele viel zu groß sind!

Schuhe sind nicht nur zum Laufen, sondern zuerst einmal für einen rechten Stand. Welchen Stand hat man eingenommen? Als Kämpfer, der gleich wegrennt, wenn es einmal ungemütlich wird oder wenn scharf geschossen wird? Man braucht als Streiter Christi einen solchen Stand, dass man auch Stand hält! Dazu muss man sich seiner Sache gewiss sein. Das kann man nur wirklich, wenn man den rechten Glauben und das rechte Vertrauen in Christus hat, sonst wird man von jedem Wind erschüttert und aus dem Gleichgewicht gebracht. Der Glauben muss bereits in ein festes Vertrauen in Gott übergegangen sein, so dass man Zeugnis ablegen kann für die Treue Gottes, indem man selber treu bleibt.

Wer Schuhe an hat, liefert dafür den Beweis, dass er bereit ist, aufzubrechen (2 Mo 12,11). Mit „Schuhen" sind keine bequemen Pantoffeln gemeint, mit denen man den häuslichen Bereich niemals verlassen will und mit denen man sich in einer kleinen, heilen, selbsteingerichteten Welt aufhält. Christusnachfolger sind keine Pantoffelhelden, sondern sie stehen ständig zum Abmarsch bereit, sie sind immer dabei, für das nächste Unternehmen mit Christus loszuziehen. Sie sind reiselustig – hinaus aus dieser Welt und hinein ins Reich Gottes oder wo immer man mit Jesus Station machen darf. Christusgläubige sind Reisende zwischen dieser Welt und der jenseitigen. Mit Christus sind sie zwar schon drüben angekommen, aber mit dem alten Adamskörper sind sie noch unterwegs. Damit es mit festeren

Schritten weiter gehen kann, übt man sich auch in der Bereitschaft zur Verkündigung des Evangeliums des Friedens. Worin liegt der Frieden begründet? Kann man von einem Frieden zwischen Mensch und Gott reden, wenn der Mensch in einem höllischen Quälort ist? Sagt dann Gott: Ich habe meinen Frieden gefunden? Sagt dann der Mensch: Ich habe meinen Frieden gefunden? Frieden für alle gibt es nur, wenn es keinen Grund mehr für Unfrieden und Unzufriedenheit gibt. Das wird natürlich erst in der Vollendung der Schöpfung zur Verherrlichung Gottes der Fall sein. Dann wenn keine Tränen mehr getrocknet werden müssen, weil sie alle schon getrocknet worden sind; dann wenn kein Leid mehr zu beklagen sein wird, weil es kein Leid mehr gibt. Dann wenn nicht mehr gestorben und getrennt wird, weil es den Tod und keine Trennung zwischen Gott und dem Menschen geben wird. Die Aussicht daraus, dass das für alle so kommen soll und wird, gibt es nur im Evangelium des Friedens. Und das steht in der Bibel.

Man braucht Schuhe für einen festen Tritt gerade auch in schwierigem Gelände. Wanderer wissen, dass es das Wichtigste an der Ausrüstung ist, dass man gute Schuhe hat. Paulus musste es wissen, er lief viele tausend Kilometer durch Kleinasien und Griechenland, um das Evangelium zu verkündigen. Da er sehr wohl wusste, dass das sein Auftrag war und nicht jeder den gleichen Auftrag hatte, sollte man annehmen, dass er nicht gemeint haben kann, dass jeder dauernd unterwegs sein muss, um das Evangelium zu verkünden. Und doch ist es so. Wir können ja nicht ein Doppelleben führen. Entweder wir leben den Christus in uns, dann leben wir auch ein ständiges Evangelium mit der ständigen Bereitschaft Rede und Antwort zu stehen, oder wir nehmen uns Auszeiten, weil uns das Widernatürliche des Christuslebens so anstrengt, weil wir doch nicht ganz und gar Christus vertrauen oder Ihm unser Leben noch nicht ganz zur Verfügung gestellt haben.
Unser Leben soll exakt das widerspiegeln, was Jesus tun würde an unserer Stelle. Wir fragen uns zwar oft, was würde jetzt Jesus an meiner Stelle tun und also will ich auch tun. Und das ist auch gut so. Aber noch besser ist es, wenn wir gar nicht

in diese duale Stellung hineingestellt werden müssen, die darin besteht, dass wir noch außerhalb Christus und Christus außerhalb von uns ist, so dass wir bei Jesu anklopfen und Ihn fragen müssen, *„nun sage mir doch schon, was soll ich jetzt tun? Ich bin hier in dieser Situation, ich warte auf dich, läute durch, lege nicht gleich auf, wenn ich nicht sofort ran gehe…"* Was ist die bessere Alternative? Wenn wir gar nicht mehr darüber nachdenken müssen, weil es ein selbstverständlicher Bestandteil unseres Wesens ist, dass wir recht handeln, weil Jesus in uns mit Seinem Geist für die richtigen Entscheidungen stets die vorherrschende Instanz ist. Und wenn das so ist, lebt man Christus und Christus lebt mein Leben. Was ich tue, tue ich nicht, weil ich mir denke, dass Jesus an meiner Stelle das jetzt auch so tun würde, sondern weil Jesus längst von mir Besitz genommen hat und sich durch mich in mir verwirklicht.

Man soll sich nur von einem völlig in Besitz nehmen lassen: von Jesus Christus

Das ist der Idealfall, von dem wir auch deshalb oft weit weg sind, weil wir diesen alten Adamsmenschen immer mit uns herumschleppen. Und der möchte ständig das tun, was er will (Röm 7,15ff). Umso wichtiger ist, dass man sich der Bereitschaft zur Verkündigung des Evangeliums des Friedens bewusst macht. Ich muss nicht auf die Straße gehen, um dort ein hörbares Evangelium von mir zu geben, welches dann doch nicht mit meinem sonstigen Leben übereinstimmt oder nur ein pflichtbewusstes Abarbeiten von Glaubenswerken aus einem Katalog ist. Da wo ich bin, ist das Evangelium. Nicht unbedingt so, wie es sich die Leute vorstellen. Nicht unbedingt so, dass ich jeden Menschen, dem ich begegne, meine Religion unter die Nase reibe, sondern so, dass ich Christus in mir Raum gebe und Ihn machen lasse. Und Er wird garantiert handeln.

Hat das Paulus in einem so weitgehenden Sinn gemeint? Seine Briefe bestätigen das. An dieser Stelle im Brief an die Epheser mag er selber tatsächlich an ein

Verkündigen des Evangeliums im engeren Sinne gedacht habe, denn natürlich gab es viel zu wenige Gläubige, die sich so viel Mühe wie er damit gaben, das Evangelium von Ort zu Ort, von Synagoge zu Synagoge zu tragen. Aber das ist nur die eine Ebene des von Gott hervorgerufenen Verständnisses. Es gibt noch weitere Ebenen.

Wer so beschuht ist, dass er für das Evangelium eintritt, hat auch eine Entschlossenheit dafür und Entschlossenheit verlangt nach Geradheit und Mut. Die hatte Paulus. Viele Christen lassen genau das vermissen. David beauftragte seinen Sohn Salomon mit dem Bau des Tempels und er wies dabei auf die Wichtigkeit der Entschlossenheit, für Gottes Sache einzustehen hin. Bei ihm selbst hatte es manchmal an der Entschlossenheit gefehlt, sonst hätte bereits er den Tempel bauen dürfen. David hatte zu Salomo gesagt: *„So sei stark und erweise dich als Mann!"* (1 Kö 2,2). Und: *„Sei stark und mutig, und handle; fürchte dich nicht und sei nicht niedergeschlagen! Denn Gott, der HERR, mein Gott, wird mit dir sein. Er wird dich nicht aufgeben und dich nicht verlassen, bis alle Arbeit für den Dienst des Hauses des HERRN vollendet ist."* (1 Chr 28,20).

Das ist das, was leider vielen Christen fehlt, stark und mutig sein, was in erster Linie eine Frage der Entschlossenheit ist, für das, was in Gottes Augen recht ist, einzutreten. Dabei hat doch jeder einen solchen Auftrag. Jeder ist Evangeliumsverkünder, wenn er Christus in sich die Wege gehen lässt. Jeder hat seinen Dienst am Hause des Herrn, jeder baut mit an dem neuen Tempel.

Es gibt ja jüdische Organisationen, die sich vorbereiten auf den Bau des dritten Tempels. Jünger Jesu haben diesen Auftrag nicht, das können sie den orthodoxen Juden überlassen, denn es ist ihr Tempel. Jünger Jesu sind selber ein Tempel des heiligen Geistes Christi, dass dieser Geist Christi in ihnen und aus ihnen wirkt. Die Eigenschaften Stärke und Mut zeigen heutige Kirchenvertreter meist nicht. Sie gleichen eher den Tempelaristokraten des ersten Jahrhunderts, die sich nach jedem Wind beugten und Bestechlichkeit zu ihrer Haupttugend machten. Jesus sagte den Menschen, die Johannes dem Täufer hinterherliefen: *„Was seid ihr in die Wüste hinausgegangen anzuschauen? Ein Rohr, vom Wind hin und her bewegt? Oder was seid ihr hinausgegangen zu sehen? Einen Menschen, mit weichen Kleidern angetan? Siehe, die in herrlicher Kleidung und in Üppigkeit leben, sind an den königlichen Höfen."* (Lk 7,24-25) Im 21. Jahrhundert gehen Evangelikale Nichtkatholiken gerne zum Papst, um mit ihm Kaffee zu trinken und darüber zu beraten, was man gemeinsam hat. Sie stellen zu ihrer Verblüffung, die wenig erstaunlich ist, fest, dass sie bei jedem Mal ihren Erfahrungsschatz dahingehend erweitern, dass es immer mehr Gemeinsamkeiten gibt, denn wenn man in einem Wolfsrudel Umgang hat, heult man irgendwann mit ihnen. Und damit es sich leichter mitheulen lässt, gerade dann, wenn es gegen Gottes Volk geht, nimmt man auch gerne aus Ehrbezeugung gegenüber dem atheistischen Islam das Kreuz von der Brust oder nennt die Jünger Mohammeds „Brüder". Das Kreuz gehört dort zwar sowieso nicht hin bei einem Heuchler oder feigen Menschen, aber es zeigt umso mehr die Vergesslichkeit um die historischen Ereignisse und die eigene Verpflichtung gegenüber der Wahrheit, dass an der Stelle, wo Abraham seinen Sohn nicht opfern musste, auf dem Berg Morija, ein anderer Sohn, nämlich der Sohn Gottes abermals verspottet und einem Gott lästernden Irrtum geopfert wird.

Er wird der Wahrheit geopfert und den Hunden zum Fraß vorgeworfen. Und das immer wieder. Jedes Mal, wenn Kirchen vor dem Islam in die Knie gehen, also jener Religion, die Jesus Christus nicht als Sohn Gottes anerkennt, wird der Sohn Gottes entehrt. Wenn das die verblendeten Muslime tun, ist das eine Sache. Wenn es Kirchenvertreter tun, ist es die gleiche Sache wie es für die Hohepriester zur Zeit Jesu charakteristisch war, als sie vor dem baalshörigen Hellenismus dienerten.

Das Evangelium bezeugt man nicht, indem man es auflöst und sich anderen Glaubensvorstellungen anpasst. Das tut man so lange, bis man gar keine Unterschiede mehr feststellen kann und entweder der Beliebigkeit anheim gefallen ist oder dem radikalen Antichristentum, das alles glaubt und lebt, solange es nur gegen Christus ist.

Was war der Grund, warum David den Bau des Tempels aus den Augen verloren hat? Weltliche und familiäre Verpflichtungen. Den letzteren kann man sich wohl noch am wenigsten entziehen, wobei es wohl auch wahr ist, dass man oft Verpflichtungen sieht, wo gar keine sind oder anderen Verpflichtungen, die man eben für den Hausbau Gottes hat, nicht unterordnet. Ein vollständiger Stein am Tempel Gottes zu werden, in die Sprache von Paulus übertragen, ein vollständiges Glied am Leibe Christi zu werden, das hat Priorität. Das verlangt manche Opfer. Vielleicht zeigt einem Gott sogar, dass man bestimmte Freizeitbeschäftigungen ganz aufgeben muss, weil sonst das vorgegebene Wachstumsziel nicht erreicht wird. Hier gilt, was man gleich erledigen kann, soll man nicht aufschieben! Vielleicht geht es sogar um Beziehungen, die keinen Segen haben. Das beste Zeichen einer gottgewollten Beziehung ist, wenn die geistlichen Segnungen – nicht etwa die weltlichen Segnungen – vorhanden sind und vielleicht sogar noch zunehmen. Das bedeutet jedoch nicht, dass ausbleibende Segnungen ein untrügliches Zeichen für das Gegenteil sind, denn vieles erweist sich erst im Nachhinein und viel später als Segnung, denn Gott vollendet durch harte und entbehrungsreiche Lebenswege.
König Herodes war weltlich reich gesegnet, vielleicht sogar deshalb, weil er den Tempel prächtig ausbaute. Das tat er zwar aus Berechnung, aber dennoch erleichterte er die Erfüllung der Gebote der Torah über den Tempel- und Opferdienst. Als Jesus die Händler aus dem Tempel trieb, zeigte Er damit indirekt, dass er diesen herodianischen Tempel mit seiner irdischen Pracht, akzeptierte. An geistlichen Segnungen war Herodes verarmt, sonst hätte er nicht versucht, den Messias zu töten.
Das Evangelium, das man verkörpert und von sich, seinem Reden, seinem Tun und Verhalten aussendet, kann wie ein Same sein, der zu etwas Gottwohlgefälligem auswächst. Gott kann es benutzen, damit es anderen nutzt, damit es vielleicht

sogar dazu beiträgt, dass andere zum Glauben kommen.*143 Je mehr Samen auf ein Feld fallen, desto eher wird dort etwas wachsen (Lk 8,11). Wer nicht sät, kann auch nichts ernten. Gott sät durch seine Säer. Dass immer gleich geerntet werden muss, sagt Er nicht. Wenn Paulus die Korinther anmahnt, dass man nicht kärglich säen soll (2 Kor 9,6), dann spricht er die Verantwortung an, die jeder hat, nach seinem Vermögen und den Gelegenheiten, die ihm gegeben sind, etwas zu tun, was der Berufung entspricht. Und wenn einem die Hände gebunden und die Füße in Eisen gelegt sind, dann bleibt immer noch genug zu tun, denn beten kann jeder und jeder kann es immer (1 Thes 5,17). Zu beachten ist jedoch, dass man als Reich-Gottes-Arbeiter streng genommen nur für den nächsten Äon arbeitet. Man sollte viel lieber bereit sein, von Gott so geführt zu werden, dass Er einen den Dienst tun lässt, der Seinem Willen entspricht. Gott ist der Herr über alle Äonen. Wann und wie Er erntet, ist Seine Sache. Man sollte Gottes Ordnungen beachten. Und wenn man sie nicht kennt, sollte man auf Ihn vertrauen. Man muss Gottes Sache nicht in die eigenen Hände nehmen, sondern seine Ohren aufsperren, was Er sagt, welchen Weg man selber gehen soll.

Interessant ist, der Frage nachzugehen, warum Paulus einen Botschafter Christi so darstellt, dass er die Gemeindemitglieder darum bittet, sich mit Gott versöhnen zu lassen (2 Kor 5,20). Das tut er, nachdem er betont hat, dass man, sobald man ganz mit Gott versöhnt ist, auch in Christus eine neue Schöpfung geworden ist (2 Kor 5,17-18). Die völlige Versöhnung mit Gott bringt erst die Freiheit, sich auch den Menschen versöhnlich zu zeigen. Das ist der Grund, warum Kirchen, die einen unbarmherzigen Gott verkünden, auch die Gottesverweigerer in einem endlosen Quälort sehen wollen. Sie haben Christus noch nicht so kennen gelernt, dass sie Gottes Wesen verstanden hätten. Infolgedessen verkünden sie einen anderen Christus, einen der nicht die Welt mit Gott versöhnt hat, sondern es den Menschen überlässt, ob sie sich mit Gott versöhnen. Dann kommt aber die Menschheit nie auf einen grünen Zweig. Paulus wusste, dass in jeder seiner Gemeinden unver- söhnliche Menschen waren, die daher auch kein gutes Vertrauensverhältnis mit

Christus haben konnten. Mit der Liebe ist es ähnlich wie mit der Bereitschaft zur Versöhnung. Die Liebe ist so lange nicht vollkommen, sowohl die Liebe zu Gott, als auch die Liebe zum Nächsten, wie sie nicht versöhnlich ist.

Schild des Glaubens

Paulus zufolge soll man auch den Schild des Glaubens ergreifen (Eph 6,16). Welcher „Glauben" ist gemeint? Der Glauben, den die Kirche vorgibt? Wie heißt dort das Glaubensbekenntnis? „Ich glaube an die heilige katholische Kirche." Inwiefern glaubt man an die Kirche? Da gibt es viele gute Gründe, an die Kirche zu glauben. Z.B., dass sie das gelungenste Instrument zur Judenvernichtung in der Hand jener war, die dazu inspiriert wurden, den Hass Satans auf das Volk Gottes und den Hervorbringer des Messias umzusetzen? Dass sie ein Werkzeug Gottes war? Ja, in gewisser Weise schon. In Anlehnung an das Buch Hiob könnte man die Geschichte der Gemeinde Christi im Verhältnis zur Kirche Roms so erzählen:

„Und der HERR sprach zum Satan: Hast du achtgehabt auf meine Diener der Gemeinde Jesu Christ? Denn es gibt keine wie sie auf Erden - so rechtschaffen und redlich, die Gott fürchtet und das Böse meidet!

Und der Satan antwortete dem HERRN und sagte: Ist die Gemeinde umsonst so gottesfürchtig?

Hast du selbst nicht sie und alles, was sie hat, rings umhegt? Das Werk ihrer Hände hast du gesegnet, und ihr Einfluss hat sich im Land ausgebreitet. Strecke jedoch nur einmal deine Hand aus und taste alles an, was sie auszeichnet, ob sie dir nicht ins Angesicht flucht! Da sprach der HERR zum Satan: Siehe, alles, was sie hat an Wirkungen, ist in deiner Hand. Nur gegen sie selbst strecke deine Hand nicht aus!"

Sie selbst, die Gemeinde des Leibes Jesu, durfte und konnte Satan nicht angreifen, Gott ist ja selbst für den Widerwirker unantastbar. Wie sollte Er dann diejenigen, die in Christus sind, gefährden können. Aber der Widerwirker tat etwas ganz

Raffiniertes. Er baute seine eigene Kirche, sie musste dem Anschein nach „recht-schaffen und redlich", „gottesfürchtig" und „christlich" sein und ihren Einfluss im Land ausbreiten, konkurrenzlos werden, prachtvoll für die Prachtliebenden, büßer-gewändig für die Demutsvolleren, machtvoll für die Machtliebenden, sie sollte eben gerade nicht Gott „*ins Angesicht fluchen*", weil sie ja sonst nicht als die „Kirche Gottes" auftreten könnte. Die Wirkungen der Gemeinde des Leibes Christi galt es einzudämmen, damit die „Kirche Gottes" sich um so wirkungsvoller entfalten konnte und „das Werk ihrer Hände" sichtbar und immer mächtiger würde. Das Un-heilvolle und Satanische des Nazismus offenbarte sich in der Feindschaft gegen das Volk Gottes, die Juden. Das Unheilvolle des Islam offenbarte sich in der Feind-schaft gegen das Volk Gottes, die Juden. Das Unheilvolle dieser Kirche offenbarte sich ebenfalls in der Feindschaft gegen das Volk Gottes, Israel. Die Geschichte wiederholt sich in Variationen.

Warum heißt es überhaupt „Feurige Pfeile?", vor denen man sich schützen soll? Weil sie aus der Hölle kommen? Nein, sondern weil sie ein Feuer entfachen kön-nen, das schwer zu löschen ist. Mit feurigen Pfeilen hat man früher Städte in Brand und sturmreif geschossen! Wenn man zu sehr mit dem Löschen beschäftigt ist, kann man nicht mehr kämpfen. Daher soll man sie gleich an der äußersten Mauer abprallen lassen. Dann kommt es gar nicht dazu, dass sie den Glaubensschwä-chen zusetzen können. Wer ein bibelkritisches Buch liest, spielt, wenn er seine Abwehrmauern noch nicht vollständig hochgezogen hat, mit dem Feuer. Nicht dass es seinen Glauben direkt angreift, es reicht schon, wenn es ihn entmutigt und schwächt. Jeder Christ kennt entmutigende Ergebnisse seines Handelns, der Blick auf Christus ist aber niemals entmutigend. Wer immer nur in das Angesicht des Misserfolgs schaut, verlernt das Blicken auf Christus. Deshalb muss es gerade bei Fehlschlägen heißen, dass man auf Christus schaut.
Wenn man das Wort Gottes liest, erfährt man Seinen Trost und wird wieder auf-gerichtet. Ein weiterer feuriger Pfeil ist mit dem Pech der Bitterkeit überzogen. Das

brennt besonders gut, weil es direkt gegen Gottes wunderbares Wesen der Liebe und Barmherzigkeit gerichtet ist. Wer viel und schwer leidet, fragt sich, warum. Wenn er die Antwort nicht Christus überlässt, der zur rechten Zeit antwortet, kann sich Bitterkeit breit machen, die den Glauben aushöhlt und das Gottvertrauen ermüdet. Dann mehren sich wieder die „Sollte Gott gesagt haben?"-, „Sollte Gott zurecht getan haben?"-, „Sollte Gott nicht zu Unrecht nicht gehandelt haben?"-Fragen. Und immer mehr Fragen tauchen auf, wo man weise still sein und erst Recht auf Gott vertrauen sollte. Der gute Hirte mag ein Schaf sich von der Herde entfernen lassen, aber dann holt er es doch zuverlässig wieder zurück.

Uns Menschen widerfahren viele Dinge, die wir selber nicht verschuldet haben. Die Warum-Frage ist dann falsch gestellt, weil wir aus dem Neuen Testament die Antwort bereits haben. Es müssen viele Dinge geschehen, die sich am Ende als Weg Gottes mit Seinem Zögling ausweisen. Es ist bei Gott eben nicht so wie in der Vorstellungswelt der atheistischen Naturkundler, die zu jeder Wirkung eine hinreichende Ursache suchen. Gott durchbricht ihre Logik. Leiden ist am Allerwenigsten Folge der Fehlleistungen von Menschen, sondern ein Erziehungsmittel, welches mithilft zum Ziel zu bringen, was sonst noch länger bräuchte. Wer das weiß, kann auch die Zweifel, die zum Wesen des Menschen gehören, beiseite lassen. Solange der Mensch noch nicht vollkommen ist, ist er auch noch nicht ganz bei Christus angekommen. Alles Fragwürdige oder Zweifelhafte kann daher nur eine unvollständige Momentaufnahme in einer Übergangsphase unseres Werdens sein (Röm 8,28). Kein Grund zur Aufregung! Und wenn doch, soll man die Aufregung geistlich werden lassen, damit sie ihre Auflösung findet.

Der Satan versucht natürlich ständig, Zweifel in die Herzen der Menschen zu säen. Aber die Menschen werden lernen, dass die Ernte davon nicht gut ist. An Gottes Wesen gibt es nichts zu zweifeln, wenn man einmal verstanden hat, dass Er lauter Güte, Treue, Gerechtigkeit, Liebe und Barmherzigkeit ist.

Der Gott der Kirchen ist anders. Deshalb gibt es bei ihren Kirchenangehörigen mehr Zweifel, die sogar theologisch festgezurrt worden sind. Bist du errettet? Ja, vorausgesetzt, du fällst nicht wieder vom Glauben ab, heißt es dann. Wenn Gott dir nicht gnädig ist, dann kommst du ins ewige Höllenfeuer, wird hoffnungsstärkend und aussichtsreich ergänzt. Wer kann so einem Gott vertrauen? Niemand! Und seine Liebe und Güte und Treue versteht auch niemand. Aber man kann sie imitieren, indem man nur bedingt seine Mitmenschen liebt, indem man ihnen nur bedingt Güte zeigt, heute vielleicht, oder doch erst morgen, oder am Ende gar nicht, indem man sie schließlich fallen lässt, weil ja die Treue nur eine Zeit lang genehm war.

Die Kirchen lehren einen relativen und letzten Endes schwachen Mensch-Gott, dessen Macht über die finstere Seite der Schöpfung mit all ihren Auswüchsen begrenzt ist. Licht und Finsternis stehen sich bestenfalls gleichberechtigt und gleichmächtig gegenüber. Auch das gehört zur Waffenrüstung Gottes, dass man sich nicht einreden lässt, dass Gott so schwach und ohnmächtig ist und keine vollendeten Qualitäten hätte. Wer das lehrt, bringt Gott und den Menschen auf eine Stufe. Meistens steckt hinter Glaubenszweifeln ein falsches Gottesbild.

Wer geistlich angeschlagen ist, weil er Zweifel hat, entmutigt oder sogar verbittert ist, darf sich wieder durch Gottes Wort aufrichten lassen, denn Gott ist treu und gütig und wird es nicht zulassen, *„dass ihr über euer Vermögen versucht werdet, sondern mit der Versuchung auch den Ausgang schaffen wird, so dass ihr sie ertragen könnt."* (1 Kor 10,13)

Was zeichnet den paulinischen Glauben aus? Es ist die unbedingte Treue zu Christus, nicht zu menschlichen Organisationen und deren Ideenwelt oder Traditionen. Rechte Gotteswerke kann man nur vollbringen, wenn man Gott kennt. Gott lernt man nur dann näher kennen, wenn man Christus kennen lernt. Man kann aber gar nicht von sich aus zu Christus gelangen, denn Er zieht diejenigen, die Er dafür vorgesehen hat. Er zieht sie nicht unbedingt in eine bestimmte menschliche Kirchengemeinschaft, aber ganz bestimmt zu sich. Andere können einem dieses Kennenlernen nicht abnehmen oder stellvertretend besorgen.

Zum Glauben von Paulus gehörte auch der Glauben an die Verheißungen Gottes für Israel und die Bündnisse mit Gott: den Sinaibund, der zugleich ein Ehebund war, den Sabbatbund, den Bund über das Land (1 Mos 15,18). *144 Paulus trennte klar die Gemeinde Jesu von Israel. Die Kirche des Widerwirkers verwischt diese Trennung wie sie ja auch sonst vieles, was Gott getrennt hat, zusammenschließt. Und sie reißt Besitztümer, die nur Israel und der Gemeinde Jesu gehören, an sich, dazu noch die Seelen derer, die in ihren Bannkreis geraten.

Der Glauben von Paulus ist auch eine Treue zum Wort Gottes und ein Wissen um die Geistesleitung Christi auch gerade in Bezug auf das Verstehen Seines Wortes. Der Schild ist eine Defensivwaffe. An ihr prallen alle Versuche ab, den Glauben zu erschüttern. Der Glauben ist nicht aggressiv oder fordernd. Auch hierin zeigt sich die Kirche, die Gott widerwirkt, schon immer als zerstörerisch und anmaßend. Die Kirche Roms hat zahllose Kriege geführt und führen lassen und sich meist an den Folgen schadlos gehalten. Ihr größter Triumph ist die Vernichtung des europäischen Judentums und die weitergehende Ächtung des Judentums durch das auch von der Kirche weiter verbreitete Gift des Antisemitismus.*145

Wer die Verbindung zu Christus hat, ist geschützt vor den Anläufen des Teufels und seinen Irrtümern. Der versucht auf mannigfaltige Weise den Glauben, gerade wenn es ein Anfangsglauben ist, zu schwächen oder zu zerstören. Von ihm wird die Bibelkritik befeuert, die Wort-Gottes-Relativierung, die Schein-Entmythologisierung, die in Wirklichkeit eine Mythologisierung ist, die Politisierung, Sozialisierung und Naturalisierung. Auf jede nur erdenkliche Art und Weise versucht der Widerwirker Einfluss zu nehmen, damit alles geglaubt wird, nur nicht dem Wort Gottes. Das trägt manchmal so absurde Züge, dass schon wieder verblüffend ist, wie sehr es dem Widerwirker darum geht, die Dinge ins Gegenteil zu verkehren, als gäbe es für ihn keine größere Aufgabe.

Mit dem Schild des Glaubens sollen ja die *„feurigen Pfeile des Bösen"* ausgelöscht werden (Eph 6,17). Wenn man diesen Schild aber nicht hat, weil man nicht den richtigen Glauben hat, können die Pfeile ungehindert den Leib treffen. Genau das ist bei der Kirche Roms geschehen. Die Pfeile des Bösen richten aber nicht nur Zerstörung an, etwa den letzten Rest des Glaubens zu vernichten. Sie haben es an sich, dass sie die Saat des Bösen mitbringen. Sie dringt über die verletzte Haut in den Körper ein und wirkt wie ein Gift, das weitere Bosheiten erzeugt und zur Ausreife bringen lässt. Unter „Bosheit" darf man nicht nur das offenkundig Böse verstehen. Das ist immer leicht zu durchschauen. Verheerender ist die Wirkung, wenn sie sich über lange Zeit anbahnt und dann immer weiter Früchte bringen kann. Daher gilt, dass diejenige Bosheit am gefährlichsten und zerstörerischsten ist, die am wenigsten als solche zu erkennen ist und dennoch das Potential hat, sich noch weiter vermehrend auszuweiten. Geistliche Bosheiten sind wie Krankheitsviren, die abwarten können, wann sie zuschlagen. Wenn sie aber zuschlagen, ist Heilung nicht mehr menschenmöglich.

Ein Schild soll ja schützen. Der rechte Glauben schützt vor der Torheit des Unglaubens. Er dämpft die Schläge des Bösen. Er verbirgt aber auch. Das ist merkwürdig, einerseits soll das Evangelium mit Freimut verkündet werden, aber tatsächlich bleibt es so vielen verborgen. Der Glauben der Vielen ist ein anderer Glauben, als der, den Paulus meint. Die meisten Kirchenchristen haben keinen biblischen Glauben und er ist vorerst auch nicht für sie vorgesehen, weil sie nicht damit umgehen können. Ihnen fehlt das Verständnis und die Bereitschaft sich von Grund auf erneuern zu lassen. Und so bleibt das Evangelium mit dem wahren Glauben in Christus ihrem Verständnis verborgen. Gott hat auf geheimnisvolle Weise eine Auswahl getroffen, die niemand angreifen oder auch nur ersetzen kann.

Dieser Glauben, von dem Paulus hier spricht, hat nichts mit der Religion der Kirchen zu tun, denn bei ihnen gehören Kult, Kirchenlehren, Machtausübung und Mammon, vor allem aber Menschenmaß dazu. Und daher verstehen sie auch nicht, dass der Mensch erst recht glauben kann, wenn Gott vorher schon mit den vertrauensbildenden Maßnahmen begonnen hat. Das Beste, was der Mensch glauben kann, ist, wenn er genau so glaubt, wie Gott es ihm zum Glauben gibt. Es hilft ihm nichts, wenn er etwas dazutut. So wie die Werke, die jemand tun kann, ihm von Gott gegeben sein müssen, so ist es auch mit dem Glauben. Er ist ein Gottesgeschenk (Eph 2,8). Christus hat das Erlösungswerk vollendet. Er ist auch der Anfänger und Vollender des Glaubens (Heb 12,2).

Schwert des Geistes

Wenn schon der Glaube wie ein Schild ist, dann ist das Wort Gottes die passende Ergänzung zur Waffenrüstung, da es wie ein Schwert ist. Ein Schwert, das auch trennt zwischen Glauben und Unglauben. Das heißt, dass das Wort Gottes unverzichtbar ist Wahrheit von der Unwahrheit auseinander zu halten! Wer das Wort Gottes gering schätzt, zeigt zu welcher Seite er neigt. Zur Seite des Unrechts. Wie kann das sein, wenn jemand sagt, er liebe Gott oder Jesus, wenn er deren Worte nicht beachtet und links liegen lässt? Und Gottes Worte sind die wichtigsten Mitteilungen, die man haben kann. Ohne sie ist ein Leben denkbar, aber mangelhaft und in jeder Beziehung schmerzlich begrenzt, so mangelhaft und begrenzt, dass man das Heil nicht erlebt und ohne Hoffnung auf das Ende des Lebens blickt. Eine Kirche, die nicht die Kirche Gottes ist, ist daher auch daran erkennbar, dass sie Gottes Wort nicht die Stellung und Bedeutung beimisst, die es hat. Zum Teil wird das Wort ins Gegenteil umgedeutet. Da sagt Jesus, dass man niemand im geistlichen Sinne Vater nennen soll, doch die Kirche hält sich nicht daran und nennt gleich alle ihrer geistlichen Verirrer „Vater". Gott hat nicht zugelassen, dass sich Satan unbezeugt lässt, denn er ist der ständige Umdeuter der Geschichte Gottes mit den Menschen. „Sollte Gott gesagt haben?" fragt er immer wieder und gibt dann seine eigenen Antworten.

Dazu passt auch, dass die Kirche Roms entweder das Lesen der Bibel dem Volk ganz verboten hat oder dass sie erklärt hat, die Deutung der Worte Gottes stehe allein dem Romdiener zu. **146** Das nennt man geistliche Bevormundung, die eine

Offenbarung des Gott widerwirkenden Wesens dieser Kirche ist. Der Kirchenangehörige darf nicht mündig sein, er wird einer Gehirnwäsche seit Anbeginn unterzogen. Wer abweicht, wird ausgeschlossen oder umgeschossen. Den dummen Schafen wird gesagt, sie müssten alles glauben, was der Priester sagt und auferlegt, denn es käme auf den absoluten Gehorsam an, den man der Kirche gegenüber schuldet, da sie die Stellvertreterin Gottes auf Erden ist. Die Kirche Roms ist so in der Lage, zu sagen, dass nicht nur das Wort Gottes gilt und wenn es gilt, dann auch nur nach der Deutung, die ihm die Kirche zumisst, sondern dass auch das Wort der Kirche gilt, die sowieso immer das erste und letzte Wort hat. Das erste ist das Kirchengebot, das letzte ist die Bewertung und das Kirchenurteil, dem man sich zu fügen hat.

Die Kirche bestimmt auch, wer in den Himmel und wer in die Hölle kommt, nicht etwa Gott. Sie bestimmt auch, wann Jesus auf den Opferaltar herniederfahren muss, um sich zu versubstantiieren. Und wenn der Priester vorher in der Sakristei noch einen Ministranten missbraucht hat, darf das Jesus nicht stören, denn durch die zauberhafte Magie der heiligen Worte in der okkulten Messe, muss er auf Geheiß eben dieses Priesters den Gehorsam der Kirche erweisen und sich zu Materieteilchen reduzieren. Fehlt noch etwas, um den spöttischen Triumph Satans zu komplettieren?

Und das alles, weil man mit stumpfen Schwertern aus menschlicher Herstellung gekämpft hat und nicht mit dem Schwert des Wortes Gottes. Dann versagt sogar den intelligentesten Menschen das Denkorgan. Kein Wunder auch, dass man in Exerzitien, wie bei den Gurus in Indien, den Verstand ausschalten soll, damit der fremde Geist Besitz ergreifen kann und man sich der Rührseligkeit hingibt und der psychedelischen Entrücktheit.

Das Schwert ist eine Angriffswaffe. Das Wort Gottes bekämpft so die Unwahrheit. Aber solche Kämpfe sind nicht mehr gewünscht. Man will den Frieden, man will ihn beinahe um jeden Preis. Wenn Gottes Wort das Schwert des Geistes ist, bedeutet das auch, dass eine Geringschätzung des Wortes Gottes eine Geringschätzung des Geistes Gottes ist und dass eine Verfälschung des Wortes Gottes aus einem falschen Geist Gottes kommen muss. Wenn aber die Kirchen, die so offensichtlich gegen Gottes Worte handeln und lehren, wie man jetzt wieder in der Auseinandersetzung in Bezug auf die Homo-Ehe sieht, sich von einem falschen Geist führen lassen, wessen Geist kann das nur sein?

Das Wort Gottes ist auch wirksam, wenn es gegen dämonische Belastungen gerichtet wird. Die Hinwendung zu Christus bedeutet auch immer eine Hinwendung zum Wort Gottes. Spricht man das Wort Gottes, kaut man es und verdaut es (Hes 3,1ff), dann vergesellschaftet sich man mit Christus. Wo Christus ist, kann kein Dämon sein. Daher ist es wichtig, dass man nicht andere nur für sich beten lässt, sondern zu allererst sich selber in eine enge Verbindung mit Christus zu bringen. Lossagegebete funktionieren nur, wenn Gott sie erhört. Aber Gott will zuerst das Herz des Betroffenen sich Ihm öffnen sehen. Gott macht betroffen, Er möchte aber auch darum gebeten werden, Er möchte, dass man erklärt, dass man Ihm gehören möchte und dass man Christus in jeder Beziehung als Herr und Haupt bezeugt und lebt. Je fester man in Gottes Wort gegründet ist, desto mehr kann man erwarten, dass sich Gott verständlich machen wird. Er will, dass man Sein Wort ehrt und berücksichtigt, ebenso wie man will, dass man Seinen Sohn ehrt und in seinem Leben zulässt. Seelsorge, auch bei dämonischer Verstrickung, geht immer über das Wort Gottes. Man kann nicht einfach nur mal in eine Kirche rennen und sich ein paar Mal bekreuzigen lassen, um dann seine Belastungen los zu werden. Insofern sind auch Massenveranstaltungen nicht als zielführend zu erkennen. Gott will ein persönliches Verhältnis zu einem jeden. Er lässt sich nicht vorladen, damit Er einmal den heiligen Geist über die Gebetsbänke drüberjagt, um den Dreck hinauszukehren.

Hier werden vielleicht die Lüste der Menschen befriedigt, wenn man unpersönliche Wohlfühlpartys veranstaltet, aber einen bleibenden Gottesfrieden stellt man nicht her und nach kurzer Zeit brennt es in der Seele wieder lichterloh.

Nach Heb 4,12 ist das Wort Gottes lebendig und kräftig und schärfer als jedes zweischneidige Schwert. Wenn man sich dieses Wortes aber nicht bedienen kann, bleibt man tot, schwach und stumpf. Genau so tot, schwächlich, ängstlich und stumpfsinnig, wie es zum Teil die Kirchenvertreter sind mit ihren unsäglichen Belanglosigkeiten, die sie von sich geben und vertreten. Wichtig ist die Funktion des Wortes Gottes, auch klare Trennlinien zu ziehen. Gott sagt oft, bis hierher und nicht weiter, weil bei dem „Weiter" ein Gericht folgt. Diese Trennlinie ist von vielen schon längst überschritten worden. Die Kirchen dieser Welt gehen auf ein schreckliches Gericht zu. Sie hätten das Wort Gottes ehren und beachten müssen. In diesem Äon wird ihnen dafür wahrscheinlich nicht mehr vergeben werden. Doppelt schlimm ist, dass man das Wort Gottes so umgedeutet hat, dass die Segnungen für Israel auf die Kirche angehäuft werden, der man angehört, während man die Flüche, die die Gegner Israels erfahren werden, Israel zuschiebt. Diese Umkehrung der Tatsachen kennt man auch aus dem islamischen Machtbereich. Sie bezeichnen sich als die Gerechten und Gottes Lieblinge, verhalten sich aber wie die Freunde Satans, der die Angehörigen Christis und das Volk Gottes, die Juden, schon immer vernichten wollte. Sie verfluchen ihre Gegner und schieben alles Böse, was sie selber vollbringen, auf sie. Und das tun sie noch nicht einmal in bewusster Heuchelei, sondern als Verführte des Widerwirkers. Dabei gebärden sie sich wie ein Idiot vor einem Spiegel, nicht wissend, dass er beobachtet wird, denn der Spiegel ist von der anderen Seite durchsichtig.

Das Schwert des Geistes weiß, wo der Feind steht und pariert seine Angriffe. Der Geist Christi ist ein Geist des Urteils. Er unterscheidet Gut und Böse. Und es ist das Wort Gottes, das darüber aufklärt. Geist und Wort bilden hier eine stimmige

Einheit. Sie sprechen das Hauptproblem des Menschen an: seine Gefallenheit, seine Verlorenheit, seine Sündhaftigkeit, seine Unheiligkeit. Sie nennen aber auch die Lösung des Problems und verweisen immer wieder auf Jesus Christus. Sie sind der Maßstab, die Norm unseres Lebens.

Die Kirchen haben den Geist Gottes von Christus getrennt, damit trennen sie ein Stück weit Christus von den erlösungsbedürftigen, unheilvollen Menschen. Sie schätzen Gottes Wort gering, weil sie es abändern oder relativieren oder durch ihre eigenen Gedanken überlagern. Traditionsergebenheit geht über Christuszugehörigkeit. Viele kritisieren die Bibel und machen daraus eine Pseudo-Wissenschaft. Sie ordnen die Bibel dem Zeitgeist und der Mode unter und halten sich dabei noch für besonders klug. Dabei haben sie nur das, was sie unbedingt für einen erfolgreichen Glaubenskampf gebraucht hätten, weggeworfen. Der Feind kann eindringen und so noch weiter zersetzend wirken.

Die Bibelkritik leugnet nahezu alles, was biblische Lehre ist. Die Bibel sei nicht die objektive und übernatürliche Offenbarung Gottes. Sie enthalte lediglich menschliche Gedanken über Gott, die sich im Laufe der Zeit allmählich höherentwickelten. Es gäbe überhaupt kein übernatürliches Eingreifen Gottes in die Welt. Schließlich stecke die Bibel voller menschlicher Irrtümer. Demzufolge muss die Bibel überall da richtiggestellt werden, wo sie etwas über Gott als allmächtiger Schöpfer und die Schöpfung aussagt oder prophetisch spricht. Da von vieler Kritik auf viel Unwahrheit geschlossen werden kann, könne die Bibel nicht das unfehlbare Wort Gottes sein. So lautet das Ergebnis der »historisch-kritischen« Bibelwissenschaft. Man müsse die Welt versuchen ohne Gott zu erklären, wenn man wissen will, was Wahrheit ist. Damit ist der Schulterschluss mit dem Atheismus gelungen. Das ist das Anti-Christentum, das sich aber immer noch das wahre Christentum nennt.

Eigentlich gehört es zu der Aufgabe der Gemeinde Christi, das Wort Gottes nicht nur zu verkündigen, sondern auch zu verteidigen, vor allem gegen die, die es verdrehen oder verunehren durch die Verringerung seiner Bedeutung. In der Kirchen-christenheit hat man viele Jahrhunderte lang Irrlehren vertreten, unter denen die Menschen auch viel zu leiden hatten. Man denke an die Allverdammungslehre, die die Kirche abstumpfte gegenüber der Unmenschlichkeit von Folter, Haft, Martertod und allen erdenklichen Maßnahmen, die sich kranke Hirne ausdenken können. Wenn Gott so grausam ist, dass er die stark limitierten Menschen auf Ewigkeit quält, dann kommt es auf kurzzeitiges Quälen im menschlichen Leben ganz gewiss nicht an. Aber irgendwann bekommt man die Quittung für die Irrwege. Man fährt dann keine gute Ernte ein, sondern gerät unmerklich ins Lager der Feinde Gottes und ist längst zum Judas geworden, weil man nie wirklich die Wahrheit verkündete.

Judas glaubte von Anfang an nicht wirklich an den Sohn Gottes (Joh 6,64). Er war ein habgieriger Dieb (Joh 12,6). Hätte er sich nicht erhängt, hätte er angefangen Kirchen zu bauen, mit denen man viel Reichtum anhäufen kann. Jesus schickte ihn nicht gleich weg, obwohl Er ihn durchschaute. Auch die Kirchen wurden jahrhundertelang nicht von Christus offenbar gemacht. Doch diejenigen, für die es immer klar war, dass die Kirche Roms keine evangelische Kirche ist, schwenken jetzt so allmählich wieder auf den Kurs dieser Kirche. Zu lange haben sie sich am Wort Gottes vergriffen.

Judas war vom Teufel inspiriert (Joh 13,2). Es ist offensichtlich, dass vieles, was die Kirchen lehren, unbiblisch ist und oft sogar genau dem entgegengesetzt ist, was die Bibel aussagt. Der dem Wort Gottes Entgegengesetzte war schon immer Satan, der es sogar auch gegenüber Jesus benutzte, um es gegen die Sache Gottes auszuspielen. Genau das gleiche machen die Kirchen. Sie haben fromme Worte, mit denen sie die Gläubigen zu ihrer kirchlichen Korrektheit locken wollen (die meist die politisch korrekte Meinung ist), aber sie missbrauchen Gottes Wort und stellen es in ihren angeblichen Gottesdienst. Auch Judas war ein Blender, er hatte die Kasse der Jünger und gab vor, dass man das Geld für die Armen verwenden sollte. Auch die Kirche Roms hat mit dem Ablasshandel und den Spenden ein Geschäft gemacht, das hauptsächlich ihr selbst diente, nicht den Armen dieser Welt. *147 Vielleicht sympathisierte Judas auch mit den sozial Schwachen des Landes. Vielleicht hatte er sich deshalb Jesus angeschlossen, der ja immer auch ein Herz für die Armen und Schwachen und Ausgestoßenen der Gesellschaft hatte. Aber dazu war Jesus gar nicht gekommen, er predigte nicht für einen Aufstand der Armen gegen die Reichen oder gegen die korrupte Priesterkaste oder gegen die römischen Fremdherrscher, sondern Er predigte dem ganzen Volk, dass es zum Gott Abrahams und Moses und Davids umkehren müsse, weil sonst das Reich Gottes nicht anbrechen würde. Jesus predigte über den Teil der Heilsgeschichte Gottes mit dem Volk Israel, der jetzt dran war. Das hat den Kirchen noch nie gepasst, denn sie wollen bestimmen, was dran ist: immer sie selber. Das wird ein böses Erwachen geben.

Die Kirchen tragen mit eine Hauptverantwortung für die Abwärtsentwicklung des Christentums. Sie ist darüber zum Judas geworden. *148 Und sie gleicht ihm auch, denn Judas hat Jesus nicht zugetraut, nur über die Kraft Seines Geistes die Menschen zur Umkehr bewegen zu können. Und so glauben es auch die heutigen Kirchen nicht, die das soziale Evangelium ausrufen und „wir schaffen es!" ausrufen, auch wenn sie dem schönen Schein nach, ihre Christuszugehörigkeit bekennen. Sie meinen aber etwas anderes, denn sie verleugnen Seine Kraft und Kompetenz (2 Tim 3,5).

Judas verriet Jesus an dessen Feinde. Die Kirchen, die Rom folgen, werden auch Israel und die bibeltreuen Christen an die Obrigkeit der Staaten oder der UN ausliefern, soweit es ihnen zugelassen wird. Dass die Christenheit immer antichristlicher wird, darauf haben schon viele Bibelkenner hingewiesen, auch solche, die selber einer Kirche angehören. *149

Den geistlichen Kampf hat die Kirche längst aufgegeben, sagen viele. Und wo sie einen geistlichen Kampf gefochten hat, war es oft genug ein Kampf gegen die geistliche Führung durch Gott. Sie hat die Waffenrüstung Gottes nie angezogen. Sie lief immer nur bloß herum. Es haben nur die wenigsten bemerkt, weil ja jeder erst einmal seine eigene Blöße bedecken will. Man hat aber vielleicht auch übersehen, dass man einen geistlichen Kampf nur führen kann, wenn man selber den Geist hat.

Helm des Heils

Was ist aber der Helm des Heils? (Eph 6,17). Der Helm umschließt den Teil des Körpers, von dem aus alles andere gesteuert wird! Aber das Heil ist doch die Folge davon, dass man den rechten Glauben hat, sich nicht vom Bösen einfangen lässt und in der Wahrheit des Evangeliums bleibt! Was ist das Heil? In den Himmel zu kommen? Was soll man im Himmel, wenn dort nicht Gott ist? Oder wenn Er dort immer noch in weiter Ferne ist? Heil bedeutet heil sein. Der Mensch ist so lange unheil, wie er nicht seine Bestimmung erreicht hat. Es ist wie bei einem Topf, der so lange kein heiler Topf ist, wie er nicht fertig ist. Wann er fertig ist, bestimmt der Töpfer, denn der Ton kann es nicht wissen. Die Bestimmung, die der Mensch hat, ist die, dass er dazu geschaffen worden ist, um Gott zu verherrlichen und Ihn zu erfreuen. Gott ist „fair". Er erreicht Seine Verherrlichung justament, indem und in dem Moment, wenn der Mensch selbst seine Verherrlichung erreicht. Gott sagte zu Adam eigentlich: *„Ich werde dich krönen mit Herrlichkeit, vorausgesetzt du lässt es zu."* Das Ja-Sagen scheint dem Menschen schwer zu fallen! Gott hat längst Ja gesagt. Mit der Schöpfung in sechs Tagen hat Er ja gesagt. Mit Jesus Christus hat Er abermals ja gesagt. Die Engel fragen sich, wann wird der Mensch ja sagen? Wie soll man dieses Verherrlichungs-Heil ergreifen? Durch Jesus Christus. Wer Jesus Christus ergriffen hat, vielmehr von Ihm ergriffen worden ist, der wird herrlich gemacht. Jesus heißt nicht umsonst Heiland. Einen anderen gibt es nicht. Wer in Christus ist, der hat das Heil bereits geerbt. Es ist ihm sicher, weder *„Trübsal oder Angst oder Verfolgung oder Hunger oder Blöße oder Gefahr oder Schwert"* (Gewalt) (Röm 8,35-36) kann die Verbundenheit mit Christus auflösen. Es ist eine Verbundenheit in Liebe. Und auch die feindlichen Mächte, irdisch oder außerirdisch, vermögen nichts dagegen auszurichten. Die Verbundenheit geht über den Tod hinaus, weil sie eine höhere Lebensform bereits in sich hat (Röm 8,37-39).

Wer den Helm des Heils trägt, ist sich seiner Sache sicher. Die Sicherheit kommt von Christus, denn bei Ihm ist man bereits angekommen, Er hat bereits das Regiment übernommen, Er ist das Haupt. Wer bereits bei Christus angekommen ist, weil Christus zu ihm gekommen ist, der ist bereits ausgestattet mit der Waffenrüstung Gottes. Wer noch nicht ganz bei Christus angekommen ist, soll sich geistlich mehr und mehr mit solchen Rüstungselementen ausstatten lassen. Eine Waffenrüstung wiegt nicht wenig, ein Knappe kann noch nicht alle Rüstungselemente tragen wie ein ausgewachsener und geübter Ritter. Bestehen noch Zweifel an der Zuverlässigkeit des Wortes Gottes? Hat man noch nicht erfasst, warum die Gerechtigkeit nur durch eine Person erwirkt werden konnte? Ist man sich nicht klar, dass man ein lebendes Evangelium darstellen soll? Hat man noch Vorbehalte gegen die Wahrheit, die man ebenso absolut zu setzen hat, wie den, der allein die Wahrheit ist?

Wie ist überhaupt das Heil für den Menschen verständlich geworden? Durch den Geist Christi. Und wie macht es der Geist? Er kann direkt zum Menschen sprechen. Dann vernimmt der Geist des Menschen etwas von Gott und verarbeitet es im Gehirn. Und dann bedient er sich der Sinnesorgane, der Ohren, die hören sollen, der Augen, die sehen sollen und des Mundes, der reden soll. Das sind die Hauptwerkzeuge der Verkündigung des Heils. Und daher braucht man ihren Schutz, damit sie nicht missbraucht oder zu Unnützem verwendet werden können. Wenn der Helm des Heils schützt, dann kann er das nur, wenn er vom Heiland Jesus Christus her kommt (Ap 4,12) Ein falscher Christus heilt nicht! Wie stehen Heil und Heiligung miteinander in Beziehung? (1 Thes 4,7)

Wer von Christus heil gemacht worden ist,
wird auch von Ihm geheiligt,
um durch die Heiligung Christus

immer wesensmäßiger gemacht zu werden
und so wie der Vater mit dem Sohn eins ist,
auch mit Christus eins zu werden.

Zwar soll man selbstverständlich für die Heiligung offen sein und ihr „nachjagen" (2 Kor 7,1; Heb 12,14), aber alle diese eigenen Entdeckungen, Bestrebungen und Bemühungen sind nur unsere Widerspiegelung dessen, was Gott schon längst in uns angelegt hat, denn Gott selbst heiligt die, die Er geheiligt haben möchte (1 Thes 5,23).

Man muss auch wissen, dass das Heil unverdienbar ist. Wer noch daran glaubt, dass er zu seiner Erlösung etwas beizutragen hat, macht sich angreifbar und wird auch angegriffen. Er wird in seinem Irrtum bestärkt und verbringt sein Leben in frommen Werken, die ihm wenig einbringen, am allerwenigsten Erlösung. Er blockiert sich und limitiert sich. Anstatt Christus zu dienen, dient er nur seinem Gewissen, nämlich so, dass es weiter Schaden nimmt und entweder hochmütig wird oder verzweifelt. Die Selbstprüfung ergibt dann immer wieder: es reicht nicht! Und es wird nie reichen, weil Christus nicht so vertraut wird, dass es Ihm auch Ehre macht und Er den Reichtum Seiner Gnade über den Menschen ergehen lassen kann. Auf die Frage *„Oder erkennt ihr euch selbst nicht, dass Jesus Christus in euch ist?"* (2 Kor 13,5) bleibt die Antwort aus. Man weiß nicht, wie man ehrlich darauf antworten soll. Dabei gilt: Wenn Christus in einem Menschen ist, weiß er das auch. Und dann weiß er auch, dass seine Werke wünschenswert und nützlich sind, aber Gottes Liebe zu einem Menschen dadurch nicht größer oder kleiner wird. Und er wird in der Lage sein, ganz ohne Hemmung zu Gott zu kommen, um Ihm die Sünden immer wieder zu bekennen.

Der Teufel wollte von Anfang an Zweifel an der Zuverlässigkeit und Kompetenz der Worte Gottes säen (1 Mo 3,1-6). Es ist die Kultivierung, die Kultmachung der Besserwisserei, die auf der Lüge aufbaut, dass es Gott doch auch dem Anschein nach nicht gut mit den Menschen meint, sonst würde er nicht so viel Böses und so viel Leiden zulassen. Beim Zweifeln an Gott geht es immer auch um das Sterben und grundsätzliche Fragen des Lebens so wie bei der Schlange im Garten Eden. Das Sterben ist die Besiegelung der Tatsache, dass die Seele, die sündigt, sterben wird, was bedeutet, dass das bisherige Leben eine Existenz mit dem Fazit ist, nicht gut genug für Gott, nicht gut genug für eine dauerhafte Beziehung zu Gott, nicht geeignet, um einer Liebesbeziehung mit Gott gewachsen zu sein, oder in der Sprache der Bibel: nicht heilig genug! Das ist aber gewissermaßen der „Entwicklungsfehler" bei Menschen. Wie könnte er jemals heilig sein, wie Gott es ist. Er hat ein systembedingtes Defizit. Adam war vor dem Sündenfall zwar „sehr gut", aber er war noch lange nicht göttlich. Vom „sehr gut" zum Göttlichen ist eine vom Menschen her unüberbrückbare Kluft. Es ist niemand anderes als Jesus Christus, der diese Kluft geschlossen hat. Ohne Ihn mühen sich die Menschen ab wie sie wollen. Es ist fruchtlos. Aber es ist der weitverbreitete Irrtum so vieler Theologen, dass sie meinen, Gott müsste das, was beim Sündenfall schief gelaufen ist, wieder gerade rücken – anscheinend ist Gott Seiner Sorgfaltspflicht nicht nachgekommen. Wie konnte Er Seine Menschenkinder mit diesem gefährlichen Feind allein lassen! So war es nicht, sondern der Mensch muss sich auf der höchstselbigen Ebene Gottes, derjenigen des Geistes mit Gott eins machen lassen, in einem Paradies herumzuhüpfen reicht dazu nicht.

Also muss die grundsätzliche Frage des Lebens lauten, wie komme ich in die geistige Liebesbeziehung mit Gott, in das Einssein, weg vom „sehr gut" zum heilig sein wie Gott heilig ist. Satan hat an ihrer Stelle die Frage gestellt, „Wie kann ich, der ich von Gott nicht geliebt werde, ohne Gott leben?" Das fragt sich jeder von der Liebe zu einem Menschen enttäuschte. „Wie kann ich leben?" Die Schlange beantwortet die Frage so: „Werde autonom und unabhängig und genieße das Leben, so gut du es kannst!" Der Denkfehler dabei ist, dass der Mensch, je mehr er sich von Gott entfernt, immer mehr der Sklave der Sünde wird (Gal 2,17). Er bleibt noch nicht einmal „sehr gut", weil dem „sehr gut" immer ein Ende gesetzt ist. Es hat Geschöpflichkeit und damit Begrenzung in sich.

Die Wahrheit ist, je mehr der Mensch sich von Gott bilden lässt, desto freier wird er, freier auch vom „sehr gut" sein zu müssen, denn wenn man sich Gott überlässt, dann zieht Er einen zu sich, bis die Heiligung vollkommen ist. Und auch die höchste Form des Lebens mit den höchsten Freuden und Genüssen, ist in der Ferne von Gott gar nicht möglich, sondern nur in der unmittelbarsten Nähe zu Gott (1 Mo 2,17).

Ein weiterer „Kunstgriff" des Satans, um Schöpfung vom Schöpfer zu entfernen, besteht darin, uns Angst zu machen! Angst vor Aufgaben und Herausforderungen, Angst und Zweifel an der Liebe Gottes, an Seiner Treue, an Seiner Güte und an Seiner Zuverlässigkeit!

Vertrauen wir auf Gott, wenn Er uns in einen Lebenskampf führt? Rechnen wir mit Seiner Hilfe, mit Seiner Macht und Stärke? Rechnen wir mit Seinem Da-sein oder befürchten wir, dass Er uns den Rücken zugedreht hat? Er hat schließlich wichtigere Geschäfte zu tun. Die besondere Botschaft für Zweifler ist ja, dass Gott diese Kapazität hat, dass Er sich jederzeit um alles kümmern kann und will. Wie sonst ist erklärbar, dass Er sogar die Zahl der Haare auf eines jeden Kopf kennt. Er weiß jederzeit mehr über uns als wir selbst. Und vor allem hat Er stets den Durchblick. Nicht jeder bekommt einen Blick auf himmlische Heerscharen, die bereit stehen und dann doch nicht so eingreifen, wie man sich das gewünscht hätte (2Kö 6,15-20). Aber jeder hat die Zusage, dass Gott niemals einen Millimeter weit von ihm weicht (Mt 28,20).

Johannes verdeutlicht, dass man dann nicht in der Angst verbleiben muss, wenn man sich von der Liebe Gottes ganz erfüllen lässt (1 Joh 4,18). Vor lauter Liebe bleibt die Angst auf der Strecke. Aber wahr ist auch, dass keiner in der Liebe so vollkommen ist, dass er nie Angst haben könnte. Dann kann der Gedanke mehr helfen, dass doch umgekehrt Gottes Liebe vollkommen ist und man von ihr nie getrennt werden kann (Röm 8,35-39).

Wenn man von der Liebe der Menschen, einschließlich unserer eigenen, nicht viel erwarten kann, von Gottes Liebe darf man alles erwarten. Und hier macht es Sinn zu warten, denn es ist nie ein vergebliches Warten. Das kann allerdings nur zu Recht behauptet werden, wenn man den Irrtum fahren lässt, dass Gott einmal Seine Liebe in bleibenden Zorn eintauschen könnte.

Es ist der Satan, der dies weismachen will, denn er weiß gegen wen die Gläubigen kämpfen und warum ihnen das verborgen sein soll. Einen unsichtbaren Gegner bekämpft man gar nicht. Aber gerade deshalb betont Paulus, dass die Waffenrüstung Gottes wegen der Angriffe aus der unsichtbaren Welt getragen werden muss (Eph 6,12). Und diese Mächtigkeiten nennt Paulus *„Weltbeherrscher"* von Finsternis und Bosheit. Da reicht es nicht, dass man mit menschlichen Mitteln dagegen ankämpft. Man braucht die Waffenrüstung, die Gott zur Verfügung gestellt hat. Sie bietet einen perfekten Schutz. Wer aus der unsichtbaren Welt angegriffen wird, braucht auch unsichtbaren Schutz: Wahrheitsliebe, Evangeliumsverkündigung, Gottvertrauen, Christusgerechtigkeit, Geistleitung und das Wort Gottes.

Eph 6,13: *„Deshalb ergreifet die ganze Waffenrüstung Gottes, damit ihr am bösen Tage zu widerstehen vermöget und, nachdem ihr alles wohl ausgerichtet habt, das Feld behalten könnet."*

Wiederstehen! Stand halten! Dabei bleiben! Es sind keine Gegenangriffe nötig, denn dann müsste man ja dem Feind Ehre geben. Es wird auch nicht triumphiert, das fällt in die Zuständigkeit von Christus, der den Teufel und die Hölle bereits besiegt hat. Es wird demütig bei Christus geblieben, denn der nächste Angriff steht bevor. Das geht so lange wie der alte Adam noch existent ist. So lange wie der Heilsweg noch nicht zu Ende geschritten ist, wird die Demut in Christus geübt. Diese Übung erzeugt eine Erstarkung wie sie nur im Wesen Christi vorkommt (Eph 6,10). Wenn Gott sagt, sei demütig, dann sagt Er zugleich *„sei stark und mutig"*. (Jos 1,6) Nur in der Demut Christi wird man so stark und mutig und unerschrocken wie Er es zuteilt. Der rechte Glauben, das rechte Gottvertrauen, so wie es David hatte, ist auch immer mutig und demütig. Deshalb heißt es in Heb 10,38: *„Mein Gerechter aber wird aus Glauben leben"; und: „Wenn er sich zurückzieht, wird meine Seele kein Wohlgefallen an ihm haben."* Da soll es kein Zurückweichen geben (Heb 10,39).

Der Christ muss ein Kämpfer sein, ob er dabei still ist, oder laut. Es gilt, den guten Kampf des Glaubens zu kämpfen (1 Tim 6,12). Und der ist langwierig und oft auch unerfreulich (Heb 12,2).

Der Lebenswandel eines Christen soll ein Glaubenswandel sein. Die Waffenrüstung Gottes anzuziehen, ist im Grunde die Aufforderung Christus anzuziehen, wie es Paulus den Galatern ausdrücklich vorgegeben hat (Gal 3,27). Das muss auch stimmen, denn Christus ist die Wahrheit, die Gerechtigkeit, das Heil, das Wort, und merke: auch der Geist! Und Er ist das Evangelium. Den Christusmenschen, den man dabei anzieht, ist für Paulus der „neue Mensch". *150 Der alte Adam wird abgelöst und es kommt darauf an, den neuen Adam, Jesus Christus, so schnell und so gründlich wie möglich „anzuziehen", nicht in dem Sinne, dass er kommt und möglichst lange bleibt, sondern dass die alte Person verschwindet und die neue bleibt. Sie ist geistlich völlig von Christus durchdrungen, wenn sie vollendet worden ist. Dies wird erst im Augenblick der Verwandlung sein. Wer diesen neuen Menschen anzieht, zieht zugleich *„die Liebe (an), die das Band der Vollkommenheit ist"* (Kol 3,14) - und alle anderen Wesenseigenschaften Jesu. Er selber war schon im Alten Testament der Schild des Glaubens (Psalm 84, 12).

Wenn Paulus in Eph 6,19 vom *„Geheimnis des Evangeliums"* redet, ohne es näher zu qualifizieren, scheint er damit den Umstand zu meinen, dass es sich bei der Wahrheit der Offenbarung Gottes durch Seinen Sohn Jesus Christus, um eine mit normalem, unbekehrtem Menschenverstand nicht zu erfassenden und deshalb verborgenen Erkennen der Heilswege Gottes handelt. Das Verborgene muss für die Masse ein Geheimnis bleiben, welches nur den Auserwählten offenbar gemacht wird.

Der Epheserbrief schließt mit einem Satz, der zu Paulus und seiner Verkündigung passt – die Gnade! Er spricht sich in seinem Gebet zum Schluss für *„die Gnade mit allen"* aus. Das ist sein Evangelium in Kurzform. Die Gnade wird mit allen sein. Es ist nicht eine Frage der Äonen, wann das sein wird, sondern von Gottes Wirkungen. Und den Weg und die Methode nennt Paulus auch in Kurzform: man muss und wird dazu kommen, Jesus Christus als Herrn lieben zu lernen. Es ist gewiss, denn die Liebe Jesu geht von Ihm aus und ist unfehlbar!

Eph 6:24: *„Die Gnade [sei] mit allen, die unseren Herrn Jesus Christus in Unvergänglichkeit lieben! Amen!"* So sei es und so wird es.

Anmerkungen

1

Die Quellen berichten, dass Johannes auch noch als Greis, der sich kaum noch artikulieren konnte, immerzu verlangte, dass man sich untereinander lieben sollte (Vgl. Eberhard Arnold (Hrsg.), „Dokumente, Briefe & Texte der Urchristen", S. 212, 1986, nach einem Zitat von Hieronymus in seinem Kommentar zum Galaterbrief (6,10)). Das erinnert mich spontan an meine Mutter, die hochbetagt in den letzten Lebensjahren dement war und immer wieder betonte, dass man doch gut miteinander auskommen möchte.

2

Vgl. Heinrich Langenberg, „Zu den Urquellen des paulinischen Schrifttums", S. 17, 2002.

3

Es gibt Ausleger, die in einzelnen Bibelversen Hinweise für eine vor der Schöpfungswoche von 1 Mos 1 gewesene Schöpfung sehen wollen.

4

Die Vorstellung eines schöpferischen Logos gab es im Griechentum schon 500 Jahre vor Johannes. Der Jude Philon von Alexandria hat sie im ersten Jahrhundert ins Judentum gebracht („Über die Unveränderlichkeit Gottes"; Vgl. Hubert Frankemölle, „Das jüdische Neue Testament und der christliche Glaube", S. 190f., 2009).

5

Vgl. Martin Schacke „Die Neuordnung Gottes und das Sein in Christus", S. 47, 1979.

6

Vgl. Heinz Schumacher, „Was für eine Botschaft ist uns aufgetragen?", S. 69 in Gnade und Herrlichkeit, 2/15.

7

Erich Sauer, „Das Morgenrot der Welterlösung", 1958, S. 21. Sauer bezeichnet eine Übersetzung mit „Herabsturz" als „grundfalsch": Diese Bedeutung hatte das betreffende Wort niemals in der griechischen Sprache. Sag` niemals nie. Was aber auf jeden Fall zu beachten ist, ist, dass die menschliche Sprache sich verändert und immer nur dann verstanden wird, wenn es einen Konsens bei Sprecher und Hörer gibt, eine Konvention darüber, welche Bedeutung ein Wort hat. Es muss also stets gefragt werden, was verstand der Empfänger einer Botschaft unter der Botschaft. Wenn man weiter fragt, ob es neben dieser Verständnisebene noch eine weitere Ebene gibt, verlässt man den Boden des Faktischen und kommt in den Bereich der Spekulationen. Dann fragt man sich, welche Geheimbotschaft steckt in den Worten. So könnte man die Wettervorhersage: Es kommt zu Niederschlägen! So deuten, dass vor einer Schlägerei gewarnt würde. Es gibt ganze Bibelauslegungen, die nach dem Prinzip, was der Sprecher nicht gesagt, aber gemeint haben soll, verfahren, und sogar Bibelübersetzungen, die nach diesem Prinzip aufgebaut sind, mit erwartungsgemäß teilweise verheerender Theologie.

8

Z.B, Joh 1,1ff, 1 Kor 8.6; Kol 1,16-17; Heb 1,2.

9

Was unter „Himmel" oder „Thron" zu verstehen ist, kann man ohne Sonderoffenbarung nicht wissen.

10

Fritz Rienecker, „Der Brief des Paulus an die Epheser", Wuppertaler Studienbibel, S. 49, 1994.

11

Adolf Schlatter, Erläuterungen zum Neuen Testament Bd. 7, S. 156 f. 1965. Schlatter übersetzt das griechische „Kosmos" auch mit „Menschheit", was unrichtig ist, denn der Kosmos umspannte auch schon in der Vorstellung des antiken Menschen mehr als nur die Menschheit. Anstatt „Grundlegung der Welt", die jedenfalls vor 1

Mos 1,2 stattgefunden hat, setzt Schlatter „Aussaat der Menschheit", die erst mit 1 Mos 1,26 begonnen hat.

12

Heinrich Langenberg, „Der Epheserbrief", S. 27, 1964.

13

Nirgendwo in der Bibel gibt es ein Gebot, dass der Mensch sich selbst lieben müsse. Es wäre auch eine überflüssige Forderung. Wenn manche Kirchenleute das so sehr hervorheben, dass man die Kunst des Selbstliebens lernen müsse, haben sie möglicherweise nicht verstanden, warum Jesus die Selbstverleugnung so sehr hervorhob (vgl. Georg Walter, „Der Angriff auf die Wahrheit", S. 297, 2009).

14

Der jüdische Philosoph Philon, der Christus nicht kannte, bezeichnete die Torah (den Pentateuch) als höchste Philosophie. Das war folgerichtig, denn er kannte das Evangelium nicht. Damit blieb er aber im Bereich der Anthroposophie, die immer sehr homozentriert ist.

15

Heinrich Langenberg, „Der Epheserbrief", S. 29, 1964.

16

Adolf Schlatter, Erläuterungen zum Neuen Testament, Bd. 7, S. 162, 1965.

17

Albert Schweitzer drückte es so aus: „Der Unfreie, Ungesammelte und Unvollständige ist aber zugleich noch in Gefahr, der Humanitätslosigkeit zu verfallen." („Kulturphilosophie: Verfall und Wiederaufbau der Kultur", S. 12, 1923).

18

Fritz Rienecker, „Der Brief des Paulus an die Epheser", Wuppertaler Studienbibel, S. 65f., 1994.

19

Es mag Kirchler geben, die das Wunschdenken nennen. Doch dann müssen sie auch wissen, dass es das Schlimmste ist, was sie dazu sagen können, während das, was sie anstelle dessen setzen, das Schlimmste ist und das Schlimmste bleibt. Sie sagen ja, dass der überwiegende Teil der Menschen ein unbarmherziges Gericht erfahren würde, in dem alles, was jemals böse und schlimm und leidvoll in dieser Welt war, verewigt wird. Etwas Schlimmeres ist nicht denkbar. Es ist fraglich, ob man einem Gott ein Übermaß an guten Eigenschaften zuerkennen kann, wenn er dafür sorgt, dass um der freudvollen Gemeinschaft mit einer vergleichsweise geringen Schar von Lebewesen willen, eine viel größere Schar von Kreaturen dafür ewiglich leiden müssen. Wenn es so käme, hat er zumindest gewusst, dass es so kommen kann. Er hätte demnach bedingt vorsätzlich gehandelt.

20

Fritz Rienecker, „Der Brief des Paulus an die Epheser", Wuppertaler Studienbibel, S. 65, 1994.

21

Ebd., S. 66.

22

„Rechtfertigung geht über einen Freispruch hinaus – sie ist Anerkennung. Sie geht auch über Begnadigung hinaus – sie ist Beförderung." (3,24) Paul Van Gorder in „Our Daily Bread".

23

Vgl. Nelson Darby, „Collected Writings 1867", Bd 27, S. 332.

24

Ebd., S. 333.

25

„Die sich für Weise hielten, sind zu Narren geworden." Paulus meint hier konkret jene, die die Offenbarungen Gottes missachten und versuchen, dank eigener Überlegung und eigenem Gutdünken „die Herrlichkeit Gottes", die sich natürlich auch in der bunten Vielfalt, Raffinesse, Schönheit und Komplexität der Schöpfung kundtut, außer Acht lassen und zur Anbetung von Ersatzgöttern kommen. Im Falle von

Hawking und kongenialen Gottesleugnern ist die Materie oder die Naturgesetzlichkeit, also ebenfalls etwas Geschaffenes, der allmächtige, kreative Götze geworden. Das Erstaunen vieler atheistischer Naturwissenschaftler, wenn sie vor der Macht des Faktischen dann kapitulieren werden, sobald das bei ihnen an der Reihe ist, wird zum Teil davon herrühren, dass sie vor Augen haben werden, dass sie einige Faktoren nicht bei ihren Überlegungen und Berechnungen mit einbezogen haben, die doch so offensichtlich mit einbezogen werden mussten! "Wie konnte ich das übersehen?" Die Selbsterkenntnis wird lauten: "Ich wollte es nicht sehen!"

26

Michael Gese, „Der Epheserbrief", S. 28, 2013.

27

Vgl. Jürgen Becker, Ulrich Luz, „Die Briefe an die Galater, Epheser und Kolosser", S. 97f., 1998.

28

Was die Jünger verstanden, kann man nur vermuten, denn die Bibel gibt hierüber keine Auskunft. Denkbar ist sehr wohl, dass die Apostel nicht alle Sonderlehren von Paulus übernommen haben. Wer was fassen kann und wer nicht, liegt immer in erster Linie an Gott selbst. Man kann sich fragen, ob die Apostel für ihren Dienst der Verkündigung an Israel die paulinischen Sonderlehren von der Gemeinde des Leibes Jesu, der Vollendung aller Dinge in der Unterordnung unter Jesus und vor allem auch der beschränkten Kompetenz der Torah benötigten und man wird es verneinen können.

29

Friedrich Christoph Oetinger, „Biblisches und emblematisches Wörterbuch", S. 671, 1776, Nachdruck 1969.

30

Ebd., S. 672.

31

Friedhelm Groth, „Die Wiederbringung aller Dinge im württembergischen Pietismus", S. 105, 1984.

32

Friedrich Christoph Oetinger, „Theologia ex idea I", S. 107, 1765, Neuauflage 1979.

33

Friedrich Christoph Oetinger, Sämtliche Schriften, Abhandlung, Bd. 6, S. 413, 1769.

34

Friedhelm Groth, „Die Wiederbringung aller Dinge im württembergischen Pietismus", S. 106, 1984.

35

Gotthard Friedrich Faber, „Kurze und leichte Herzens-Theologie", S. 15, 1755.

36

In „Wiederbringung aller"; in: Gerhard Müller u. a. (Hrsg.): Theologische Realenzyklopädie, Bd. 35; S. 774–780, hier S. 775, 2000.

37

Oetinger versteht unter „versöhnen": *„Von Anfang der Kreatur bis ans Ende ist Gottes Werk alles Widrige zu überwinden und ins Leben zu versetzen. Das heißt eigentlich und unverblümt versöhnen."* (Friedrich Christoph Oetinger, „Biblisches und emblematisches Wörterbuch", S. 666, 1776.)

38

Friedrich Christoph Oetinger, „Rath und Abbten", S. 26, 1771.

39

„In den Reihen des schwäbischen Biblizismus und Pietismus" nach A. Köberle, „Universalismus der christlichen Botschaft", S. 79, 1978.

40

Dass man Menschen leichter steuern und für seine Zwecke benutzen kann, wenn man ihnen sagt, dass sie der Kirche folgen müssen, weil es sonst kein Zurück mehr gibt aus der ewigen Verdammnis, ist leicht zu verstehen. Der Glaube an das Höl-

lenfeuer erlaubte den Kirchenleuten auch ihre sadistischen Triebe an den Abweich-
lern und Ketzern zu befriedigen, wenn man sie bei lebendigem Leib verbrannte und
es damit rechtfertigte, dass man sagte, Paulus habe ja auch von der Möglichkeit
gesprochen einen Menschen „dem Satan zu übergeben", damit seine Seele „wie
durchs Feuer" gerettet würde (1 Kor 3,15). Wie abscheulich diese Lehre ist, hat die
katholische Kirche bis zum heutigen Tag nicht verstanden.

41

Johann Albrecht Bengel, „Erklärte Offenbarung", Neue Ausgabe, S. 699, 1834.

42

Friedrich Christoph Oetinger, „Sämtliche Schriften", Bd. 5, S. 26, 44,47,1858.

43

Vgl. R. Schneider, „Schellings und Hegels Geistesahnen", S. 52, 1938.

44

G. Lang, „Michael Hahn", S. 246 ff, 1921.

45

„Alle Dinge sind in ihm (Christus) in ein Ganzes zusammengestellt gewesen". Johann Michael Hahn, „Briefe von der ersten Offenbarung", S. 338, 2. A., 1839.

46

Friedhelm Groth, „Die Wiederbringung aller Dinge im württembergischen Pietismus", S. 22, 1984.

47

Vgl. E. Deak, „Apokatastasis. The problem of universal salvation in twentiehth century theology", S. 259f., 1979.

48

Luk 14, 28-30; Hiob 41,2; Ps 135,6; Jes 46,10f; Jer 32,27; Mt 19,26/ Lk 18,27; Röm
12,3; Röm 9,18; Röm 8.20; Eph. 2, 8; 1.Tim. 2:4; 4:10; Röm. 9:16; Dan 4:32; Ps.
135,6; 1.Chron. 29:11,12; Röm. 9,19; Eph 1,11.

49

Johann Michael Hahn, „Briefe von der ersten Offenbarung", S. 263, 2. A., 1839.

50

E. Deak, „Apokatastasis. The problem of universal salvation in twentiehth century theologys". 255ff., 1979.

51

Vgl. Moritz Friedländer, „Die religiösen Bewegungen innerhalb des Judentums im Zeitalter Jesu", S. 67, 1905.

52

Albert T. Clay, „Light on the Old Testament from Babel", S. 100, 2006.

53

JG. Kramer, Beiträge zur Geschichte August Hermann Francke`s enthaltend den Briefwechsel Franckes und Spener`s, S. 342, 1861.

54

ebd. S. 334ff.

55

Vgl. J.W. Petersen, „Mysthrion Apokatastaseos Panton", II, Ab. 32-39.

56

Johann Albrecht Bengel, „Sechzig erbauliche Reden", 1756 in Mälzer, Nr. 480. Zu beachten ist, dass es unter den Vertretern der Allversöhnungslehre auch Vertreter ganz unterschiedlicher Varianten dieser Lehre gibt. Wichtig ist die Feststellung, dass nach dem Zeugnis der Bibel die Umkehr im Bekenntnis zu Christus unumgänglich ist und dass die Gerichte, in die die Menschen kommen, gerade wegen dem alternativlosen Ziel der Läuterung hart und schwer sein können. *„Es gibt weder eine billige Gnade, noch eine billige Umkehr."*

57

Reiner Heinze, „Bengel und Oetinger als Vorläufer des deutschen Idealismus", S. 37, 1971.

58

Johann Michael Hahn, „Briefe von der ersten Offenbarung", S. 468f., 2. A., 1839.

59

Michael Hahn, Schriften, Bd. 4; S. 392, 1819.

60

Oetinger Friedrich Christoph Oetinger, „Biblisches und emblematisches Wörter-buch", S. 683, 1776.

61

Friedhelm Groth, „Die Wiederbringung aller Dinge im württembergischen Pietis-mus", S. 13, 1984.

62

„Wer die Verdammnis ohne Ende glaubt, kann nicht ruhig sein, oder er hat keinen Funken von Gottes Liebe und Erbarmen in sich." (Johann Michael Hahn, „Briefe von der ersten Offenbarung", S. 461, 2. A., 1839) Das würde bedeuten, dass Geg-ner der Lehre von der Allvollendung alle zumindest innerlich unruhig wären. Aber das hilft ihnen kaum, denn auch die Vertreter der Lehre von der Allvollendung kön-nen·viele Gründe für ihre eigene innere Unruhe haben. Was einer lehrt, ist also kein verlässlicher Hinweis darauf, was er lebt.

63

Johann Michael Hahn, „Briefe von der ersten Offenbarung", S. 467, 2. A., 1839.

64

Im Kern wird biblisch argumentiert. Es gibt auch andere Argumente, die den bibli-sche Befund unterstützen. Isaac Newtons Gravitationslehre basiert auf der Überle-gung, dass die natürliche Ordnung auf logisch nahvollziehbaren Gesetzmäßigkei-ten des Schöpfergottes aufgebaut ist. Das wusste Newton aus der Bibel. Und in seinem mathematischen Befund bestätigte sich das noch weiter.

65

J. Trautwein, „Theosophie Michael Hahn und ihre Quellen", S. 209f, 1969.

66

Vgl. G. Kraus, „Vorherbestimmung", S. 349, 1977.

67

Johann Michael Hahn, „Briefe von der ersten Offenbarung", S. 467, 2. A., 1839.

68

Oetinger definiert das dem griechischen Aion entsprechende hebräische „Olam" als „etwas Hervorgebrachtes", das „eine zeitlang währt, und wieder ins Unsichtbare zurückzieht; darum heißt es Verborgenheit" Friedrich Christoph Oetinger, „Biblisches und emblematisches Wörterbuch", S. 194, 1776.

69

Friedrich Christoph Oetinger, „Rath und Abbten", S. 26f., 1771.

70

Oetinger sah das ganz ähnlich: „Olam und Aeon folgen nicht aus dem Wesen der Dinge, sondern aus der Freiheit Gottes" (Friedrich Christoph Oetinger, „Biblisches und emblematisches Wörterbuch", S. 194, 1776).

71

Z.B. Magnus Friedrich Roos, „Abhandlung von der Sünde wider den heiligen Geist", S. 90, 1771.

72

Hahn schrieb zu dem Begriff der Ewigkeiten, die er als Äonen verstand: „Schrecklich klingt es aber auch, wenn man bedenkt, dass es bei manchen bis zu den letzten Ewigkeiten mit ihrem Wiedergenesen anstehen kann." (Michael Hahn, Schriften, Bd. 4; S. 392, 1819)

73

Vgl. Moritz Friedländer, „Die religiösen Bewegungen innerhalb des Judentums im Zeitalter Jesu", S. 159, 67, 1905.

74

Oetinger drückte es so aus: „Pein hat keine Wurzel in Gott, wie Leben" in Gott (Friedrich Christoph Oetinger, „Biblisches und emblematisches Wörterbuch", 1776; S. 581, Nachdruck 1969).

75

Oder in den Worten Oetingers *„Die ewige Pein hat ihre Wurzel in dem Fall, der nicht ewig ist."* (Friedrich Christoph Oetinger, „Theologia ex ideal", S. 327, 1765, Neuauflage 1979).

76

Michael Hahn, Schriften, Bd. 12; S. 510, 1819. Es gilt, was Hänschen in diesem Leben „nimmermehr" gelernt hat, lernt er danach noch mühseliger.

77

Vgl. Michael Hahn, Schriften, Bd. 5, S. 637, 1819.

78

Johann Michael Hahn, „Briefe von der ersten Offenbarung", S. 488f., 2. A., 1839.

79

Johann Michael Hahn, „Briefe von der ersten Offenbarung", S. 430, 2. A., 1839.

80

Oetinger, der gefallene Menschen als zur Schlange Satan zugehörig versteht, kommentiert zu Mt 10,28: *„Allein eben diese Verderbung ist weder Vernichtung noch Verschlimmerung, sondern eine Auflösung der Schlangengeburt; wie der Leib putreficiert und dadurch in das reinere versetzt wird, so auch die Seele."* (Friedrich Christoph Oetinger, „Rath und Abbten", S. 32f., 1771)

81

Auch Oetinger erkannte die Konsequenzen der Höllenlehre auf den persönlichen Gesundheitsstand der Seele und die Allgemeinbefindlichkeit der Christenheit: *„Also ist es nötig die beschmutzten Begriffe nach und nach zu säubern. Sie verursachen unvermerkt und schleichend Befleckungen des Geistes. Von den unechten Worten kommt viel Unheil in der Welt."* (Friedrich Christoph Oetinger, „Biblisches und emblematisches Wörterbuch", S. 192f., 1776)

82

Vgl. Nelson Darby Collected Writings, Bd. 8, S. 26, 1867.

83

Vgl. Nelson Darby, Collected Writings; Bd. 5, S. 383, 1867.

84

Adolf Schlatter, Erläuterungen zum Neuen Testament, Bd. 7, S. 172 f., 1965.

85

Heinrich Langenberg, „Der Epheserbrief", S. 41, 1964.

86

Die Aufgabe der Gemeinde ist im Besonderen ein vierfacher Dienst: 1. Ein irdischer Dienst an der Welt (2.Kor.5,18 ff); 2. Ein innerer Dienst der gegenseitigen Hilfe (Eph.4,11-16; Kol.1,28-29; 2.Kor.12,15): 3. Ein himmlischer Dienst (Eph.3,10) und 4. Ein ewiger Dienst (Eph.2,7). Nach Karl Friedrich Hering, „Gottes Plan für die Zeitalter", S. 17, 1946.

87

Fritz Rienecker, „Der Brief des Paulus an die Epheser", Wuppertaler Studienbibel, S. 77, 1994.

88

Vgl. Daniel Schenkel, „Die Briefe an die Epheser", S.28, 1862.

89

„Diese katastrophale Fehlentwicklung und Torheit ist nur zu verstehen, weil es Wahrheit ist, dass der „Gott dieser Welt" die Gedanken derer blind macht, die sich nicht im Glauben Christus öffnen, sondern ihn ablehnen." (Erich Schnepel, „Das Werk Jesu", S. 94, 1992)

90

Schnepel geht in seiner Analyse noch weiter. Weil der Mensch böse ist und gottlos bleiben will, denkt er sich gottlose Theorien aus. „Die Ablehnung (zu glauben) entspringt meist nur scheinbar gedanklichen Gründen. Ihren wirklichen Ursprung hat sie fast immer in einer sittlichen Entscheidung, die das Leben nicht unter die Herrschaft Jesu stellen will, sondern sich und die eigenen Lebenslinien selbständig behaupten möchte." (Erich Schnepel, „Das Werk Jesu", S. 94, 1992).

91

Das ist eine der am wenigsten anerkannten Absichten Gottes. Die Theologen preisen immerzu die große Barmherzigkeit und das Wohlwollen Gottes und reißen sie im nächsten Satz dann gleich wieder um. So auch Tozer: *„Wenn wir also von der »Barmherzigkeit Gottes« reden, sprechen wir von etwas, das so unermesslich ist, dass das Wort »unermesslich« dem nichts hinzufügt; denn wir reden ja schon von etwas, was nirgends eine Begrenzung hat."* Wenig später schreibt Tozer, dass der Sünder eines Tages *„das Gebiet verlässt, in dem ihn Gottes Barmherzigkeit trug",* nämlich wenn er stirbt und in die Hölle kommt (A.W. Tozer, „Muss man Gott fürchten?", S.51, 1991)

92

Ebd. S. 55.

93

Vgl. Christoph Burchard, „Studien zur Theologie, Sprache und Umwelt des Neuen Testaments", S. 130, 1998.

94

„Gottes Sohn wurde nicht Fleisch, ... sondern jüdisches Fleisch. Die ganze kirchliche Inkarnationslehre wurde abstrakt, billig, bedeutungslos in dem Maß, als man das für eine beiläufige und zufällige Bestimmung zu halten begann." Karl Barth, „Kirchliche Dogmatik", Bd. IV/1, S. 181f., 1953.

95

Baltes hat bestimmt nicht alle Missverständnisse, die im Christentum über seinen jüdischen Wurzelgrund bestehen, mit der Zahl 80 erfasst (in Guido Baltes, „Jesus der Jude und die Missverständnisse der Christen", 2015).

96

Der messianische Jude Michael Brown: *„Jesus kommt als „verherrlichter Jude" zurück."* Michael L. Brown, „Handbuch Judentum", S. 133, 2009.

97

Vgl. F. B. Hole, „Grundzüge des Neuen Testaments – Epheser", S. 33ff, 1998.

98

Edward Joseph Clemmer, „Gospel Emmaus", Bd. 2, S. 548f., 2011.

99

Amos 9,11f; Ap 15,16f.

100

Vgl. Jes 2,2; Jer 3,17; Mi 4,1f; Jes 60,3; des Weiteren auch in der apokryphen Literatur, die zumindest zeigt, wie Juden in der Zeit des Hellenismus die Sache betrachteten, z.B. Tob 14,6f; 13,13 und PsSal 17,31.

101

Sach 2,15; 8,23; 14,3ff; Jes 2,1-4; 14,1-2.

102

Jes 43,10.12; 44,8.

103

Jes 1,3ff; Jer 3,22.

104

Ernst Bloch, „Das Prinzip Hoffnung", Bd 2, S. 590, 1959.

105

Augustin, „Bekenntnisse", I.I.

106

Vgl. Gustavo Gutierrez, „Theologie der Befreiung", S. 151, 1980.

107

Otto Pfleiderer, „Entstehung des Christentums", S. 121 ff., 1905.

108

Vgl. Nelson Darby, „Synopsis oft he books oft he Bible", Bd. 4, S. 374ff., 1857

109

David Gooding, „Die Bibel – Mythos oder Wahrheit?", S. 49, 1992.

110

Vgl. Edmund Schlink, „Der kommende Christus und die kirchlichen Traditionen", S. 179f., 2004.

111

Vgl. Albert Barnes, „ Notes on the New Testament, Mathew and Mark", S. 47, 1955

112

An einen Beweis ist daher nicht zu denken, da den Menschen das Verständnis darüber fehlt, inwiefern geistige Wesenseigenheiten, z.B. „demütig sein", in einer nachweisbaren Beziehung zu nichtgeistigen stehen (z.B. „von elektrischer Ladung sein"), wobei er ja sogar nicht in der Lage ist, überhaupt Verbindliches zur Unterscheidung von Geist und Nicht-Geist anzugeben.

113

Jes 6,3; Ps 75,5-6

114

Ps 19,2; 1 Chr 29,11-12

115

Dem Chaos entspricht der chaotische, d.h. das Chaos fördernde Weltbeherrscher, der an chaotischen Gesetzmäßigkeiten Gefallen hat. So auch diesem: „... jedesmal, wenn das Chaos auch nur für kurze Zeit herrschte, resultierte daraus die Geburt einer tyrannischen Kontrollmacht." (Francis A. Schaeffer, „Die große Anpassung", S. 26, 1988) Der große Tyrann will kleine Tyrannen generieren.

116

1 Kor 15,28; Phil 2,9-11

117

Das Judentum glaubte nur an einen relativen Dualismus. (Vgl. H.-J. Schoeps, „Urgemeinde, Judenchristentum, Gnosis", S. 37 ff., 1956) Anscheinend hat diese Sichtweise auch das Urchristentum übernommen. In der späteren Kirche ging sie verloren. Der Dualismus bleibt ewig ungelöst, denn ein Teil der Menschheit bleibt ihm zufolge unerlöst.

118

Jes 41,4; 44,6-7; 48,12

119

Auch Kol 2,15 enthält einen „Abstieg", um erst recht aufsteigen zu können. (Vgl. Helmut Feld, „Das Ende des Seelenglaubens: vom antiken Orient bis zur Spätmoderne", S. 197ff., 2013)

120

Vgl. Heinrich Langenberg, „Zu den Urquellen des paulinischen Schrifttums", S. 155, 2002.

121

Zur Frage, in wiefern diese Vorschrift umgesetzt worden ist Vgl. Walter Houston, „The Pentateuch", S. 60ff, 2013.

122

Vgl. John Allfree, „Expository Notes on Paul's Letter to the Ephesians", S. 64, 2017.

123

Vgl. Georg Walter, „Der Angriff auf die Wahrheit", S. 62, 2009.

124

Vgl. Matthias Kreplin, „Das Selbstverständnis Jesu", S. 215, 2001

125

Vgl. David Kinnaman, „Unchristlich: Was eine neue Generation über Christen denkt", 2008.

126

Also nicht nur „Zwang in Glaubensfragen", wie Schnepel es ausführt, führt zu einer eher entschuldbaren Heuchelei (Vgl. Erich Schnepel, „Christus im Römerreich", S. 60, 1936), sondern die nackte Macht des Faktischen, der sich der Weltmensch zu keiner Zeit entziehen kann und die danach fragt, wo man sich die meisten Vorteile im Leben verschaffen kann. *„Wie anders hätte nicht nur die Geschichte des Christentums, sondern auch die Weltgeschichte sich gestaltet, wenn diese Fehlentwicklung des vierten Jahrhunderts nicht gekommen wäre!"* resümiert Schnepel.

127

Vgl. Moritz Friedländer, „Die religiösen Bewegungen innerhalb des Judentums im Zeitalter Jesu", S. 79, 1905.

128

Vgl. Jacob Thiessen, Harald Seubert Hrsg. „Die Königsherrschaft Jahwes", S. 159, 2015. Zwar hat man in der Theologie (z.B. bei A. Schweitzer) festgestellt, dass es zwischen der Christuserwartung von Paulus und der Erwartung des Königreichs bei Jesus Unterschiede gab, man hat aber meist nicht erfasst, dass beides nebeneinander besteht. Das jüdische Achtzehnbitten-Gebet wird von Juden drei Mal am Tag gesprochen, Gott wird dabei als König angesprochen und auch das Vaterunser ist ein Gebet, in dem um das Kommen des Königreichs gebetet wird. Es ist dem Kadesch-Gebet der Juden sehr ähnlich. Auch das Aleinu-Gebet spricht zum „König der Könige" im Himmel.

129

Vgl. Francis Foulkes, „The Letter of Paul to the Ephesians", S. 162, 1989, zur Betonung der fraulichen Würde. Meist wird von Auslegern jedoch übersehen, dass die frauliche Würde gerade darin zum Ausdruck kommt, wie sie von den Männern behandelt wird. Hier herrscht leider gerade auch im Kirchenchristentum ein Ungleichgewicht zwischen der Aufgabe des Mannes und der der Frau.

130

Joh 3,27; Lk 8,10; Mt 19,11; 1 Kor 2,10

131

Vgl. Martin Meiser, „The Torah in the Ethics of Paul", S. 130ff., 2012.

132

„Wenn die Wahrheit Bestandteil meiner Seele geworden ist, dann ist Platz für weiteres geworden." J. N. Darby, Notes on the Gospel of Luke, S. 61, 1869

133

Zwangsehen und gekaufte Ehen gab es auch im christlichen Abendland durch die Jahrhunderte in Massen. Manch ein junges Mädchen musste ihren Vergewaltiger ehelichen und erlebte ein lebenslanges Drama. Manch eine nahm sich das Leben und wurde von der Kirche ausgeschieden und in der hintersten Ecke des Friedhofs verscharrt.

134

Aufschlussreich sind hierzu die Ausführungen von Heinz Külling, „Ehe und Ehelosigkeit bei Paulus", S. 80ff., 2008.

135

Die radikaleren muslimischen Vertreter der Idee vom Irrtum, „das Land Palästina gehört uns", die das in Widerspruch zu Sure 5,20-21 tun (wonach das Land den Israeliten gehört, weil es ihnen von Gott gegeben wurde), behaupten, der ganze Tempelberg sei die Al-Aqsa Moschee. Das ist historisch schon deshalb nicht richtig, weil die beiden Gebäude erst im 7. Jahrhundert von den islamischen Fatimiden erbaut worden sind und vorher an gleicher Stelle Kirchengebäude standen, die wiederum auf römischen Tempeln errichtet worden waren. Mohammed kann bei seiner Nachtfahrt gar nicht in Jerusalem gewesen sein, da er nie eine christliche Kirche als Anbetungsstätte bezeichnet hätte. Und falls Muslime das Gegenteil glauben würden, dürften sie nie eine christliche Kirche zerstören. Das Wort Jerusalem kommt im Koran kein einziges Mal vor.

136

Vgl. 2 Sam 22, 40cf. Ps 18, 40; Eph 3, 16.20; Kol 1, 11.29. Und ebenso: 2 Mo 15,2; Ps 18,2; 28,7; Jes 12,2; 49,5; Eph 1,19.

137

Ängste können auch andere Ursachen als Sünden haben.

138

Gerade die Kirchengebäude in Rom sind Musterbeispiele für eine Geschmacksverirrung, die auf eine starke Gesinnungsverirrung schließen lassen und in der Regel auf eine unästhetische Beziehung zur Wahrheit zurückzuführen sind. Hier herrscht Unverständnis über das Wesen von Christus. Das zeigt sich auch darin, dass Christus häufig der Maria untergeordnet präsentiert wird. Die Maria ist erwachsen, Jesus ist ein Kind geblieben – es braucht noch die Milch. Häufig ist das Bild der Maria sichtbar über dem Kreuz angebracht. Maria über Jesus. Es gibt Kirchengebäude, in denen Abbildungen von Maria häufig zu sehen sind, Abbildungen von Jesus nur wenige. Der Marienkult hat sich verselbständigt und hat zurückgefunden zum Kult der Himmelsgöttin Astarte/Isis mit dem Götterkinde. Das sind dann keine biblisch-christlichen Inhalte mehr, denn die Mutter Gottes wird zur eigentlichen Erlöserin und "Helferin in der Not" hochstilisiert. Das Kind ohne die Mutter ist hilflos, also müssen auch die Gotteskinder ohne die Mutter Maria hilöflos sein. Wie die zahlreichen Marienaltäre und die vor ihnen knienden und betenden Katholiken zeigen, wird die Himmelsherrin nicht nur verehrt, sondern angebetet. Sie ist die Milchspenderin. Mohammedaner sagen, sie unterdrücken die Frauen nicht, aber es ist ihre Auslegung, was sie unter „Unterdrückung" verstehen. Wer kein Mohammedaner ist, erkennt klar und deutlich, dass im Islam, getreu dem Koran, die Frau unzweifelhaft unterdrückt wird, weil sie sich dem Mann genauso zu unterwerfen hat wie der Mann seinerseits Allah. So haben auch die Katholiken die Deutungshoheit über das, was sie als „anbeten" verstehen. Das ist die Methode „des Kaisers neue Kleider".

139

In päpstlichen Kirchen und im Vatikan kommt noch der Drachen dazu, als zentraler Bestandteil des päpstlichen Wappens (Gregor XIII, Paul V), nicht etwa das Kreuz! Bei 85 Päpsten, denen man Wappen zuordnen kann, enthalten nur 2 Wappen ein Kreuz (bzw. 5, wenn man Streifen als Kreuz sehen will).

140

Der Papst könnte anstatt seinem alljährlichen spektakulären „urbi et orbi" – Segen auch verkünden: „The games must go on!"

141

Die ersten Christusnachfolger bezeichneten sich auch selber so, als Leute des neuen Weges.

142

Vgl. dazu die Bekenntnisschrift der reformierten Kirche im Heidelberger Katechismus, der unter Punkt 60 folgendes feststellt: „Allein durch wahren Glauben an Jesus Christus, also: dass, ob mich schon mein Gewissen anklagt, dass ich wider alle

Gebote Gottes schwerlich gesündigt und derselben keines nie gehalten habe, auch noch immerdar zu allem Bösen geneigt bin, doch Gott, ohne all mein Verdienst, aus lauter Gnaden, mir die vollkommene Genugtuung, Gerechtigkeit und Heiligkeit Christi schenkt und zurechnet, als hätte ich nie eine Sünde begangen noch gehabt und selbst all den Gehorsam vollbracht, den Christus für mich hat geleistet, wenn ich allein solche Wohltat mit gläubigem Herzen annehme." Der Unglaube daran, befeuert eine ganze „Glaubensindustrie" und sichert den Lebensunterhalt vieler zum Schein frommen Kirchenfunktionäre.

143

Nirgendwo heißt es in der Bibel, dass das Evangelium möglichst schnell möglichst alle erreichen soll. Gott hat keine Eile und ihm gehören die Äonen. Es ist das kirchliche Missverständnis, das in der Ungeduld des Menschen und seiner eigenen Limitierung zu lieben, zu vergeben, sich zu versöhnen, liegt, dass man denkt, wenn es um das irdische Leben und den irdischen Tod geht, ginge es bereits um die letzten Dinge.

144

Das Land, das Abraham verheißen wurde und seinen Nachkommen Isaak und Jakob zugesprochen wurde, erstreckt sich vom Euphrat bis zum Nil. Die Bibel ist hier klar. Schon daher sind die Kirchen, die den Juden das Recht auf ganz Israel absprechen, auf einem unbiblischen Kurs. Man mag zur Israelfrage stehen wie man will, die Bibel lässt keine Missverständnisse zu, Judäa und Samaria sind Israel zugeordnet.

145

„Cività Cattolica" dieses Organ der italienischen Jesuiten erklärte noch im April 1938: „Das Judentum ist eine aufs tiefste verdorbene Religion."

146

Die Bibel war auf dem römischen Index (Index Librorum Prohibitorum) soweit man sie nicht unter Anleitung katholischer Geistlicher las, denen allein die richtige Auslegung (eigentlich dem Bischof) zustand. Katholiken reden daher weniger von einem Bibelverbot, was jedoch eine Wortklauberei ist. Es überrascht wenig, dass es auch in manchen muslimischen Staaten verboten ist, Bibeln zu lesen oder zu besitzen. Zu ausdrücklichen Bibelverboten kam es im Herrschaftsbereich der Kirche Roms ab dem Jahr 1199. Auf der Synode von Toulouse, 1229, nachdem man gerade die bibelliebenden Albigenser und Katharer zu zigtausenden erschlagen hatte, ließ Papst Gregor IX. verkünden: „Wir verbieten auch den Laien den Besitz von Büchern des Alten oder des Neuen Testaments, es sei denn einer möchte gerne ein Psalterium oder ein Brevier für das Heilige Officium oder das Stundengebet der Seligen Maria zur Andacht haben. Aber dass sie die vorgenannten Bücher in einer volkssprachlichen Übersetzung besitzen dürfen, das verbieten wir aufs Grundsätzlichste."

147

Man sollte sich beim Besuch ihrer prächtigen Kirchen immer vergegenwärtigen, dass das Geld oft aus dunklen Quellen oder mit schmutzigen Händen hergeschafft worden war.

148

Vgl. Norberth Lieth, „Judas Iskariot und das moderne Christentum", in Mitternachtsruf 4/18.

149

ebda. Norberth Lieth schreibt: *„Die gesamte Welt, besonders das ehemals christliche Europa, befindet sich auf einem krass antichristlichen Kurs. Die Gesellschaft steht immer offensichtlicher unter der Beeinflussung von Gewalten und Mächten, den Weltbeherrschern der Finsternis und der geistigen Mächte der Bosheit in der Himmelswelt (Eph 6,12–13). Jesus, das Christentum und die verbindliche Lehre der Bibel werden verraten. Täter werden zu Opfern und Opfer zu Tätern, biblische Wahrheit wird zur Lüge und Lüge zur Wahrheit, Sünde wird heilig und Heiliges zur Sünde, Fremdes wird reingeholt und Einheimisches ausgegrenzt, Mohammed wird* erhoben und Jesus erniedrigt, Koran und Scharia kommt man entgegen und die Bibel weist man aus...

Hier einige Beispiele: Übertritte zum Islam werden befürwortet und von christlichen Stellen teils vorgemacht. Zugleich kritisieren die Kirchen selbst den bayrischen Ministerpräsidenten, weil er Kreuze in den Amtszimmern aufhängen will. ... Staat und Medien erwecken den Eindruck, islamischer Terror sei harmlos und mit christlicher Evangelisation gleichzusetzen. Der Zug scheint abgefahren. Es gibt kaum noch ein Zurück. ...

Wer bei Demonstrationen für das Leben auf die Straße geht, wird angegriffen, massiv beschimpft und gehindert; wer sich öffentlich für Abtreibung einsetzt, wird in den Medien gefeiert ... Im April sollte im Iran das «Stundenglas-Festival» stattfinden, das symbolisch die Zeit bis zur Auslöschung des jüdischen Staates zählt. Der Generalsekretär des Festivals, Mahdi Komi, sagte im Vorfeld der Feier über Israels bevorstehender Zerstörung, dass sich «2.400 anti-israelische Nichtregierungsorganisationen in Europa, Nordamerika, Lateinamerika und Ostasien» beteiligen würden.

... Der Herder-Verlag veröffentlichte ein Buch des Richters Jens Gnisa mit dem Titel «Das Ende der Gerechtigkeit». Darin schildert er, wie in Deutschland 150.000 Haftbefehle nicht vollstreckt sind, abgelehnte Asylbewerber nicht abgeschoben werden und Diebe und Körperverletzer straffrei davonkommen, während Falschparker und Temposünder gnadenlos verfolgt werden.... Der evangelische Bischof Carsten Rentzig hält den christlich-islamischen Dialog für eine gute Sache. Die evangelische Kirche selbst ist aktiv beim Christopher-Street-Day dabei und Papst Franziskus bemerkt, es gebe keinen Unterschied zwischen Bibel und Koran. ... Die Frühsexualisierung der Kinder ist in vollem Gange; ... die Ehe für alle ist zur gesellschaftlichen Norm geworden; Deutschland und Europa werden durch und durch «entchristlicht»; Gender Mainstream – noch vor einigen Jahren völlig undenkbar – ist in der Mitte der Gesellschaft angekommen; Unsicherheit und Terror bestimmen *das Lebensgefühlunserer Generation. Ist die westliche Christenheit dabei, von Jesus Christus weg zum Judas zu werden und in einem gesellschaftlichen «Selbstmord» zu enden? Um des Materiellen willen opfert unsere Gesellschaft die Wahrheit Jesu. ... Und wie steht es um uns persönlich? Geben wir durch ein ungeistliches Leben*, durch halbherzige Nachfolge oder durch falsche Toleranz dem Antichristlichen Vorschub?"

150

Eph 4,24; Kol 3,10.12.14.

Literaturverzeichnis

John Allfree, „Expository Notes on Paul's Letter to the Ephesians", 2017.

Eberhard Arnold (Hrsg.), „Dokumente, Briefe & Texte der Urchristen", 1986

Guido Baltes, „Jesus der Jude und die Missverständnisse der Christen", 2015.

Albert Barnes, „ Notes on the New Testament, Mathew and Mark", 1955.

Karl Barth, „Kirchliche Dogmatik", 1953.

Jürgen Becker, Ulrich Luz, „Die Briefe an die Galater, Epheser und Kolosser", 1998.

Johann Albrecht Bengel, „Erklärte Offenbarung", 1834.

Johann Albrecht Bengel, „Sechzig erbauliche Reden", 1756.

Ernst Bloch, „Das Prinzip Hoffnung", 1959.

Michael L. Brown, „Handbuch Judentum", 2009.

Christoph Burchard, „Studien zur Theologie, Sprache und Umwelt des Neuen Testaments", 1998.

Albert T. Clay, „Light on the Old Testament from Babel", 2006.

Edward Joseph Clemmer, „Gospel Emmaus", 2011.

Nelson Darby, „Collected Writings", 1867.

Nelson Darby, „Synopsis of the books of the Bible", 1857.

Nelson Darby, „Notes on the Gospel of Luke", 1869.

Esteban Deak, „Apokatastasis. The problem of universal salvation in twentiehth century theology", 1979.

Gotthard Friedrich Faber, „Kurze und leichte Herzens-Theologie", 1755.

Helmut Feld, „Das Ende des Seelenglaubens: vom antiken Orient bis zur Spätmoderne", 2013.

Francis Foulkes, „The Letter of Paul to the Ephesians", 1989.

Hubert Frankemölle, „Das jüdische Neue Testament und der christliche Glaube", 2009.

Moritz Friedländer, „Die religiösen Bewegungen innerhalb des Judentums im Zeitalter Jesu", 1905.

Michael Gese, „Der Epheserbrief", 2013.

David Gooding, „Die Bibel – Mythos oder Wahrheit?", 1992.

Friedhelm Groth, „Die Wiederbringung aller Dinge im württembergischen Pietismus", 1984.

Gustavo Gutierrez, „Theologie der Befreiung", 1980.

Johann Michael Hahn, „Briefe von der ersten Offenbarung", 1839.

Michael Hahn, Schriften, 1819.

Reiner Heinze, „Bengel und Oetinger als Vorläufer des deutschen Idealismus",
1971.

Karl Friedrich Hering, „Gottes Plan für die Zeitalter", 1946.

Frank B. Hole, „Grundzüge des Neuen Testaments – Epheser", 1998.

Walter Houston, „The Pentateuch",2013.

David Kinnaman, „Unchristlich: Was eine neue Generation über Christen denkt",
2008.

Matthias Kreplin, „Das Selbstverständnis Jesu", 2001.

Adolf Köberle, „Universalismus der christlichen Botschaft", 1978.

Georg Kraus, „Vorherbestimmung", 1977.

Heinz Külling, „Ehe und Ehelosigkeit bei Paulus", 2008.

Gottlob Lang, „Michael Hahn", 1921.

Heinrich Langenberg, „Zu den Urquellen des paulinischen Schrifttums", 2002.

Heinrich Langenberg, „Der Epheserbrief", 1964.

Martin Meiser, „The Torah in the Ethics of Paul",2012.

Gerhard Müller u. a. (Hrsg.): Theologische Realenzyklopädie, 2000.

Friedrich Christoph Oetinger, „Biblisches und emblematisches Wörterbuch",
1776, Nachdruck 1969.

Friedrich Christoph Oetinger, „Rath und Abbten", 1771.

Friedrich Christoph Oetinger, „Theologia ex ideal",1765, Neuauflage 1979.

Friedrich Christoph Oetinger, Sämtliche Schriften, 1769.

Otto Pfleiderer, „Entstehung des Christentums", 1905.

Fritz Rienecker, „Der Brief des Paulus an die Epheser", Wuppertaler Studienbibel,
1994.

Magnus Friedrich Roos, „Abhandlung von der Sünde wider den heiligen Geist", 1771.

Erich Sauer, „Das Morgenrot der Welterlösung", 1958.

Martin Schacke „Die Neuordnung Gottes und das Sein in Christus", 1979.

Francis A. Schaeffer, „Die große Anpassung", 1988.

Daniel Schenkel, „Die Briefe an die Epheser", 1862.

Adolf Schlatter, Erläuterungen zum Neuen Testament, 1965.

Edmund Schlink, „Der kommende Christus und die kirchlichen Traditionen", 2004.

Robert Schneider, „Schellings und Hegels Geistesahnen", 1938

Erich Schnepel, „Das Werk Jesu", 1992.

Erich Schnepel, „Christus im Römerreich", 1936.

Hans-Joachim Schoeps, „Urgemeinde, Judenchristentum, Gnosis", 1956.

Albert Schweitzer, „Kulturphilosophie: Verfall und Wiederaufbau der Kultur", 1923.

Joachim Trautwein, „Theosophie Michael Hahn und ihre Quellen", 1969

Georg Walter, „Der Angriff auf die Wahrheit", 2009.

Jacob Thiessen, Harald Seubert, Hrsg. „Die Königsherrschaft Jahwes", 2015.

Aiden Wilson Tozer, „Muss man Gott fürchten?", 1991.

Georg Walter, „Der Angriff auf die Wahrheit", 2009.

Zeitfracht Medien GmbH
Ferdinand-Jühlke-Straße 7
99095 Erfurt, Deutschland
produktsicherheit@kolibri360.de